乡村旅游高质量发展研究

——乡村振兴战略实践之贵州样本

Research on the High-Quality Development of Rural Tourism:

Guizhou Sample of Rural Vitalization Strategy Practice

袁　茏　岳坤前◎著

中国财经出版传媒集团

经济科学出版社

Economic Science Press

图书在版编目（CIP）数据

乡村旅游高质量发展研究：乡村振兴战略实践之贵州样本/袁茏，岳坤前著. --北京：经济科学出版社，2023.5

ISBN 978-7-5218-4705-5

Ⅰ.①乡… Ⅱ.①袁…②岳… Ⅲ.①乡村旅游-旅游业发展-研究-贵州 Ⅳ.①F592.773

中国国家版本馆 CIP 数据核字（2023）第 067868 号

责任编辑：胡成洁
责任校对：靳玉环
责任印制：范 艳

乡村旅游高质量发展研究
——乡村振兴战略实践之贵州样本
袁 茏 岳坤前◎著
经济科学出版社出版、发行 新华书店经销
社址：北京市海淀区阜成路甲 28 号 邮编：100142
经管中心电话：010-88191335 发行部电话：010-88191522
网址：www.esp.com.cn
电子邮箱：expcxy@126.com
天猫网店：经济科学出版社旗舰店
网址：http://jjkxcbs.tmall.com
北京季蜂印刷有限公司印装
710×1000 16 开 15 印张 230000 字
2023 年 5 月第 1 版 2023 年 5 月第 1 次印刷
ISBN 978-7-5218-4705-5 定价：73.00 元
（图书出现印装问题，本社负责调换。电话：010-88191545）

本书是贵州省文化和旅游厅“推进贵州省乡村旅游高质量发展研究”课题和《贵州省乡村旅游“十四五”发展规划》后续研究成果，由贵州师范大学贵州文化与自然遗产保护研究中心出版基金资助出版。

前　言

乡村振兴是实现中华民族伟大复兴的重大战略之一，也是解决“三农”问题的重大举措。高质量的乡村旅游将在以国内大循环为主体、国内国际双循环相互促进的新发展格局中发挥着重要作用，成为不断满足人民日益增长的美好生活需要的幸福产业。

地处中国西南的贵州，为长江和珠江上游生态屏障，境内山脉纵横，江河密布，生态环境良好，生物种类丰富。长期以来，贵州各族人民和睦相处，在莽莽苍苍的山海间活态地保存了丰富多样的文化遗产，创造了“从未断裂的人类文明奇迹”，形成了“文化千岛”般的多元文化格局。贵州不仅是中华文化的珍贵样本，还是全世界文化多样性最典型的地区之一。几千年来，贵州山地农耕文明孕育出道法自然、美美与共的生态智慧，形成了完备的民间归约、制度和风俗，森林、河流、梯田等生机盎然，人与自然和谐相伴，相得益彰，贵州正逐渐发展成后工业化时期人们心向往之的乡愁福地和生态人文美地。

贵州因自然地理、历史发展和社会经济原因，曾经被戏称为“大农村”。为促进全省经济社会发展，20 世纪 80 年代初，贵州在全国率先引进国际乡村旅游理念并付诸实践，经过 40 多年的发展，探索出了一条集扶贫/乡村振兴、遗产保护和人类发展三位一体的乡村旅游发展之路，形成了一批乡村旅游助力乡村振兴的样本。

“十三五”以来，贵州的交通等基础设施发生了根本性改变，贵州从崎岖破碎的“高原山地”变成了令人惊奇的“高速平原”，乡村旅游产业的根基不断增强，人居环境质量不断提高。但从整体上看，全省乡村旅游还存在着经济效益低、产业化程度不高、市场主体弱小等问题。立足新发展阶段，贯彻新发展理念，构建新发展格局，将乡村旅游与乡村振兴相结合，研究贵州乡村旅游高质量发展问题，提高乡村旅游市场竞争力，在危机中育先机，于变局中开新局，增强乡村旅游内生发展动力，推动乡村产业振兴、人才振兴、文化振兴、生态振兴和组织振兴，为我国西部地区乡村旅游高质量发展和乡村振兴战略实践提供参考和借鉴。

乡村旅游高质量发展是指以村民为主体，以多样化旅游需求为导向，依托村落自然环境、特色农业、历史文化和民族文化，在人与自然和谐、文化遗产传承保护和人类发展前提下，有效满足东道主（村民）和游客美好生活需要的发展。本书在分析贵州乡村旅游问题的基础上，通过对乡村旅游与乡村振兴的讨论，运用多学科的理论与方法，紧扣乡村振兴战略，贯彻新发展理念，融入新发展格局，对乡村振兴战略下的乡村旅游高质量发展理论进行了探讨，以系统科学为统领，以人类发展理论为核心，辅以人居环境科学、人类学的经济学和社会治理理论，形成“系统－产业－民本－人居－治理”五位一体的乡村旅游高质量发展理论框架，为乡村旅游高质量发展与乡村振兴战略实践互动提供理论支撑。

在系统上，乡村旅游由需求子系统、供给子系统和支撑子系统所构成，通过系统思维，建构基于乡村振兴战略实践的乡村旅游高质量发展系统思维观，并将系统科学思想贯穿于乡村旅游高质量发展与乡村振兴战略实践全过程。在产业发展上，乡村旅游作为现代服务经济，它根植乡村，面向现代旅游需求，是一种特殊的文化产业经济，其高质量发展具有效益好、增长稳、三精化、创新强、有内涵和可持续六大基本特征。乡村旅游产业发展除了遵循一般产业经济发展的基本理论外，还需要以人类学和经济学理论为指导，让乡村旅游经济有灵魂。要坚持以人民为中心的发展理念，以满足东道主（村民）和游客美好生活需求为目标，使乡村旅游高质量发展促进人的自由和全面发展。在人居上，以人居环境科学理论为指导，从文化生态学的理论视角出发，通过“四生”理念、“乡愁”韵味、“三度”空间和“符号”元素营造美丽乡村，实现乡村人居环境由简单的村民“家居”向村民“家居”和游客“旅居”的转变。在治理上，强化乡村旅游社区营造，以乡村旅游社区发展为路径和目标，走中国特色社会主义乡村善治之路，构建新时代乡村旅游治理体系，促进乡村旅游治理体系和治理能力现代化。

本书在结构和内容上可大致分为以下四个部分。

第一部分：绪论、理论、前提与需求，由第 1 章至第 4 章构成。第 1 章绪论包括研究背景、意义、内容、思路与方法。第 2 章对乡村振兴背景下乡村旅游高质量发展理论进行探讨。第 3 章对高质量推进乡村旅游与乡村振兴战略实践的前提——后工业化时期的乡村价值进行认知，开展贵州乡村旅游资源评价。第 4 章以市场需求为导向，对乡村旅游市场需求进行研究，为通过发展高质量乡村旅游助力乡村振兴提供市场依据。

第二部分：高质量乡村旅游产业发展研究，由第 5 章至第 7 章构成。第 5 章以文化生态学、圈层保护利用、点 - 轴系统和产业集群理论为依据，开展贵州乡村旅游产业布局研究。第 6 章通过对乡村旅游产品概念、构成、分类和特点进行分析，探讨贵州乡村旅游产品开发与创新、产业要素创新问题。第 7 章讨论品牌内涵、品牌资产、乡村旅游品牌战略、乡村旅游品牌定位和乡村旅游的品牌化，对贵州乡村旅游品牌建设与市场营销进行研究。

第三部分：乡村旅游高质量发展的环境与制度体系研究，由第 8 章至第 11 章构成。第 8 章从文化生态学的角度对文化生态与人居环境、贵州乡村人居环境的文化生态进行阐释，提出用文化生态学的理论与方法探索贵州乡村人居环境营建的措施与方法体系。第 9 章对乡村旅游社区发展和新时代乡村旅游治理体系分析讨论，提出贵州乡村旅游社区营造的内容、发展体系和培育自主发展能力的思路。第 10 章对运营管理产生、内涵、特点和乡村旅游地运营管理五种典型模式进行分析，以马克思“共有为基础上的个人所有制”理论为指引，探讨贵州乡村旅游的运营管理。第 11 章以乡村振兴“产业兴旺、生态宜居、乡风文明和治理有效”五大要求为指引，开展乡村振兴战略下的乡村旅游高质量评价，为乡村旅游运营管理提决策供参考。

第四部分：结论与建议。通过第一、第二、第三部分的研究，得出乡村振兴战略背景下乡村旅游高质量发展的结论和建议（本书第 12 章），形成组织政策、旅游人才、安全管理和智慧发展四位一体的支撑保障体系。

尽管笔者竭尽所能，但因专业水平和综合能力有限，书中难免有错漏和失误的地方，衷心希望各位专家、同行和读者不吝赐教！

袁　芜　岳坤前

2022 年 9 月于清镇凤凰栖立心斋

目 录

第1章 绪　论

1.1 研究背景

2017年10月18日，党的十九大报告在贯彻新发展理念，建设现代化经济体系中指出，“我国经济已由高速增长阶段转向高质量发展阶段”，这是我们党首次对“高质量发展”的表述。党的二十大报告将高质量发展作为全面建设社会主义现代化国家的首要任务，坚持以推动高质量发展为主题，推动经济实现质的有效提升和量的合理增长。高质量发展为我国转变发展方式、优化经济结构和转换增长动力指明了方向，提出了新的要求，这对推动我国经济发展质量变革、效率变革、动力变革，提高全要素生产率，构建市场机制有效、微观主体有活力、宏观调控有度的经济体制，不断增强我国经济创新力和竞争力具有重要战略意义。

改革开放以来，我国经济长期保持高速增长，1980～2020年，国内生产总值年均增长13.41%，40年的经济高速增长迅速缩小了我国与发达国家的差距，我国综合国力不断增强，人民生活从贫困进入全面小康。按照现行贫困标准计算，全国7.7亿农村贫困人口摆脱贫困，按照世界银行（the World Bank，WB）国际贫困标准，我国减贫人口占同期全球减贫人口的70%以上，提前10年实现《联合国2030年可持续发展议程》减贫目标，创造了减贫治理的中国样本。[①] 如果没有这几十年的经济高速增长作为支撑，如此宏大的减贫目标恐怕难以实现。

我们也应该看到，过去的经济高速增长主要依靠资源、资本、劳动力等要素驱动，是一种粗放型的经济增长方式，资源消耗较大、环境污染严重，区域发展不平衡不充分的问题较为突出，人民生活改善与经济增长速度不相匹配等诸多问题不断凸显。面对百年未有之大变局和国内社会主要矛盾的变化，在劳动成本不断上升、土地资源紧张和环保约束等条件下，经济发展方式必须从资源消耗型、环境污染型、低端出口型和劳动密集型逐步向依靠科技、金融、管理等现代生产要素创新驱动型转变，使经济发展从高速增长阶段步入高质量发展阶段，以高质量供给匹配高质量的需求，实现高质量的投入产出、高质量的收入分配和高质量的经济循环。

实现经济从高速增长阶段向高质量发展阶段转变，需要着力建设现代化经济体系（逄锦聚，2019）。党的十九大报告将实施乡村振兴战略与深化供给侧结构性改革、加快建设创新型国家、实施区域协调发展战略、加快完善社会主义市场经济体制、推动形成全面开放新格局一起作为贯彻新发展理念、建设现代化经济体系中的六项重大举措。党的二十大报告进一步把全面推进乡村振兴与构建高水平的社会主义市场经济体制、建设现代化产业体系、促进区域协调发展、推进高水平的对外开放作为加快构建新发展格局、着力推动高质量发展的重大内容。

乡村振兴战略的提出，是我们党在新时代解决“三农”问题中的一次深刻变革，是社会主义新农村建设的继承和发展，内涵丰富，层次高远，目标宏伟。党的十九大召开之后，2018 年 1 月 2 日，中共中央、国务院发布了《关于实施乡村振兴战略的意见》（中央一号文件），阐述了新时代实施乡村振兴战略的重大意义，提出了实施乡村振兴战略的总体要求，从

① 习近平. 在全国脱贫攻坚总结表彰大会上的讲话［R/OL］.（2021－02－25）［2022－08－07］. http：//www. gov. cn/xinwen/2021－02/25/content_5588869. htm.

产业兴旺、生态宜居、乡风文明、治理有效、生活富裕、脱贫攻坚、制度建设、人才支撑、投入保障和党对“三农”工作的领导十个方面作出了系统全面的部署，为新时代我国实施乡村振兴战略、解决“三农”问题提供了根本遵循。

按照党的十九大提出决胜全面建成小康社会、分两个阶段实现第二个百年奋斗目标的战略安排，乡村振兴战略分三个阶段进行。第一阶段是到2020年，乡村振兴取得重要进展，制度框架和政策体系基本形成。第二阶段是到2035年，乡村振兴取得突破性进展，农业农村现代化基本实现。第三阶段是到2050年，乡村全面振兴，农业强，农村美、农民富全面实现。

20世纪80年代初，贵州在全国率先拉开了发展乡村旅游的帷幕，并将乡村旅游发展的国际理念付诸实践，形成了“扶贫/乡村振兴、遗产保护和人类发展”三位一体的发展之路，由此被联合国世界旅游组织（United Nations World Tourism Organization，UNWTO）和世界银行列为“旅游消除贫困观察点”。40多年来，贵州乡村旅游从无到有，从小到大，从社会主义新农村建设到脱贫攻坚到乡村振兴。2017~2020年，乡村振兴第一阶段的目标已经基本实现，一些地区将乡村旅游发展与乡村振兴紧密结合起来，不断推动农业农村现代化，涌现了一批乡村旅游高质量发展助力乡村振兴的典型案例，成为新时代推动乡村振兴战略实践的贵州样本。但从总体上看，贵州乡村旅游高质量发展还亟须解决如下问题。

管理体制机制亟须创新优化。贵州乡村旅游是在“欠发达，欠开发”的省情下发展起来的，市场化程度不高，村民参与度较低，虽然各级党委政府积极调配资源快速完成了道路交通、民居、停车场、游客服务中心、销售场馆、歌舞表演场地等众多基础设施和旅游服务设施建设，但一些项目因缺乏对市场需求的研判匆匆忙上马，在速度和效率的推动下，规划建设粗糙，建成后运营困难，产生了一批闲置低效资产。一方面，乡村旅游涉及面广，对行政和产业管理的统筹协调性要求较高，但条块分割的职能管理制约了部门之间的统筹协调，九龙治水、重复建设、各行其是的现象依然突出，合力聚力不足。另一方面，乡村旅游是以市场需求为导向的现代服务业，需要个体、集体、企业甚至行业分工协作，需要多部门多层级行政配合、组织有效的运营管理和行业协力推动，才能形成完整有序的产业链条，实现有效运营。但贵州全省乡村旅游经营主体基本上各自独立，运营管理和行业组织弱化虚化，小、散、杂、弱的局面未能根本改善，难以形成高效有序的产业经济实力。

产品同质化，生态和文化内涵亟须丰富。贵州被誉为“文化千岛，生态贵州”，乡村旅游资源以村寨为核心进行分布，民族与山地的不同组合，形成了丰富多样的山地生态文化系统，这是贵州发展乡村旅游的根基与灵魂。但在乡村旅游产品建设中，对乡村文化挖掘不够，提炼不足，生态品质不高，乡村独特的生态和文化内涵尚未在产品建设中得以充分呈现，产品魅力不足、体验感不强，直接导致产品同质化严重，吸引力较差。

村落传统风貌削弱，环境亟须营造。在新农村建设过程中，虽然乡村基础设施和民居建设得到了很大改善，但也出现了一些问题，如一张图纸改造所有民居、村寨外观建设“景区化”、“穿衣戴帽”粗糙化和“伪文化化”，一些乡村甚至建成残缺版的“小城镇”，“乡愁”韵味丧失。在城镇化的影响下，一些乡村以传统民居为代表的文化物质载体已经不复存在，不少村寨只重视广场、寨门、民居风貌等景观建设，却忽略了村寨污水收集和处理设施、垃圾收运处置系统、旅游安全救护、导览标识系统、旅游厕所等的配套建设，室内舒适度建设严重不足，村落休闲度假品质较低，游客不仅难以留下来，更难以住下来。一些地区的乡村旅游点很美，但前往的路途却很难走，旅途与目的地反差极大。

人才匮乏，运营管理水平低。乡村旅游高质量发展离不开高质量人才队伍。乡村旅游人才由专业人才和实用技能人才两部分构成。一方面，乡村旅游产业发展需要运营管理、商业服务、市场营销、创意设计、现代农业等专门人才。另一方面，乡村旅游更需要大量的以当地村民为主的实用技能人才。贵州乡村社会经济发展滞后，长期以来，乡村以劳务输出为

主，难以吸引和留住优秀人才。村民普遍受教育程度不高，专业素质低，服务意识不强，缺乏系统化、长期性和有效率的培训，严重制约了乡村旅游的高质量发展。

*人均花费少，产业化程度低。*据统计，2021 年，贵州省休闲农业与乡村旅游接待游客 1.6 亿余人次，约占全省旅游接待总量（6.44 亿人次）的 25%，休闲农业与乡村旅游营业收入 198 亿元，仅占全省旅游总收入（6642.16 亿元）的 3%。按照休闲农业与乡村旅游营业收入计，人均消费 124 元，仅相当于全省人均旅游消费（1031 元）的 12%。[①]

*市场主体弱，亟待培育壮大。*2021 年，贵州省等级以上乡村旅游重点村（镇）323 个，等级以上乡村旅游标准化单位 7150 个，[②] 休闲农业与乡村旅游相关经营主体 13654 个，但具有较强市场竞争力的正规经营主体比较少。

*营销力度小，旅游品牌缺乏。*贵州省乡村旅游市场营销主要依靠政府部门宣传推介，尚未形成较为完整的市场营销推广体系。村民普遍缺乏对乡村旅游市场需求的认知和研判，导致了对乡村文化、生态和产品等缺乏有效的包装和表达。以互联网、大数据、云计算和人工智能等技术为支撑的现代营销管理体系还比较缺乏，这在很大程度上阻碍了贵州乡村与远方市场的连接和互动，成为制约全省乡村旅游精准营销的重要因素。乡村旅游整体形象不突出，各地特色品牌匮乏，尚未形成以整体形象为引领的乡村旅游品牌体系，严重影响了贵州乡村旅游目的地知名度、美誉度和吸引力。

---

① 贵州省休闲农业与乡村旅游营业收入、相关经营主体数量的数据来自贵州省乡村振兴局关于省十三届人大五次会议第 272 号建议的答复，休闲农业与乡村旅游接待人次数据来自 2022 年 2 月 25 日多彩贵州春季旅游推广新闻发布会公布的数据。全省旅游接待人次、旅游收入、等级以上的乡村旅游重点村（镇）和等级以上乡村旅游标准化单位的数据来自贵州省统计局发布的《2021 年贵州省国民经济与社会发展统计公报》。

② 贵州省统计局，国家统计局贵州调查总队．贵州省 2021 年国民经济和社会发展统计公报[EB/OL]．(2022-03-14) [2022-03-19]. http://hgk.guizhou.gov.cn/publish/articles/c7/2022/03/a779/a779.html.

*监管体系缺，难以精准施策。*成千上万的乡村旅游经营户散落在全省各地，行政管理人手有限，难以实施有效监管；乡村旅游统计难度大，亟须建立乡村旅游统计标准体系和统计观测点，实施精细化管理和有效的大数据统计分析，为管理决策者提供科学依据。尽管一些地区也在不断尝试，但终因缺乏有效的统计标准（或规范）、网络信息服务与管理平台，难以实现有效监管。

1.2 研究意义

*满足人民日益增长的美好生活需要的必然要求。*党的十九大报告指出，中国特色社会主义进入新时代，我国社会主要矛盾已经转化为人民日益增长的美好生活需要和不平衡不充分的发展之间的矛盾”，这是对当代中国社会主要矛盾新变化作出的科学判断。从整体上看，不平衡不和不充分的发展主要体现在城乡发展的不平衡和不充分，解决的重要路径在于实施乡村振兴战略。

国际经济界普遍认为，当国民人均年收入在300～400美元时，居民开始产生国内旅游动机（徐汎，2002），当突破1000美元时，旅游形式将从观光向休闲向度假转变。按当年人民币对美元的中间价计算，我国国内城镇居民人均可支配收入在1992年突破300美元，达331美元，2003年突破1000美元，达1024美元，2012年突破3000美元，达3892美元，2015年，突破5000美元，达5009美元，2021年，达7436美元，接近8000美元（见图1－1）。乡村旅游高质量发展要顺应时代发展潮流和旅游市场需求的变化，为城市居民提供满足其需求的高质量乡村旅游产品。通过在有条件的乡村发展乡村旅游，改善乡村生产生活条件，为村民提供公平发展的机会，不断增加乡村福祉，促进城乡一体化，进一步解决城乡发展不平衡不充分的问题，振兴乡村经济与社会。

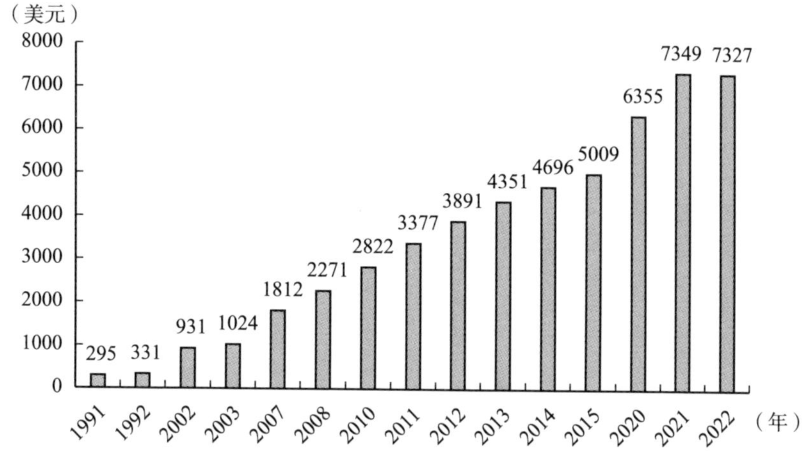

图1－1　国内城镇居民人均可支配收入

注：1996年以前，我国国民经济与社会发展统计公报使用城镇居民人均生活费收入统计指标，1996年第一次将城镇居民可支配收入和城镇居民人均生活费收入分别公布，1997年至今，采用城镇居民人均可支配收入统计指标，城镇居民人均生活费收入不再统计公布。本图中1991年和1992年的数据为城镇居民人均生活费收入。

资料来源：根据国家统计公布的历年国民经济与社会发展统计公报整理。

为新时代西部大开发上创新路和在乡村振兴上开新局提供重要参考。2021年2月，习近平同志在考察贵州时强调，要在新时代西部大开发上闯新路、在乡村振兴上开新局、在实施数字经济战略上抢新机、在生态文明建设上出新绩。国务院继《关于进一步促进贵州经济社会又好又快发展的若干意见》之后，于2022年1月出台了《关于支持贵州在新时代西部大开发张闯新路的意见》，将“西部大开发综合改革示范区”“巩固拓展脱贫成果样板区”“内陆开放型经济新高地”“数字经济发展创新区”“生态文明建设先行区”一起作为新时代贵州的五大战略定位（即四区一高地），并进一步指出，要推动巩固拓展脱贫攻坚成果同乡村振兴有效衔接，全面推进乡村产业、人才、文化、生态和组织振兴，加快农业农村现代化，走具有贵州特色的乡村振兴之路。本书立足贵州乡村旅游助力乡村振兴的战略实践，希望通过对乡村旅游高质量发展的研究，为西部地区乡村旅游助力乡村振兴提供可参考可借鉴的样本。

奋力谱写多彩贵州现代化建设新篇章的必然要求。党的二十大报告指出，当前党的中心任务就是团结带领全国各族人民全面建设社会主义现代化强国、实现第二个百年奋斗目标，以中国式现代化全面推进中华民族伟大复兴。乡村旅游是富有现代化特征的文化经济和现代化的生产生活方式，它对乡村现代化的影响是全方位的。没有农业农村现代化，就没有整个贵州的现代化，然而，多彩贵州现代化最难的却在乡村。2017～2021年，贵州全力总攻绝对贫困，实施大扶贫战略行动，打好“四场硬仗”，全省66个贫困县全部摘帽，923万贫困人口全部脱贫，192万群众搬出大山，农村贫困人口全部脱贫，实现从解决温饱、总体小康到全面小康的历史性跨越（谌贻琴，2022），人民生活得到历史性改善，与全国同步开启了现代化建设新征程。在此过程中，乡村旅游以其突出的现代化特征和产业包容性，不仅促进贵州乡村三次产业融合发展，深刻影响贵州乡村经济社会文化，使贵州乡村地区形成了新的经济社会发展生态。因此，探索高质量乡村旅游，可助力贵州乡村现代化，探索形成中国式现代化推动乡村振兴的西部贵州样本。

1.3 研究内容

本书拟从乡村旅游高质量发展的理论、发展前提、市场需求、产业发展、人居环境营建、乡村旅游社区发展与现代治理、运营管理等方面开展研究，形成乡村旅游与乡村振兴互动发展的理论与实践体系。具体研究内容包括以下方面。

*乡村旅游高质量发展的理论探讨。*乡村旅游高质量发展是一项复杂的系统工程，本书在讨论乡村旅游及其与乡村振兴关系的基础上，以系统科学理论为统领，吸收旅游学、经济学、人类学、人居环境科学和社会学等学科的相关理论，构建“系统－人本－人居－产业－治理”五位一体的理论框架，形成研究的理论基础。

*乡村旅游高质量发展的前提。*乡村旅游主要是城市居民前往乡村所开展的活动。如何认知乡村则成为乡村旅游高质量发展的前提。此部分研究为本书的第3章，主要从风景学、人类学、地理学的角度去认知和诠释乡村，挖掘后工业化时期的贵州乡村价值，传承优秀乡村传统文化，建设乡

村生态文明，以期形成乡村振兴战略实践下的乡村旅游高质量发展的资源观。

乡村旅游市场需求研究。提供不断满足游客需求的乡村旅游产品是乡村旅游高质量发展的必然要求。此项研究内容为本书的第4章。当前，国内旅游需求发生了重大变化，乡村旅游高质量发展需要在起落震荡中寻求发展机会和规律，亟须在以国内大循环为主体、国内国际双循环相互促进的新发展格局中研究乡村旅游需求，开展目标市场选择，在此基础上开发与需求匹配的乡村旅游产品。本书在深入分析旅游需求变化的基础上，采用问卷调查方式，研究贵州乡村旅游市场，为开发高质量的乡村旅游产品提供重要的市场依据。

乡村旅游产业高质量发展研究。本部分研究由乡村旅游产业布局、乡村旅游产品与产业要素创新、乡村旅游品牌建设与市场营销三项内容构成，为本书的第5章、第6章和第7章。从文化生态学、圈层保护利用和产业集群理论的视角进行讨论，并对贵州乡村旅游产业布局进行研究。在乡村旅游高质量产品开发研究中，通过对乡村旅游产品的概念、构成、分类与特点进行讨论，提出贵州乡村旅游产品开发的原则、思路；通过对贵州乡村旅游产品体系的构建，提出创新发展全季乡村旅游，协力发展六类乡村旅游村寨，建设一批乡村旅游目的地，开展乡村旅游产业要素创新，以期形成与旅游需求相匹配的高质量供给体系。在乡村旅游品牌建设与市场营销中，对品牌建设进行系统的梳理和讨论，提出贵州乡村旅游品牌建设思路和贵州乡村旅游市场营销措施。

乡村旅游高质量发展的环境与制度体系研究。此部分主要包括文化生态与乡村旅游人居环境营建、乡村旅游社区发展与现代治理、乡村旅游运营管理、基于乡村振兴战略实践的乡村旅游高质量评价四项研究内容。从文化生态学的角度讨论乡村文化生态与乡村旅游人居环境营建，对贵州乡村人居环境进行文化生态阐释，提出用文化生态的理念指导贵州美丽乡村营建，打造如画山地乡村，形成人们心向往之的乡愁福地和生态人文美地。在乡村社区发展与现代治理中，研究乡村旅游社区发展问题，围绕社区发展，研究新时代乡村旅游治理体系，提出贵州乡村旅游社区营造的措施。在乡村旅游运营管理中，通过对运营管理诞生、内

涵、对象和当前运营管理的特点进行研究，总结提炼现代乡村旅游常见的五种运营管理模式，在马克思共有基础上的个人所有制理论的指导下，讨论贵州乡村旅游运营管理。在乡村旅游高质量发展评价中，从乡村振兴战略和乡村旅游高质量发展的内涵出发，构建了乡村旅游高质量评价的指标体系和评价模型，并对贵州乡村旅游高质量发展进行实证检验。

结论和建议。在前述研究的基础上，形成乡村旅游高质量发展的结论。从组织政策、人才支撑、安全管理和智慧体系四个方面提出乡村旅游高质量发展的建议，形成乡村旅游高质量发展的支撑保障体系。

1.4 研究思路与方法

本书坚持以人民为中心的发展理念为指导，以贵州为样本，将实证研究与规范研究相结合，围绕乡村振兴战略要求和实践，探讨乡村旅游高质量发展的问题。首先，对乡村振兴战略下的乡村旅游高质量发展理论进行讨论，形成本书的理论框架。其次，从地理学、风景学和人类学等多学科的角度认知乡村，发掘后工业化时期乡村价值，搜集乡村旅游市场相关统计资料，选取贵州 9 个市州的典型乡村旅游区（点）和乡村旅游村寨进行问卷调查，以此开展乡村旅游市场需求研究，形成本研究的前提和基础。再次，以乡村旅游与乡村振兴互动的田野调查为基础，围绕乡村旅游高质量发展的产业布局、产品与产业要素创新、品牌建设与市场营销、文化生态与乡村人居环境营建、乡村旅游社区发展与现代治理、乡村旅游运营管理和基于乡村振兴战略实践的乡村旅游高质量评价进行系统研究。最后，得出乡村旅游高质量发展的结论和建议（见图 1－2）。

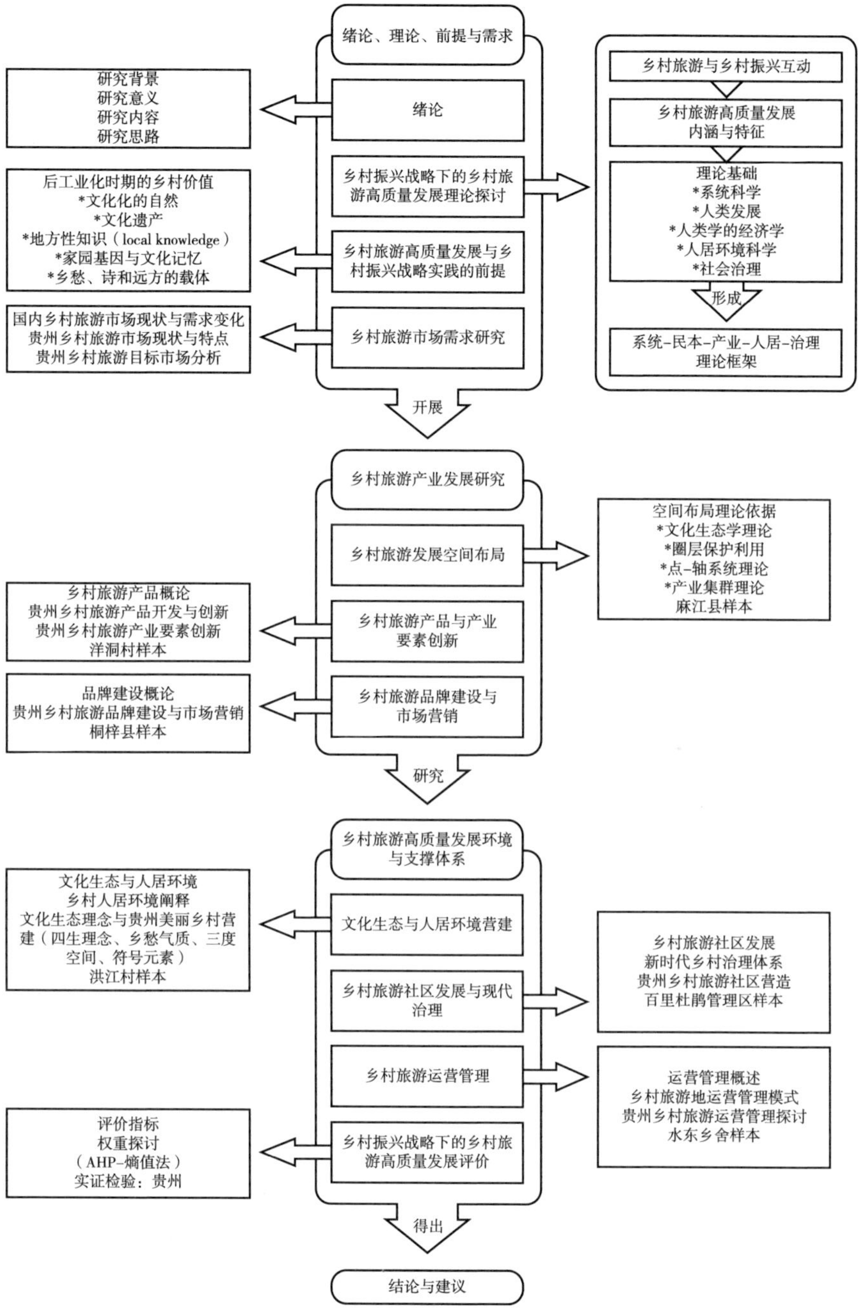
绪论、理论、前提与需求
绪论
研究背景
研究意义
研究内容
研究思路
乡村振兴战略下的乡村旅游高质量发展理论探讨
乡村旅游与乡村振兴互动
乡村旅游高质量发展内涵与特征
理论基础
*系统科学
*人类发展
*人类学的经济学
*人居环境科学
*社会治理
形成
系统-民本-产业-人居-治理理论框架
乡村旅游高质量发展与乡村振兴战略实践的前提
后工业化时期的乡村价值
*文化化的自然
*文化遗产
*地方性知识（local knowledge）
*家园基因与文化记忆
*乡愁、诗和远方的载体
乡村旅游市场需求研究
国内乡村旅游市场现状与需求变化
贵州乡村旅游市场现状与特点
贵州乡村旅游目标市场分析
开展
乡村旅游产业发展研究
乡村旅游发展空间布局
空间布局理论依据
*文化生态学理论
*圈层保护利用
*点-轴系统理论
*产业集群理论
麻江县样本
乡村旅游产品与产业要素创新
乡村旅游产品概论
贵州乡村旅游产品开发与创新
贵州乡村旅游产业要素创新
洋洞村样本
乡村旅游品牌建设与市场营销
品牌建设概论
贵州乡村旅游品牌建设与市场营销
桐梓县样本
研究
乡村旅游高质量发展环境与支撑体系
文化生态与人居环境营建
文化生态与人居环境
乡村人居环境阐释
文化生态理念与贵州美丽乡村营建（四生理念、乡愁气质、三度空间、符号元素）
洪江村样本
乡村旅游社区发展与现代治理
乡村旅游社区发展
新时代乡村治理体系
贵州乡村旅游社区营造
百里杜鹃管理区样本
乡村旅游运营管理
运营管理概述
乡村旅游地运营管理模式
贵州乡村旅游运营管理探讨
水东乡舍样本
乡村振兴战略下的乡村旅游高质量发展评价
评价指标
权重探讨
（AHP-熵值法）
实证检验：贵州
得出
结论与建议

图1-2　本书技术路线

第 2 章　乡村振兴战略下的乡村旅游高质量发展理论探讨

2.1　乡村旅游与乡村振兴

科学认识乡村旅游不仅是乡村旅游高质量发展的逻辑起点，而且是探索乡村旅游与乡村振兴二者关系的基础。实践表明，乡村旅游与乡村振兴具有良好的互动性，高质量的乡村旅游是促进乡村振兴的重要路径和抓手，乡村振兴战略实践所实施的系列政策、项目和资金等又能进一步推动乡村旅游的高质量发展。

2.1.1　乡村旅游

乡村旅游发端于 19 世纪中期的欧洲，至今已有 160 多年的历史。在早期，乡村旅游具有明显的贵族化特点，并未得普及。20 世纪 60 年代，西班牙开始发展现代意义上的乡村旅游，随后，爱尔兰、美国、波兰等国家先后推出了乡村旅游产品，重点开发远离城市的、以农村传统文化特色和田园风光等为资源特征的乡村旅游，使乡村旅游逐渐成为社会广大阶层广泛参与的一种旅游休闲形式（贵州省旅游局，2007）。到了 20 世纪 80 年代，欧美一些发达国家的乡村旅游已具规模，并走上规范化发展的道路，使乡村旅游活动内涵更加丰富和深化，特别是乡村旅游发展比较早的法国、爱尔兰、西班牙等国家，发展势头更加迅猛。而在此时，我国国内乡村旅游才在东部沿海发达省份和中西部省会中心城市周边地区开始起步。

乡村旅游是指发生在乡村地区的旅游，乡村性是整个乡村旅游的核心价值，是几千年来乡村历史文化积淀的结果。乡村旅游是位于乡村的，以乡村特色、小微企业、开敞空间和可持续发展为基础（OECD，1994；Reichel A et al.，2000），以具有乡村性的自然景观和文化为吸引物的旅游活动。它包括两个基本条件：一是发生在乡村地区；二是以乡村性为主要吸引物，两者缺一不可（何景明等，2002）。从经济学的角度看，东道主（村民）和游客所形成的乡村旅游供需关系左右着乡村旅游的发展，由此，我们可以认为，所谓乡村旅游，是指人们离开惯常居住地前往乡村地区所进行的以体验、观光、休闲与度假为核心的各种活动以及为实现这种活动而出现的各种服务，前者所讲的活动即狭义上的乡村旅游（rural travel），或者叫乡村旅行，而后者所讲的服务则为“乡村旅游业（rural tourism）”。需要说明的是，国内的乡村旅游广义上也包括城市郊区的旅游，尽管这些城市郊区可能在统计上已经被划为城镇。

乡村旅游的根本特征是“乡村性（rurality）”。乡村旅游之所以叫“乡村旅游”，在于它拥有“乡”与“村”的独有价值，而非“城”或“镇”。具有“乡村性”并发生在乡村的旅游方可称为“乡村旅游”。从某种意义上讲，乡村承载着每个人的“乡愁”，是一种记忆、怀旧与故土情怀，同时，客源地的城市性（urbanity）与目的地的乡村性级差或梯度是人们前往乡村的动力源泉（邹统钎，2006）。乡村性应反映乡村旅游的本质特点，乡村旅游的乡村性可包括旅游地的地域条件、乡村意象、旅游产业本地化、社区参与和可持续发展五个元素（汪惠萍等，2011）。

Rurality 作为 rural 的派生名词产生于 18 世纪，可能借用了法语 ruralité，意指成为乡村的条件（龙花楼等，2012）。世界经济合作与发展组织（OECD）强调“乡村性”是乡村旅游的核心和独特价值。小规模经营、本地人所有、社区参与以及文化与环境的可持续则成为保持“乡村性”的关键（John Brohman，1996）。防止乡村旅游的过度商业化、城市化与标准化，重要的路径就是在乡村旅游发展过程中注重“乡村性”或

“乡村意向”（rural image）的保持与营造，即以差异与特色确立“主题”，以体现地方风俗民情和建筑风来凸显“地格”（sense of place or placeality），通过倡导地方居民的友好、热情、淳朴与真实的态度来营造“氛围”（邹统钎，2005）。

乡村性的内涵会随着时空的发展而发生变化。李红波与张小林（2015）通过构建乡村性的概念模型框架（见图 2 -1），试图从时间维度、空间维度以及属性维度来揭示乡村性的概念以及内涵的演化。时间维度强调乡村性变迁的波动性，特别是制度影响和乡村自身发展更新因素对乡村性产生的影响。空间维度强调乡村性的地域空间格局，反映了区域差异性和不同尺度的综合与对比。属性维度强调乡村在不同发展阶段所扮演的角色及其在整个社会经济网络结构中地位的变化，同时包括乡村主体（农民）的感知以及迁居等行为的影响。不同时空与属性建构起来的乡村性使得乡村具有与城镇不一样的品质。虽然都是乡村，但是乡村和乡村之间也会有极大的差异，这就为发展多样化的乡村旅游提供了条件。

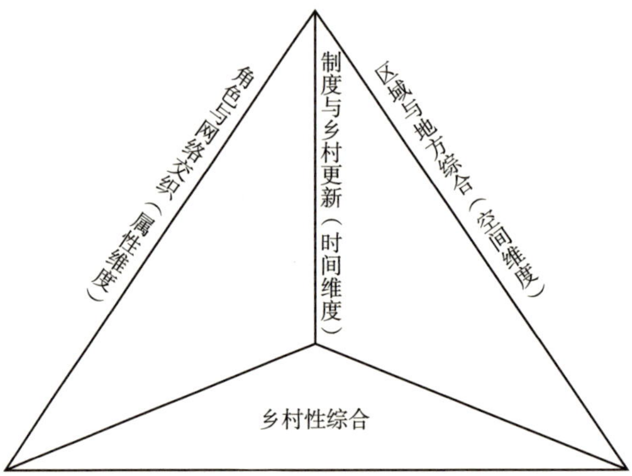

图 2 -1　乡村性的概念模型框架

资料来源：李红波，张小林．乡村旅游研究综述与展望［J］．人文地理，2015（1）：19. 略有改动。

乡村旅游地理空间目标客源市场主要是大中城市，特别是高度商业化的都市，它的客源群体主要是城市居民。随着大规模城镇化和工业化的推进，乡村日益深受城镇居民的青睐。乡村民俗、农业和村落田园等成为城镇人去寻找乡愁，开展学习、体验、休闲和度假的重要旅游吸引物。譬如，贵州省遵义市桐梓县在充分利用地处黔北渝南通道和气候凉爽的优势，瞄准“火炉”重庆的避暑需求，使自己成为重庆市民的重要乡村旅游目的地之一。

村民（villager）不仅是乡村旅游的文化主体，还是乡村旅游的经营主体。乡村旅游作为实现乡村振兴的重要产业手段之一，它必须要解决村民的发展问题才有可能实现可持续。世界绝大部分国家和地区乡村旅游发展的成功经验都是让村民参与乡村旅游发展，使其获得与外界公平和共享的发展机会。村民作为乡村常住人口，他们创造了和创造着乡村丰厚多样的文明遗产，理应作为乡村旅游的经营主体，通过合法经营获得收益。同时，村民在经营、服务和管理过程中，能更好地使游客体验和感受到原真的乡村生活，实现主客良性互动。

2.1.2　乡村旅游与乡村振兴

研究与实践表明，乡村与旅游相结合被认为是一条比较有效的全球化乡村发展道路（Lane B，Kastenholz E，2015；孙九霞等，2020）。国外将乡村振兴称为乡村复兴（rural renaissance）、乡村再造（rural reconstruction）或乡村发展（rural development）。从国际上看，世界发达国家也经历过城市化和乡村衰落的历史进程，如德国、意大利、日本等，许多国家和地区都把乡村旅游作为促进乡村振兴的重要产业。目前，乡村旅游覆盖了欧盟诸多国家 30% 以上的假期，成为改善和增进民生福祉的现代产业。

乡村旅游助力乡村振兴主要体现在以下五个方面。

第一，乡村旅游促进乡村产业兴旺。乡村旅游作为乡村经济发展的重要载体，它以较大的包容性和带动性有效地促进乡村一二三产业的深度融合，延长乡村产业链，扩大乡村产业价值链，不断活化乡村经济，促进乡村产业不断升级。更为重要的是，乡村旅游还为那些振兴难度大的偏远山区乡村带来了新的生产和生活方式，将在工业化和城市化视野中的“穷山恶水”变成“绿水青山”和“金山银山”。

第二，乡村旅游促进乡村生态宜居。生态环境、生产环境和生活环境不仅是乡村振兴的基础，还是乡村旅游发展的根基和重要依托。人与自然和谐是乡村旅游高质量发展的重要准则，在乡村旅游高质量发展过程中，不断加强乡村生态文明建设，加注重乡村环境卫生综合整治，绿化美化乡村，保护脆弱的乡村自然生态环境日益成为乡村的自觉行动，使乡村人居环境质量不断改善，生态宜居的乡村逐步形成。

第三，乡村旅游促进乡村乡风文明。乡村旅游是推动乡村传统文化复兴的重要手段。发展乡村旅游有助于保护、传承和发展乡村优秀传统文化，倡导积极健康的生产生活方式，提升乡村文明素养，促进乡村文化繁荣发展，形成充满时代特征的乡风文明新风尚。在乡村旅游高质量发展中，一些濒临消失的乡村文化遗产将会得以有效的发掘、保护和传承，淳朴好客的民风民俗将会得以继承和发扬。与此同时，乡村旅游高质量发展将会吸引一批文创、艺术、互联网等新兴人才进入乡村，有的甚至成为长期入住乡村的“新农人”，为乡村文化的创新发展提供重要的智力支撑和保障，有利于培育和创造与时俱进的乡村文明。

第四，乡村旅游促进乡村治理有效。随着乡村旅游的不断发展，各类乡村旅游市场经营主体将层出不穷，乡村旅游经营管理体系将更加复杂，东道主（村民）、游客、政府、外来投资者等利益相关者之间的交流更加频繁，这就需要在实践中探索基层党组织与自治、法治和德治“三治”深度协同创新的体制机制，形成党组织领导下的现代乡村旅游治理体系，不断推进乡村发展利益共同体建设，促进乡村有效治理。

第五，乡村旅游促进乡村生活富裕。乡村旅游坚持以人民为中心的发展理念，与乡村其他产业紧密结合，形成融合性的泛乡村旅游产业。同时，通过广泛的社区参与，在产业兴旺的过程中多渠道增加村民收入，不断从经济、社会和文化等方面全方位缩小城乡差距，有助于共同富裕的实现。

此外，乡村振兴战略实践为乡村旅游高质量发展提供了规划、产业、土地、资金、人才等方面的政策条件和机遇，为乡村旅游高质量发展创造了绝佳的环境，并指明了发展方向和目标。在乡村振兴战略背景下，高质量的乡村旅游将会有更大的作为和担当。

第一，乡村振兴战略实践强化乡村旅游产业支撑。产业兴旺是乡村振兴的基础，农业农村现代化是乡村振兴战略的重要阶段性目标。《中共中央、国务院关于实施乡村振兴战略的意见》（2018 年中央一号文件）提出："构建农村一二三产业融合发展体系……大力开发农业多种功能，延长产业链条，提升价值链，"在农业现代化的过程中，规模化和特色化的农业为发展休闲农业奠定了良好的基础，农文旅商体等相互渗透融合，由农业延伸出农事体验、农业研学、农特伴手礼、度假农庄、农业公园等诸多新兴业态，进一步丰富传统的乡村旅游产品，使乡村更加富有旅游吸引力。

第二，乡村振兴战略实践提升乡村旅游环境质量。生态宜居是乡村振兴的前提。乡村振兴的实现需要各地在保护乡村生态环境的基础上，建立人与自然和谐的生产生活方式，不断改善和提升乡村人居环境质量，逐步实现"生态宜居"。通常，乡村旅游目的地建设就是基于地方文脉和地脉为旅游者创造可以体验乡村生活的"场域"，这种"场域"的创造往往需要投入大量的物力、财力和精力，可以借助乡村人居环境建设的相关项目资金进行，为游客"留下来""乐起来""住下来"提供良好的旅居条件。

第三，乡村振兴战略实践丰富乡村旅游人文内涵。2018 年 8 月 21 日，习近平同志在全国宣传思想工作会议上的讲话指出："乡村振兴既要塑形，也要铸魂。要深入挖掘、继承、创新优秀乡村文化，弘扬新风正气，推进移风易俗，培育文明乡风、良好家风、淳朴民风，焕发乡村文明新气象。"无论是乡村旅游产品建设，还是乡村旅游经营管理，都需要从规划建设到运营管理全方位注入文化，使乡村旅游的文化丰度不断提升。乡村振兴战略实践中的乡风文明建设有助于提升乡村文明旅游环境，让乡村旅游更加富有所在地文化，提升乡村旅游的文化软实力。

第四，乡村振兴战略实践提升乡村旅游治理水平。治理有效是乡村振兴的五大要求之一，随着乡村振兴战略实践的推进，党组织领导下的自治、法治和德治"三治融合"的现代乡村治理体系更加完善，乡村治理能力和治理现代化的实现将推动乡村旅游现代治理体系的形成，从而提升乡村旅游治理水平。

乡村振兴战略是当代中国从高速度发展转变为高质量发展的一项重要

的国家战略，对解决我国城乡发展不平衡、农村发展不充分、农村人口集聚失衡和资源配置失衡等基本问题具有托底性和全局性（樊平，2018），涉及面广，意义重大。乡村旅游高质量发展要全面融入乡村振兴战略实践中，充分体现乡村振兴“产业兴旺、生态宜居、乡风文明和治理有效”的总要求，推动乡村旅游高质量发展与乡村振兴战略实践的良性互动。

2.2 理论探讨

2.2.1 新时代乡村旅游高质量发展的要求

中国特色社会主义进入新时代，经济发展由高速增长阶段向高质量发展阶段转变，今后一段时期，要在第一个百年奋斗目标的基础上，全面建成社会主义现代化强国，实现第二个百年奋斗目标，以中国式现代化全面推进中华民族伟大复兴。为顺应时代变化，应对百年未有之大变局，在乡村振兴战略实践中如何推进乡村旅游高质量发展成为旅游界关注的重要问题之一。习近平同志指出：“高质量发展，就是能够很好满足人民日益增长的美好生活需要的发展，是体现新发展理念的发展，是创新成为第一动力、协调成为内生特点、绿色成为普遍形态、开放成为必由之路、共享成为根本目的的发展。”① 乡村旅游高质量发展要以新时代新发展理念为指导，推动乡村人、地、业和谐共生，促进乡村产业振兴、人才振兴、生态振兴、文化振兴和组织振兴。

新发展理念对乡村旅游高质量发展的理论指引是多方面的。具体来看，“创新发展”要突出乡村旅游高质量发展中的产品创新、科技创新、制度创新和管理创新，其中，产品创新是第一要务，这就要求乡村旅游地要瞄准市场需求，根据自身的资源特点，因地制宜，突出特色，开发差异化的产品，防止同质化。科技创新、制度创新和管理创新是乡村旅游高质量发展的保障，通过科技、制度和管理，促进乡村旅游要素汇集与协同，

① 习近平谈治国理政（第三卷）[M]. 北京：外文出版社，2020：238.

从而激发全要素生产力。“协调发展”包括两个方面，一是部门之间协调，要统筹协调乡村振兴、农业农村、文化和旅游、住房城乡、发展改革、自然资源、财政、生态环境、水利、林草等相关职能部门，形成部门助力乡村旅游高质量发展的合力；二是区域协调，不仅要统筹城乡发展，注重城乡平衡，还要注意不同乡村旅游发展区域之间的协调，防止恶性竞争和“公地悲剧”。“绿色发展”强调乡村旅游必须坚持生态优先，更加注重乡村生态环境保护，通过建立绿色低碳的乡村旅游发展体系，提高乡村旅游的可持续发展力。“开放发展”要求乡村旅游高质量发展要融入以国内大循环为主体、国内国际双循环相互促进的新格局。“共享发展”就是要坚持以人民为中心，不断满足东道主（村民）和游客日益增长的美好生活需求，积极通过更广泛更有效更深层次的社区参与，增进乡村旅游地的民生福祉，让乡村旅游发展成果更多更公平地惠及村民，促进共同富裕。受疫情影响，全球旅游业低迷，元气大伤，入境旅游市场大幅度下滑，乡村旅游市场要以国内市场为主，特别是省内及周边市场、家庭周末休闲市场，以确保乡村旅游基本收益。同时，要建立更广泛的乡村旅游利益共同体，充分吸纳社会资金，吸引人才前往乡村投资兴业，培育一批“新农人”，带领乡村旅游地的广大村民发展。

2.2.2　乡村旅游高质量发展内涵与特征

自高质量发展提出来以来，学界对乡村旅游高质量发展的内涵与特征进行了许多有益研究讨论。从生态经济协调发展理论看，乡村旅游高质量具有供需匹配、绿色发展、文旅融合和产业高效四个方面的内涵特征（于法稳等，2020）。乡村旅游高质量发展是全面均衡的发展，是产业不断转型升级的发展，是企业保持产品质量可靠性与持续创新的发展（吴彦辉，2021）。从解决我国社会主要矛盾的角度看，乡村旅游高质量发展是指以村民为主体，以多样化旅游需求为导向，依托村落自然环境、特色农业、历史文化和民族文化，在人与自然和谐、文化遗产传承保护和人类发展前提下，有效满足东道主（村民）和游客美好生活需要的发展。这种发展要求乡村旅游产品和市场需求精准对接，不断创新乡村旅游产品和乡村旅游管理体制机制，切实提高乡村旅游现代服务和管理水平，激发内生动力，增强村民自主发展能力，形成市场充满活力、运营监管有效、综合效益好、全面协调可持续的发展格局。由此，乡村旅游高质量发展应具有效益好、增长稳、“三精”化、创新强、有内涵、可持续六大基本特征。

效益好是乡村旅游高质量发展的核心。不仅要具有较高的经济效益，还要追求更高的社会效益和环境效益，最终实现经济效益、社会效益、环境效益相协调和最大化。

首先，乡村旅游经济效益显著。乡村旅游业作为劳动密集型和服务性极强的第三产业，具有就业门槛低、个体规模相对较小，产业门类多、数量大等特点。它是助推乡村振兴的重要产业和抓手之一，直接为当地或者周边农民提供就业机会，从根本上增加农民收入，促进农村产业结构调整和优化，振兴衰落的乡村经济。

其次，乡村旅游社会效益明显。乡村旅游作为一种较高层次的生产生活方式，不仅可以满足人民日益增长的美好生活需要，还成为现代文明和传统文明相互交融和碰撞的重要结合点。游客不仅在乡村旅游过程中体验丰富多彩的乡村生活，也在乡村地区传播了现代生产和生活方式，使乡村地区的村民们不断解放思想，改变观念，创造新的乡村经济社会发展形式，进一步促进乡村地区不断巩固拓展脱贫攻坚成果、助力乡村振兴和共同富裕，推进乡村遗产保护传承和人的发展。

最后，乡村旅游环境效益突出。乡村旅游业是环境友好型产业，在发展乡村旅游过程中，乡村环境必将得到不断美化，山林、水体、田园的生态价值将不断深入人心，乡村环境卫生设施将会不断完善。曾经自然排放的乡村生产生活污水、乱丢的固体废弃垃圾等都将得到有效处理。同时，发展乡村旅游还增强了当地村民的自豪感和荣誉感，使当地村民更加深刻地认识到乡村传统文化和自然环境的价值，从而进一步促进了村民自觉保护和美化乡村环境以及传承乡村传统文化的行动，不断养成爱护环境、美化环境和呵护传统文化的行为习惯，使“美丽乡村”和“绿水青山就是金山银山”的理念深入人心，使环境保护和文化传承成为村民的一种自觉行为。

增长稳指乡村旅游高质量发展需要坚持稳中求进工作总基调，以推动高质量发展为主题，以深化乡村旅游供给侧结构性改革为主线，以改革创新为根本动力，以满足人民日益增长的美好生活需要为根本目的，统筹发展和安全，形成所在地的现代化乡村旅游经济体系，适应以国内大循环为主体、国内国际双循环相互促进的新发展格局，统筹推进乡村旅游治理体系和治理能力现代化，实现乡村旅游经济行稳致远、乡村社会安定和谐。

三精化是指乡村旅游产品精致化、服务精细化、营销精准化。“产品精致化”就是要把乡村旅游做大做强、做精做特，形成具有较大市场吸引力和震撼力的乡村旅游产品体系。“服务精细化”就是要进一步强化以游客为中心的思想，对乡村旅游从业人员开展系统化、常态化、多层面、多方面的培训，制定更加精准的乡村旅游服务标准体系和规范，建立对乡村旅游服务效果常态化的评估制度，切实提高乡村旅游的精细化服务水平。“营销精准化”就是要精准深入地开展国际国内旅游市场需求研究，精确把握旅游市场发展规律，以精准需求研判促进乡村旅游产品创新，构建创新型的现代乡村旅游产业体系，特别是要加大互联网和大数据在乡村旅游产业的投入与运用，精准定位目标客源市场，围绕避暑康养、亲子研学、自驾旅游、文化体验、户外运动、养老度假等重点需求，开展形式多样、精准有效的市场营销，深耕目标客源市场，通过有效营销促进乡村旅游产品建设和乡村旅游产业发展。

创新强是指通过创新驱动使乡村旅游实现较好的综合效益，使产品、业态和管理有别于其他地区，实现差异化发展。乡村旅游创新主要表现在以下四个方面。一是产品创新。产品创新是确保乡村旅游市场核心竞争力的关键，要在把握和引领市场需求的基础上，提供“人无我有，人有我新，人新我特，人特我绝”的乡村旅游产品，在激烈的市场竞争中不断取胜。二是科技创新。要善于研发和运用现代科学技术，提高乡村旅游产品质量、运营管理能力和服务水平，形成由农业科技、生命科学、大数据、云计算、人工智能等共同支撑的现代乡村旅游技术创新体系，不断提高乡村旅游的科技含量，创新产业链，提升价值链，培育乡村旅游发展新动能。三是制度创新。乡村旅游是一项复杂的系统工程，从行政管理职能上看，涉及农业农村、文化和旅游、住房城乡、民族宗教、发展改革、自然资源、生态环境、市场监督管理、交通运输、体育、林草、财政等诸多部门，需要通过管理体制机制创新与落实，彻底解决“九龙治水”和推诿扯皮的问题，实现部门协同、统筹推进的工作格局。同时，各地要根据自身的发展实际，在创新型的制度体系中构建起政府、企业和农民协同合作的利益共同体，实现共享发展。四是管理创新。乡村旅游地要通过管理模式、管理方法和管理手段等的不断创新，切实解决困扰乡村旅游发展中的瓶颈问题，培育和壮大乡村旅游市场主体，形成政府监管有效、行业竞争有序、农民和游客满意的乡村旅游管理体系。在这四大创新中，产品创新是关键，科技创新、制度创新和管理创新是支撑和保障。

有内涵是乡村旅游高质量发展所承载的核心价值追求。发展高质量乡村旅游必须注重社会主义核心价值观的引导，强化乡风文明建设。要高度关注乡村旅游社区发展，特别是乡村旅游社区人的发展。要注重社区参与，关爱乡村旅游社区弱势群体，使他们能够获得公平发展的机会，提高村民的自我发展能力，不断培育内生动力，实现共同富裕和共同进步。要充分挖掘和利用乡村文化，以文塑旅，以旅彰文，延续与活化乡村文脉；更加注重乡村文化遗产保护、传承和利用，提高乡村旅游产品文化内涵和文化品位。

可持续是乡村旅游高质量发展的必然要求。乡村旅游高质量发展必须要牢固树立和践行绿水青山就是金山银山的理念，统筹考虑乡村资源环境承载能力，从人与自然和谐共生的高度谋划发展。深入挖掘乡村优秀传统文化，注重乡村文脉的延续与活化，注重乡村生产、生活、生态“三生”空间管控，防止大拆大建、千村一面、城镇化的简单化复制和翻版。要通过在地化的乡土美学营造，留住“乡愁”，植入适宜、适度和满足市场需求的、与自然和谐的创新型乡村旅游业态，使贵州多民族文化、传统文化、红色文化和乡村生态环境不断释放和创造更高的价值。

综上，乡村旅游高质量发展与乡村振兴战略实施密不可分，二者相互促进。一方面，乡村振兴战略实施为乡村旅游高质量发展提供了发展环境、基础设施、产业发展支撑等。另一方面，乡村旅游作为助力乡村振兴的重要产业，在乡村振兴中承担着纽带连接和催化剂的作用。要把握乡村振兴战略实施机遇，推进乡村旅游高质量发展，将乡村旅游高质量发展与乡村振兴战略紧密结合。

2.2.3　乡村旅游高质量发展的理论基础

系统科学是乡村旅游高质量发展的认识论和方法论基础。钱学森认为，系统科学是从事物的整体与部分、局部与全局以及层次关系来研究客观世界的。系统科学研究和应用的基本对象是系统，系统由相互联系、相互作用和相互影响的要素构成，并具有一定功能的整体（于景元，2017）。从系统论的角度看，乡村旅游系统由乡村旅游需求子系统、乡村旅游供给子系统和乡村旅游支撑子系统构成（见图 2－2）。乡村旅游需求子系统则是旅游者身体条件、可自由支配收入、闲暇时间、旅游偏好、家庭结构和文化程度 6 个自变量的函数，其规模大小通常由客源地的人口规模所决定。乡村旅游供给子系统由乡村旅游地围绕游客旅游活动所提供的相关服务要素构成，通常包括行、游、住、食、购、娱六大基础要素。乡村旅游支撑子系统则由乡村旅游地制度（法律法规和政策）、基础设施、旅游服务设施、保险、金融和安全救援等要素构成。三大子系统相互作用、相互影响，进而实现乡村旅游系统产出。

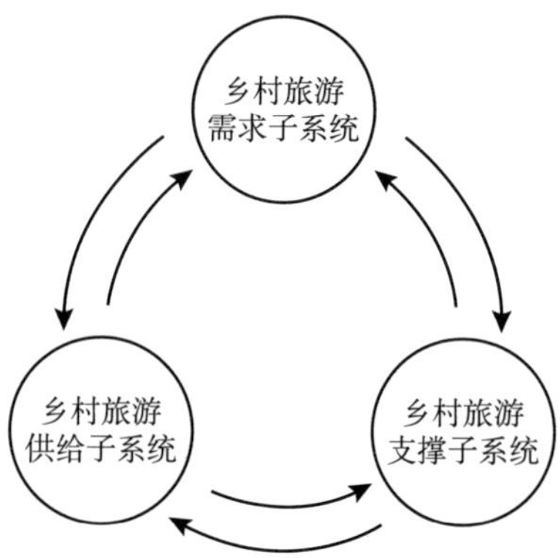

图 2－2　乡村旅游系统

一个国家或地区乡村旅游的高质量发展，不仅需要争取优质的客源市场，架构起属于自己的高质量目标市场，更为关键的是，要建立起与优质市场需求相匹配的高质量乡村旅游供给子系统和高质量的乡村旅游支撑子系统。唯有如此，乡村旅游效益好的目标才能实现。乡村旅游的研究者和运营管理者更需要运用系统科学思维进行系统深入的研究和更加精细化的管理。

乡村旅游高质量发展需要人类发展理论为指导。人是推进乡村振兴和乡村旅游高质量发展的关键，发展乡村旅游的根本目的是促进人的发展。乡村旅游作为现代服务经济，其发展需要乡村拥有具备现代服务意识和服务技能的人才，而在现实中，我国广大乡村农民人均受教育程度低，且人口流失严重，许多乡村仅有老人和小孩留守，人的发展问题迫切需要解决。在马克思主义理论中，人的发展由人的自由发展和全面发展构成，人的自由发展是指人通过对客观规律的认识和把握，摆脱环境等其他因素的支配，自觉能动地改造自然和社会，实现人与人、人与自然、人与社会的自由统一，其自由程度取决于人对客观规律的认识和把握情况，人的全面发展是自身自由发展的条件和要求，是人的能力、潜质等各方面都得到充分发展（冯长根等，2016）。人的自由发展和全面发展存在着相互制约的关系，当人的全面发展能力提升时，人的自由发展空间就会得到拓展，反之就会受限。人的自由发展也会限制人的全面发展，如果人对客观规律不能准确认知和把握，其全面发展也会受到影响。马克思将人的自由全面发展作为毕生的价值追求和奋斗目标（沈现斌等，2022），并在《共产党宣言》中表明，“每个人的自由发展是一切人的自由发展条件”①。

20 世纪 80 年代，诺贝尔经济学得主阿马蒂亚·森（Amartya Sen）提出了“人的可行能力”理论，强调人在发展过程中的核心地位，为人类发展理论奠定了基础。在阿马蒂亚·森的影响下和马赫布卜·乌尔·哈克（Mahbub ul Hap，1934 ~ 1998）的倡导下，联合国开发计划署（United Nations Development Programme，UNDP）在 1990 年首次提出了人类发展理念，创立了由人均收入、健康和教育三个方面构成的人类发展指数（Human Development Index，HDI），并对世界各国的人类发展情况开展比较分析（胡鞍钢等，2017）。HDI 比 GDP 更具综合性，能更好地反映一个国家

① 马克思，恩格斯．共产党宣言［M］．中共中央马克思恩格斯列宁斯大林著作编译局，编译．北京：人民出版社，2014：51.

和地区的发展。迄今为止，联合国开发计划署已经发布了 29 份《人类发展报告》，为全球提供了连续性的人类发展指数信息（蔡昉，2022）。清华大学张小军教授（2006）在对十几年来联合国人类发展理念进行研究的基础上，参照相关人类发展的理论和实践，提炼了人类发展的八个基本品质，即：人的发展、多样性的发展、可持续的发展、平等发展、民主发展、参与发展、共生发展和团结发展（见表 2－1）。

表 2－1　　人类发展的八大品质

关键词（key word）	发展的品质（character of dev.）
人权（human right）	人的发展（human dev.）
自由（freedom）	多样性发展（diversity dev.）
生态环境（ecology & environment）	可持续发展（sustainable dev.）
公平（justice）	平等发展（equality dev.）
赋权（empowerment）	民主发展（democratic dev.）
互话（response）	参与发展（participant dev.）
包容（including）	共生发展（symbiosis dev.）
责任（responsibility）	团结发展（united dev.）

资料来源：张晓松．以符号和仪式为样本的贵州地方性知识考查——文化研究视域与方法的拓［D］．长春：东北师范大学，2011：19.

乡村振兴战略背景下的乡村旅游高质量发展，其核心就是要解决村民在现代化进程中的发展问题。这种发展是不断提升“村民可行能力”的发展，是面向游客需求、以村民为主体的发展，是通过汇聚多种要素，不断激发村民内生发展动力，扎根乡土的、具有前述人类发展八大品质的发展。

人类学的经济学理论使乡村旅游高质量发展有灵魂。经济学历史悠久，从 1776 年亚当·斯密（Adam Smith，1723～1790）的《国富论》出版至今，经济学发展已经有 200 多年的历史，可谓学派林立，百家争鸣，蔚为壮观。乡村旅游属于现代服务经济，属于东道主（村民）与游客互动的乡村文化经济，需要遵循诸如资源配置、需求与供给等经济发展的一般规律。然而，在乡村旅游发展实践中，一些地区因发展乡村旅游而诱发的种种问题不胜枚举，譬如屡见不鲜的乡村旅游社区矛盾。为此，我们需要借助一种新的经济学理论——人类学的经济学理论来指导乡村旅游的高质量发展。

为什么需要人类学的经济学？直接的答案是挑战当代经济学的理论陷阱及其对人类本性的扭曲，有几个重要的原因。第一，古典经济学的“经济人”模式和“理性最大化”的选择在很大程度上已经占据和支配了对人类行为的理解，尽管许多学者包括经济学家已经指出这是一种对人类理性与行为的误解。第二，也是更为重要的，这一理论已经并且正在通过据此建立的经济制度和经济学话语权力规训着人们成为这样的人类，而如此的人类只是一种畸形的人性发展结果，并非人类的本来面目。它将人类本性当中本来只是一小部分并且受到自身约束的趋利性加以方法为普遍的贪婪，相比初民社会形成了普遍的堕落。第三，经济学对人类的堕落负有重大的责任，在某种程度上，它已经沦为少数人牟利工具，却披着科学、公平之类的合法外衣。第四，充分意识到这种畸形的人类形态和经济形态，扭转它的前提之一就是对目前的经济学进行反思和批判。“人类学的经济学”就是在这样的背景下被提出来的。当然，人类学的经济学并非要取代经济学，而是希望用人类学的观点解释和改造经济学中不合理的部分，让经济学有灵魂。或者说，经济学应该摆脱目前的状况，通过革命性的改造，成为一个跨学科甚至“去学科”的广义经济学，成为能够真正理解人类并能够为全人类创造福祉的学科。①

张小军教授（2014）从词源学角度对“经济”一词进行深入剖析，援引了布伦尼斯洛·马林诺斯基（Bronislaw Malinowski，1884～1942）、马歇尔·萨林斯（Marshall Sahlins，1930～2021）和卡尔·博兰尼（Karl Polanyi，1886～1964）等人的观点，将经济放置在人类社会文化中去做系统的考察研究，以本土的历史和现实个案为依据，重新对“经济”进行了深入的本体论思考，提出复合经济、象征经济和能量经济，形成了具有开

① 张小军．让经济有灵魂：文化经济学思想之旅［M］．北京：清华大学出版社，2014：1.

创性的人类学的经济学理论体系。人类学的经济学作为研究“人类如何建立基本的有效节约的生计（livelihood）或生存（subsistence）秩序的学问”,[①] 其基本原则有三：一是尊重自然，自然和人共同为本；二是尊重地球共有，以世界公民为本；三是尊重人类之个人权利以美好生存而非无限欲望为本。[②]

在人类学的经济学理论中，“市场”并非仅仅指传统经济学定义的现实消费人群和潜在消费人群，或者是供给与需求的关系，它是一个“广义的市场”的概念，是经济、政治、文化和社会资本的转换和交换场所。[③] 在现实中，没有绝对独立的市场，它必然要在复合中运行。这一理论观点可以用来解释为什么一些乡村旅游村寨凭借某种“关系”独享某种市场，而一些乡村旅游村寨因为没有所谓的“关系”，只能望客兴叹！于是，村寨与村寨之间的矛盾就这样产生了。2008 年，为迎接贵州省第三届旅游发展大会的召开，省、州、县投入巨资改善黔东南苗族侗族自治州雷山县西江千户苗寨的乡村旅游环境，使其在短时间内从一个几千人的苗寨摇身变成了一个景区。在西江千户苗寨的虹吸作用下，与其毗邻的郎德苗寨受到了极大的冲击，游客曾经一度门可罗雀，一时引发了郎德村民极大不满。[④] 在一般经济学的含义中，“产权”是一种形式论的概念，人类学的经济学理论的“产权”是“实质产权”的观念，不仅具有经济权属，还具有社会权属、文化权属、政治权属和象征权属，是复合产权（张小军，2007）。如果乡村旅游缺乏对复合产权的认知，就会致使一些人通过象征产权或者政治产权将原本属于村民的产权转移到少数人手里，进而引发深层次的乡村矛盾。

人居环境科学理论为高质量的乡村人居环境营建提供指导。20 世纪 90 年代初，吴良镛院士针对国内城乡规划建设中出现的复杂问题，在吸

---

① 张小军. 让经济有灵魂：文化经济学思想之旅［M］. 北京：清华大学出版社，2014：Ⅱ ~ Ⅲ。

② 张小军. 让经济有灵魂：文化经济学思想之旅［M］. 北京：清华大学出版社，2014：26.

③ 张小军. 让经济有灵魂：文化经济学思想之旅［M］. 北京：清华大学出版社，2014：75.

④ 作者调研所得。

收霍华德（Ebenezer Howard，1850 ~ 1928）田园城市、盖迪斯（Patrick Geddes，1854 ~ 1932）人本主义综合规划、芒福德（Lewis Mumford，1895 ~ 1990）区域观和自然观等西方城市理论，特别是希腊建筑师道萨迪亚斯（C. A. Doxiadis，1913 ~ 1975）人类聚居学（*EKISTICS*：*The Science of Human Settlements*）的基础上，率先提出了人居环境科学（the sciences of human settlements）的构想（吴良镛等，1994），并在 2001 年出版的《人居环境科学导论》中进行了系统阐述，在世界上具有探索性和前瞻性（吴良镛，2012）。人居环境科学以人类居住为研究对象，探讨人类居住与环境的相互关系和如何营建更好的人居环境，以此实现人与自然、人与人的和谐。人居环境的核心是人，从系统论的角度看，人居环境由自然系统、人类系统、社会系统、居住系统和支持系统五大系统构成（见图 2 – 3），根据人类居住的类型和规模，可将人居环境划分为全球、区域、城市、社区（村镇）和建筑五大基本层次（吴良镛，2001），人居环境的最高境界就是“天人合一”和“诗意地栖居”。

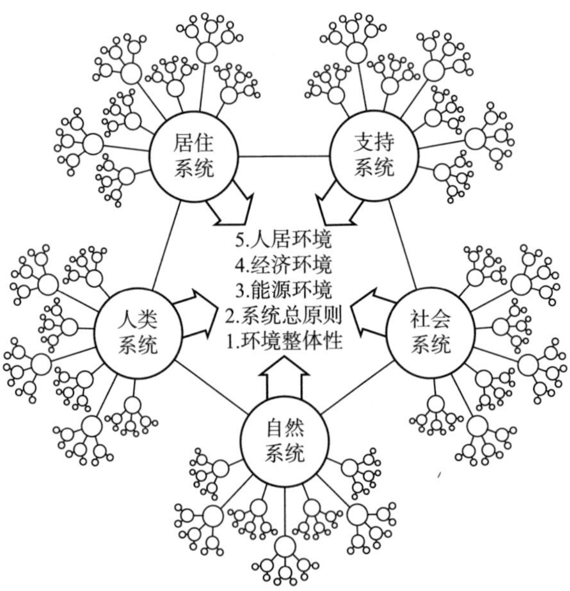

图 2 – 3　人居环境系统模型

资料来源：吴良镛. 人居环境科学导论［M］. 北京：中国建筑工业出版社，2001：40.

人居环境学的提出和创立，对我国城乡规划建设产生了深远的影响，它从系统论角度把人类聚居作为一个有机联系的整体，其目的就是要为人类创设可持续的宜人的人居环境。乡村作为一个有别于城市的人居环境类型，承载和反映了乡村历史文化和自然地理特征。在乡村旅游发展过程中，乡村要从一个单纯的农林牧副渔生产地向农林牧副渔生产地和旅游地相结合的功能转变，乡村人居环境营建就需要兼顾游客旅游活动之需求，即在功能上实现村民“家居”和游客“旅居”高度契合。如此，乡村人居环境显得更加复杂化了。面对目前国内衰落的乡村，在乡村振兴战略实践中，以运营来推导乡村的生产生活生活空间，以乡村生态环境保护、在地文化活化传承与延续为前提的乡村产业发展变得较为紧迫，特别是那些要发展高质量乡村旅游的乡村，亟须实现业态、地景、规划与建筑四位一体，从而构建起新时代的乡村人居观。在人居环境科学的框架下，地理学与地质学为乡村营建提供有关“地”的科学依据；城乡规划学从现实与未来的角度解决乡村生产生活生态“三生”空间的优化与功能安排；建筑学解决乡村民居建设、修缮与维护；风景园林学解决乡村绿化与风景营造；艺术学是乡村人居环境营建工作的灵魂，重点解决乡土美学问题；生态学、环境科学与工程解决乡村生态与环保问题。由此，乡村旅游高质量发展的乡村人居环境营建要求如下：

第一，遵循大地肌理，与大自然相契合；

第二，延续活化乡村文脉，讲究乡土美学；

第三，功能完善，空间布局合理，能满足乡村现实和未来的发展需求；

第四，建筑与乡村生产生活生态一起“生长”，创造未来的遗产；

第五，人与自然和谐共生，实现可持续发展。

社会治理理论为乡村旅游现代治理提供重要依据。全球治理委员会（1995）在《我们的全球伙伴关系》中认为，社会治理是各种公共的或私人的机构管理公共事务的诸多方式的总和，是使相互冲突或不同的利益得以调和并且采取联合行动的持续的过程（朱斯琴，2005）。社会治理需要一个综合体系，由社会治理的结构体系、组织体系、动员体系、服务体系、评价体系和制度体系等构成（左晓斯，2016），这六个体系相互影响和相互作用，使社会治理发挥积极作用。有学者认为，尽管社会治理可以弥补国家和社会在调控和协调中存在的某些缺陷，但以治理取代市场和（或）等级统治是会失败的，[①] 有效的治理必须建立在国家和市场的基础上。为发挥社会治理的优势，克服社会治理的失效，产生了较有影响的“善治理论”，俞可平（2000）在综合各家善治问题上的观点后认为，善治基本要素由“合法性”“透明性”“责任性”“法治”“回应”和“有效”构成，其中，“回应”是责任性的延伸，它要求公共管理人员和管理机构必须对公民的要求作出及时的和负责的反应，不得无故拖延或没有下文，回应性越大，善治程度就越高。[②]

乡村治理是我国社会治理的重要组成部分，推进乡村治理体系和治理能力现代化，夯实乡村振兴基层基础，实现乡村治理有效是乡村振兴的一项重要内容和要求。2019 年，中共中央办公厅、国务院办公厅印发的《关于加强和改进乡村治理的指导意见》指出，要“建立健全党委领导、政府负责、社会协同、公众参与、法治保障、科技支撑的现代乡村社会治理体制，以自治增活力、以法治强保障、以德治扬正气，健全党组织领导的自治、法治、德治相结合的乡村治理体系，构建共建共治共享的社会治理格局，走中国特色社会主义乡村善治之路，建设充满活力、和谐有序的乡村社会，不断增强广大农民的获得感、幸福感、安全感”。进一步明确了我国乡村社会治理体制、治理体系、治理格局和治理道路，成为新时代开展乡村治理的根本遵循。

从乡村治理实践来看，以自治、法治和德治为核心的“三治融合”源自 2013 年浙江省桐乡市人民的创造，它从一种基层经验的表达上升至党和国家的制度表达，是实践对社会治理之题所作的回答，为社会善治之道提供了范式（张文显，2020）。乡村旅游发展不断改变乡村经济社会，使利益主体更加复杂，乡村走向了更高层次的开放。在乡村振兴战略实践中发展高质量的乡村旅游，迫切需要在社会治理理论特别是要在“三治融合”理论的基础上，进一步探讨形成有效的乡村旅游“善治”。

---

① 鲍勃·杰索普．治理的兴起及其失败风险：以经济发展为例的论述［G］//余可平，薛晓原．治理与善治．北京：社会科学文献出版社，2000：71.

② 俞可平．引论：治理和善治［G］//俞可平，薛晓原．治理与善治．北京：社会科学文献出版社，2000：9－11.

乡村旅游不仅具有一般旅游发展的特征，还因其所在地域和发展主体的特殊性，又具有很强的特殊性，需要集成运用多学科的理论与方法，紧扣乡村振兴战略，完整、准确贯彻新发展理念，融入新发展格局，以系统科学为统领、人类发展理论为核心，辅以人居环境科学、人类学的经济学和社会治理理论，形成“系统－产业－民本－人居－治理”五位一体的乡村旅游高质量发展理论框架（见图2－4），为乡村旅游高质量发展与乡村振兴战略实践良性互动提供重要理论支撑。即：从系统科学的角度全面把握和认识由乡村旅游供给子系统、乡村旅游需求子系统和乡村旅游支撑子系统构成的乡村旅游系统，将系统思维贯穿于乡村旅游高质量发展的全过程。以人类发展理论为核心，始终坚持以人民为中心的发展思想，形成乡村旅游发展的民本观，不断满足东道主（村民）和游客日益增长的美好生活需要。从人类学的经济学思考乡村旅游产业发展问题，让乡村旅游经济有灵魂。根据乡村旅游产业发展和人类发展需求营建乡村人居环境，实现村民“家居”和游客“旅居”的高度契合。强化乡村旅游社区治理，不断提升乡村旅游治理体系和治理能力现代化水平，建设宜居宜业和美乡村。

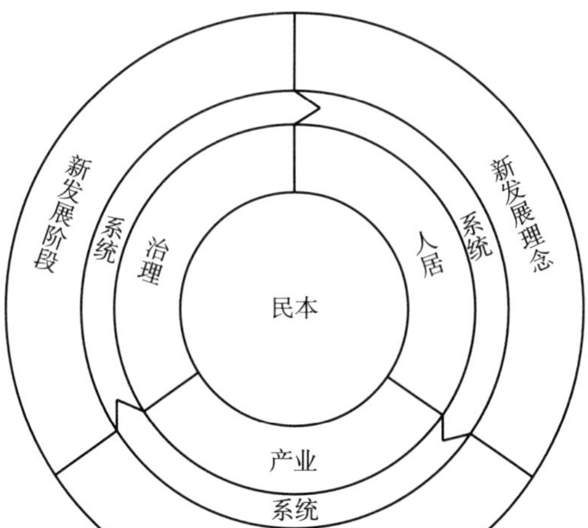

图2－4 乡村旅游高质量发展理论框架

第3章　乡村旅游高质量发展和乡村振兴战略实践的前提

科学认知后工业化时期的乡村是推进乡村旅游高质量发展和乡村振兴战略实践的重要前提。在后工业化（post-industrialization）时期，产业之间相互融合使产业边界更加模糊，服务经济高度发达，工业经济从传统的“制造”向以知识和技术为支撑的“智造”转变，劳动生产率得以大幅度提升，人们的闲暇时间日益增多，社会福利得以大幅度改善，乡村不再是贫穷落后的代表，而是以独有的生态和文化价值颇受社会关注和青睐，城乡联系和互动更加紧密。

3.1　关于乡村的认知

乡村（countryside）是有别于城市（city）的聚落形态，通常是指以农业生产为主、人口较为分散，且远离城市建成区的地域。英文单词countryside在《朗文当代高级英语词典：英英·英汉双解》（第六版）[①]中的解释为：（1）Land that is outside cities and towns（城市和城镇以外的土地）；（2）An area away from towns and cities，where there are fields，forests etc-used especially when talking about the natural of this kind of area（远

① 英国培生教育有限公司．朗文当代高级英语词典：英英·英汉双解（第六版）［M］．北京：外语教学与研究出版社，2018.

离城镇和城市的地方，那里有田野、森林等，尤其是在讨论这类区域的自然时被使用)。City 释义为：（1） A large important town（大而重要的城镇)；(2） A large area with houses，shops，offices etc that is often the centre of government for an area（一个拥有住宅、商店和办公楼等的大区域，常常是一个区域的政治中心)；(3） A city is bigger than a town（城市比城镇大)。与 city 类似的 town，则指 A large area with houses，shops，offices etc where people live and work，that is smaller than a city and larger than a village（一个拥有住宅、商店和办公楼等的大区域，且人们在这里生活与工作，它比城市小，比村庄大)，可译为城镇。“乡”在《辞海》中的解释为：作为行政区域单位，其所辖范围历代不同。在周代制度中，以一万二千五百户为乡。春秋齐制，郊内以五家为轨，十轨为里，四里为连，十连为“乡”；郊外以五家为轨，六轨为邑，十邑为率，十率为“乡”。

浙江余姚河姆渡、陕西西安半坡、江苏吴江龙南等考古发掘表明，中国最早的乡村出现在新石器时期。农业和畜牧业分离后，古人类通过利用大河流域的土地，使用较为简单的劳动生产工具创造了相对丰富的生活资料，从而突破了此前仅有的性别和年龄分工，以农业为主要生计的氏族逐步定居下来，形成了一种相对稳定的聚居形式——乡村。

乡村作为第一次社会大分工的产物，其诞生有着重要的价值和意义。第一，乡村作为一种载体和纽带，它把村民聚集在一起，可以充分发挥群体力量，有助于发展生产和方便生活，增强人们的自卫能力；第二，乡村促进了更大区域的经济和文化交流，有利于提高整体生产力水平，为城镇兴起提供了可能；第三，乡村作为不同族群适应自然的结果，孕育了人类文化的多样性。同时，乡村相对的封闭性为文化多样性的维系提供了条件（王德刚，2010)。从某种意义上说，人类文明起源于乡村。

20 世纪 50 年代以来，我国对城乡划分标准进行了多次调整，随着城乡一体化的发展，城市与乡村界限划分日益困难。在 2008 年 7 月 12 日批复的《统计上划分城乡的规定》中，以我国行政区划为基础，将民政部门确认的居民委员会和村民委员会辖区作为划分对象，以实际建设（指已建成或在建的公共设施、居住设施和其他设施）为依据，把我国地域划分为“城镇”和“乡村”，据此，“乡村”是指城镇以外的区域。[①]《中华人民共和国乡村振兴促进法》第二条规定，乡村是指“城市建成区以外具有自然、社会、经济特征和生产、生活、生态、文化等多重功能的地域综合体，包括乡镇和村庄等”。

乡村具有以下三个基本特征。

首先，乡村是农业人口聚集的区域。在乡村地区，绝大部分人口从事农业生产或与农业有关的活动，土地广袤，人口密度较低。根据其从事的农业生产，可大致把乡村划分为以种植业为主的“农村”、以从事林业生产为主的“林村”、以从事畜牧业为主的“牧村”以及以从事渔业生产为主的“渔村”，等等。

其次，乡村是以血缘来维系的族群社区。在乡村地区，一个村寨可能是一个大家族或者是多个家族的组合，抑或姓氏与姓氏之间有一定的姻亲关系，村寨居民可能来自一个共同的祖先或者几个祖先，从而在某个区域组成一个血浓于水的族群。他们为追求幸福生活而互相帮衬，因血缘关系而有了“根”的认同和无穷的凝聚力。

最后，乡村的聚落形态丰富多样。乡村因自然地理条件的不同而呈现出不同的分布状态，同时因族群信仰与认知差异，也会有不同的形态。即使有同样的自然地理条件，其形态也会有极大的区别。如在山区，村寨散落在山间，受土地的制约，一般村寨的规模较小，呈现出“串珠状”的特征，然而，山区中的苗寨、侗寨和布依族村寨等却又有很大差异；在河谷地区，乡村沿河分布，呈“带状”的特征；在平原地区，乡村沿平面展布，呈现出“块状”的特点……

从某种意义上讲，乡村旅游是人（主要是城市居民）在乡村的美学散步。游客从前期咨询到进入乡村，都将不断与乡村相关事物产生审美活

① 根据《统计上划分城乡的规定》，“城镇”包括“城区”和“镇区”。“城区”是指市辖区和不设区的市以及区、市政府驻地的实际建设连接到的居民委员会和其他区域；“镇区”是指城区以外的县人民政府驻地和其他镇，政府驻地的实际建设连接到的居民委员会和其他区域。与政府驻地的实际建设不连接，且常住人口在3000人以上的独立工矿区、开发区、科研单位、大专院校等特殊区域及农场、林场的场部驻地也视为镇区。

动。如此，风景学视角下的乡村将会变得更有价值和意义。

人文主义地理学家继承了风景研究的问题，从风景“形态”的研究转向了风景“体验”和风景与权力的研究。美国杰克逊（Jackson J B，1984）探索了“风景”的象征性问题，并指出，风景不是环境自然特征，而是综合性空间，一个植根在土地上的“人造空间体系”，它的功能和演化不是遵从自然规律，而是为了服务社群。20世纪早期，在卡尔·奥特温·索尔（Car Ortwin Sauer，1889～1975）与伯克利学派之影响下，西方学界存在着这样一种认知，即一个地方的风景是生活在那一个地区的（似乎是统一的）人群的物质表达。[①] 20世纪70年代，以爱德华·雷尔夫（Edward Relph，1976）、段一孚（Yi－Fu Tuan，1977）和唐纳德·迈尼希（Donald Meining，1979）为代表的地理学家先后主张把人类的想象引入风景的阐释之中。20世纪80～90年代，肯尼思·奥威格（Kenneth Olwig，1984）、丹尼斯·科斯格洛夫（Dennis Cosgrove，1984，1985，1987）与斯蒂芬·丹尼尔斯（Stephen Daniels，1990，1993）则将风景看作是具有独特意识形态编码的物质生产以及权力和影响的示意图，它协助再生产各种权力结构，而这些权力结构首先生产了风景。[②]

在韩国颁布的《风景法》中，风景包含了由自然、人工元素和本土居民生活方式所构成的地方环境特征。韩国政府积极鼓励当地居民自发参加到居住空间建设和社区发展中去（Nam Hyeong Kim et al.，2009）。2009年10月，国际风景园林师联合会世界理事会（IFLA World Council）在巴西通过的《全球风景公约》（*Global Landscape Convention*）对“风景”进行了定义，即风景是土地、水系统和（或）海洋区域的总称，其特征是自然和（或）文化因素单方面发挥作用和相互作用造成的结果（刘晓明等，

① ［英］提姆·克雷斯韦尔．景观、实践的泯灭［G］//［英］凯·安德森，［美］莫娜·多莫什，［英］史蒂夫·派尔等．文化地理学手册．李蕾蕾，张景秋，译．北京：商务印书馆，2009：391.

② ［英］提姆·克雷斯韦尔．景观、实践的泯灭［G］//［英］凯·安德森，［美］莫娜·多莫什，［英］史蒂夫·派尔等．文化地理学手册．李蕾蕾，张景秋，译．北京：商务印书馆，2009：392.

2011）。这两个定义揭示了自然与文化是促进风景形成的两大基本力量，肯定了文化对风景形成的影响。此外，风景是指美的自然景观……相对于自然景观而言，风景已经是经过主观评价的了（郑炘等，2005），如果说“景观”是一种客观实在，“风景”则是人类对这一客观实在的审美表达。

风景作为构景要素在特定区域美感表现的时空组合体，具有以下五项基本地理特征（柴本源等，1997）：第一，风景是地理综合体即地理景观的一部分，由山、水、林木、大气变化、建筑和人文特色构成；第二，风景是地理综合体中有吸引力的部分；第三，风景具有地域分异现象，处于不同地理位置的风景具有不同的性质、成因和美学特征；第四，构成风景的自然和人文要素在地理环境的发展中各自起着独特作用，而且相互影响，所以风景是一个综合体；第五，具有各类价值的风景是大自然和人类历史遗留下来的宝贵财产，能给人以知识和力量。

从地理学的角度，我们可以将乡村风景（rural landscape）大致定义为人类文化了的非城市地理综合体，它由乡村自然山水、田园、村落与活动等元素进行不同组合所形成的具有整体视觉感和一定空间尺度的地域单元。之所以是非城市地理综合体，是因为“乡村风景”与“城市风景”有着本质上的区别。“乡村风景”与“农业”和“土地”紧密联系，正因为有了“农”与“土”，“乡村风景”才表现出了稀疏的村落与广袤的土地，山水、林田、村落相得益彰，彰显出静谧、闲适和怡然自得的品质，乡村性才得以完好的体现和保持。“城市风景”与“智慧”和“商业”相伴生，在风景特质上表现出高楼林立、车水马龙，呈现出喧闹、紧张、快节奏色彩。“乡村风景”作为“地理综合体”，也具有“地理综合体”的一般特征——它是乡村自然地理与人文地理各种要素相互联系、相互制约，又有规律地组合而成的地域单元，具有动态性特征，其中任何一个地理要素的变化都势必会引起其他要素发生变化，从而促进乡村风景不断发展和演变。

乡村风景是东道主的文化对象化过程，是一定区域人群的文化表征。东道主根据自己的文化理解、文化解释、生产生活方式和宗教信仰等，利用自己所处区域自然条件建构起别具一格的人地关系，形成了独特的乡村风景。地处中国西南的贵州，山地与丘陵面积高达 162937 平方千米，占了全省土地总面积的 92.5%，被誉为“山地王国”。贵州在历史上曾是苗瑶、氐羌、百越与濮人四大族系的交汇之地、民族迁徙的大走廊，对于许多山地民族而言，他们现在安身的地方，并不是其祖居地。因为祖先的迁徙，才使得他们与贵州发生了直接的联系，对于后世子孙而言，“祖源地”才是他们文化的根基，是“历史记忆”和“文化想象”的凭依（张晓松，2006）。山国贵州高山横隘、河谷深切，地理环境相对封闭，各民族沿着自己的文化轨迹与山水和谐相伴，形成了自己相对独立的文化生态体系。

从象征人类学上看，符号和仪式是推动乡村风景形成和演化的文化力量，也是乡村风景的精华。乡村风景的形成与演化深受乡村文化机制的影响，如要更好地认知乡村风景，则需要去研究乡村风景背后的文化。象征人类学（symbolic anthropology）将文化视为一种能够传递信息和表达观念的象征体系，从主位和客位相结合的角度来研究不同社会中的文化象征符号所包含的多重意义（瞿明安等，2014）。符号（sign）与仪式（ritual）因丰富的象征意义，往往成为象征人类学的重要研究内容。人类学家通过对符号和仪式的研究，将二者放置在特定的社会文化环境中，利用“深描”的方式，以文化拥有者的眼光来分析它们的地位和作用，从而破译文化的基因密码。

通常，我们一般会将用来代表另外一种事物的东西称为符号，如地图上蓝色的图形常常表示各类水体。符号实际上是由符号本身及其所指的内容构成，如此，符号才有价值和意义。西方现代符号学的奠基人索绪尔（F. Saussure，1857～1913）创造性地提出了符号学能指（signifier）和所指（signfied）的概念，任何一个符号都是由能指和所指双面体（见图 3－1）构成的统一体（瞿明安等，2013；张宪荣等，2013）。“能指”是指符号的可感的形式，即“符号形式”，直接来源于某个物理实体；“所指”是指符号的抽象内容，它隐藏在符号形式的背后，并通过符号形式传达出来。

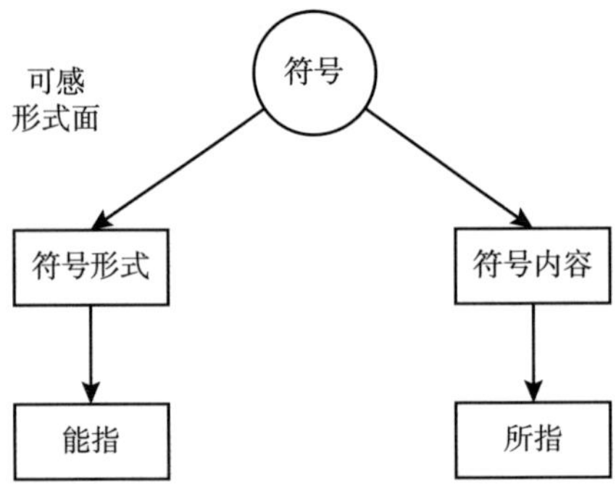

图 3－1　符号双面体

资料来源：张宪荣，季华妹，张萱. 符号学 1——文化符号学［M］. 北京：北京理工大学出版社，2013：82.

乡村风景的符号与土地形态密切相关。乡村作为从事农业生产的地域，在风景形态上表现为“农用地”，并与城市大规模的商业用地和工业用地相区别，这是乡村风景存在的物质根基。乡村风景因“农用地”呈现“农”的特色，城市风景因商业用地和工业用地等而呈“商”与“工”的色彩。农用地包含了耕地、园地、林地、草地、养殖与捕捞水域以及农业设施用地等类型，使乡村风景呈现出多样化的特征。农用地引发了各种乡村生产生活方式，在草原产生了以游牧为特征的乡村风景，在滨海产生了以捕捞为特征的乡村风景，在平原产生了以种植为特征的乡村风景，这些乡村风景的符号构成也不尽一样。

仪式是一种特殊的活动，它存在于人们的各种生产生活中。加拿大仪式学家罗纳德·格兰姆斯（Ronald L Grimes）根据仪式的实际用途，将仪式分为仪式化（ritualization）、礼仪（decorum）、典礼（ceremony）、巫术（magic）、礼拜（liturgy）和庆典（celebration）六类（Ronald L. Grimes，1995）。其中，仪式化是仪式的简单形态，是指具有仪式意味的动作或姿态（薛艺兵，2003）。彭兆荣（2002）先生援引了布伦尼斯洛·马林诺斯基象征主义首先满足人类交流的观点，从功能主义视角出发，遵循仪式在社会结构和人际关系中交流的基本原则，认为仪式展示了三种功能和三种表述范畴。

展演功能（exhibitions）——表述范畴：展示什么（What is shown）

行为功能（actions）——表述范畴：做了什么（What is done）

指示功能（instructions）——表述范畴：说了什么（What is said）

仪式内容丰富多彩，仪式的展演、行为和指示三种功能是一个不可分割的有机整体，人们在多样化的仪式情景中完成了某种需要，使仪式成为人们生产生活中不可或缺的重要内容。例如，人们经常说“生活要有仪式感”，于是有了生日聚会、结婚纪念日、百年诞辰等，这就是对仪式功能和作用的最佳阐释。

乡村仪式丰富多彩，几乎涵盖了乡村的一切生产生活方式。如开秧门、祭山、崇水与拜石。仪式常常作为乡村天地人神沟通的纽带和桥梁，村民们通过各种仪式活动来实现和达成某种愿望。因仪式的神圣和世俗，它往往成为乡村最为恢宏的展演和文化风景，成为透视乡村文化的重要载体和途径。仪式与符号如经似纬，共同编织起千变万化的乡村风景，使其具有了更加灵动的色彩。

在人文地理学意义上，乡村风景是乡村地域文化的集中呈现，大致由乡村物质风景、乡村行为风景和乡村精神风景三者错综交织而成。乡村物质风景包括乡村自然环境和依托这一环境所创造的一切有形物，具有可观感的形态和色彩。这些有形物是在一定技术条件下人与自然不断适应、改造和创造的结果，反映了某一时期村民的思想意识、价值观念、审美判断和科技水平，以农业、民居、服饰和饮食为典型代表。乡村行为风景是生活在乡村区域的族群在社会生产实践中的各类活动，它以自然地理环境为活动空间，不断进行人与人之间的交流和互动，从而对乡村风景不断施加影响和丰富乡村风景。乡村行为风景不仅受乡村自然地理环境的间接影响，还深受多种文化的直接影响，主要包括乡村风俗习惯、人际关系、国家权力和社会制度，从这种意义上讲，“行为乡村风景”亦可称为“制度乡村风景”。乡村精神风景是指乡村居民的社会心理现象，主要包括宗教信仰、道德规范、心理与思维、审美情趣、文学艺术、礼仪习俗等方面，它是维系乡村风景形成和演化的动力，并直接作用于乡村物质风景和乡村行为乡村风景，使乡村风景变得丰富多彩。

综上，我们认为，乡村风景作为重要的乡村旅游资源，它本质上是文化化的自然，东道主（村民）创造了和创造着乡村风景。乡村风景是人与自然共同作用下形成的文化风景，由乡土符号与乡土仪式不断编制而成，反映了乡村人与土地、人与人、人与自身的关系，是乡村地方性知识（local knowledge）的表征。乡村风景随着时间的推移而不断变化，人们（特别是生活在乡村的人）按照自身的文化（如信仰、风俗、制度等）对自然环境施加影响，使乡村风景不断发生变化。乡村风景是后工业化时期弥足珍贵的文化遗产，保留着华夏文明的基因和记忆，是每一位中华儿女乡愁、诗和远方的载体。推进乡村旅游高质量发展和乡村振兴战略实践，需要在维系和发展几千年来中华优秀乡村文明的基础上不断促进乡村产业振兴、人才振兴、文化振兴、生态振兴和组织振兴。

3.2 贵州乡村：厚植于山地之上的文化生态样本

贵州位于中国西南部，位于北纬24°37′~29°13′，东经103°36′~109°35′之间，东南西北分别与湖南省、广西壮族自治区、云南省、四川省和重庆市接壤，独特的地理条件和历史原因使贵州成为民族迁徙的大走廊，西南古代苗瑶、氐羌、百越与濮人四大族系在这里交汇，汉族也由“川、湖”移至贵州（张晓松，2000），逐步形成了多元共生、美美与共的文化格局。贵州高山阻隔，江河纵横，全省既有充满热带特征的“河谷”，又有舒爽的“坝区”和冷凉的“高地”，生物多样性明显。与此同时，相对封闭的自然地理环境造就了类似于“岛屿”的文化生境，自然环境不同、族群不同和历史沿革不同造就了风格迥异的乡村，使贵州成为中国文化多样性保存最完好最丰富的省份之一，成为厚植于山地之上文化生态样本。总体上看，贵州乡村旅游资源由山地自然环境、历史文化、民族文化、村落和山地农业五大类型所构建。

3.2.1 山地自然环境

贵州地处云贵高原东部，隆起于四川盆地、广西丘陵和湘西丘陵之间，属我国地势第二阶梯东部边缘部分，全境地势西部最高，中部次之，并向北、东、南三面倾斜，[①] 全省海拔从黔东南苗族侗族自治州黎平县地坪乡出省界处（最低点 147.8 米）上升至六盘水市钟山区小韭菜坪（最高点 2900.6 米），海拔高差达 2752.8 米，是一个低纬度、高海拔的山区。境内乌蒙山、苗岭、大娄山和武陵山四大山脉分别向西部、中部、北部和东部延伸，形成黔西高原山地、黔西南山原丘陵、黔中山原丘陵、黔南山地、黔北山地和黔东南低山丘陵 6 个地形区。全省山地和丘陵面积达 162954.48 平方千米，约占全省总面积的 92.5%，是全国唯一没有平原的省份，素有“八山一水一分田”之说。全省大部分村寨选址在山麓与坝地相结合的地带。在一些自然条件恶劣的地区，很多村寨都建在山顶或半山腰，以村寨为核心，村民们沿山开垦土地，形成了壮观的梯田景观。山地是贵州乡村的自然基础，开门见山和背亦倚山成为贵州村寨的一大特色，村寨依托山地，村民以血缘、姓氏、民族为纽带在山地营建，形成了多样化的山地聚落。

从旅游地理学和风景地理的角度，贵州地貌可以分为喀斯特地貌、丹霞地貌和常态地貌三种类型（杨龙，2002）。这三种类型均有典型区入选世界自然遗产，成为贵州乡村旅游高质量发展的重要品牌和支撑。

贵州喀斯特地貌主要发育在二叠系和三叠系的地层上。全省碳酸盐类岩石分布面积广，是中国最大的喀斯特分布区。全省喀斯特出露面积约 1.091×10^5 平方千米，占全省国土总面积的 61.9%。2007 年，贵州荔波与云南石林、重庆武隆共同组成中国南方喀斯特成果进入世界遗产名录，成为贵州省第一个世界自然遗产。2014 年，第 38 届世界遗产大会通过施秉云台山等为代表的中国南方喀斯特第二期申请，云台山成为贵州省第三个世界自然遗产。喀斯特地貌区的乡村周边布满形态各异的峰林、峰丛、峰丛 – 洼地、峰林 – 盆地、坡立谷和洞穴等正负地貌类型，村寨主要散落在峰林 – 盆地和峰丛 – 洼地间，农田和村寨星罗棋布，充满着山地田园情调，民居建筑、生产方式与日常生活等都深深地打上了“喀斯特”的烙印，如一些村寨石头的瓦、石头的墙、石头的碓、石头的房，整个村寨宛

① 贵州省国土资源厅. 贵州省地图集［M］. 成都：成都地图出版社，2005：8.

若一个石头的世界。

贵州丹霞地貌由侏罗纪至白垩纪紫红色砂岩构成，主要集中分布在西北部的赤水市和习水县，两县市面积为4928.9平方千米，约占全省总面积的2.8%，2010年8月，在第34届世界遗产大会上，贵州赤水和福建泰宁作为中国丹霞地貌演化青年期的典型代表，与湖南崀山（壮年早期）、广东丹霞山（壮年期）、江西龙虎山（老年早期）、浙江江郎山（老年期）一起入选世界自然遗产。丹霞地貌区的乡村，呈现出碧水丹山、果园、鱼塘、村寨星罗分布的景观特点。

常态地貌是指由变质岩或碎屑岩在流水作用形成的地貌，主要分布贵州省东部和西南部。东部为黔东南苗族侗族自治州的天柱、三穗、锦屏、台江、剑河、黎平、雷山、榕江、从江等县以及铜仁市梵净山区域，西南部为和黔西南布依族苗族自治州的望谟和册亨，约占全省总面积的23.6%。2018年7月，第42届世界遗产大会将梵净山列入世界遗产名录，成为贵州继荔波、赤水、施秉云台山之后的第四处世界自然遗产。常态地貌区土壤相对较厚，林木生长条件好，是贵州生态环境最好地区。常态地貌区的乡村，民居以木架构建筑为主，大部分村寨在半山腰上，与梯田相得益彰，是贵州山地农耕文明保存最完好的地方。

全省内河流水系发达，分属长江流域和珠江流域，其中，流域面积大于100平方千米的河流有741条。乌江、红水河（包括南盘江、北盘江）、清水江、都柳江、赤水河五大水系的流域面积均在10000平方千米以上。随着水能资源的开发利用，贵州境内形成了众多大大小小的湖泊，其中，大型和重点中型水库（电站）共有42座，这是贵州发展乡村旅游可依托的重要资源。河谷深切、地形破碎，是贵州自然环境最为显著的特征之一，也是形成贵州村落小而散、民族文化多元和保存完整的环境条件，数万个自然村寨散布其间，大多依山傍水，环境优美。

全省生态环境良好，生物资源丰富。截至2020年底，全省森林面积1083.62万公顷，森林覆盖率61.5%，建立了4个世界自然遗产地（荔波喀斯特、赤水丹霞、铜仁梵净山和施秉云台山）、89个自然保护区（国家级11个，省级7个，地市级16个，县级55个）、95个森林公园（国家级30个，省级46个、县级19个）、53个湿地公园（国家级45个、省级8

个)、12个地质公园（世界级1个、国家级8个、省级3个)、273个国家级森林乡村,[①] 极大地丰富了贵州乡村旅游生态内涵，提升乡村旅游吸引力。

从气候上看，贵州具有低纬度高海拔的特点，气候温暖湿润，为亚热带温湿季风气候区，冬无严寒、夏无酷暑，降水丰富、雨热同季。全省平均气温15℃，最冷月（1月）平均气温3～6℃，最热月（7月）平均气温22～25℃，常年相对湿度在70%。同时，全省又因海拔高差不同，使得山地气候复杂多样，垂直差异明显，具有“一山有四季，十里不同天”的特点，全年既有凉爽的夏季，亦有温暖的冬日河谷，旅游季节长，加之森林覆盖率高，夜雨较多，乡村空气更加清新，山、水、林、田、湖、寨与乡村生产生活方式构成了一幅幅生动的乡村文化风景，发展乡村旅游具有先天的气候优势。

3.2.2　历史文化

考古发掘表明，贵州早在24万前就有人类居住与活动，拥有以黔西观音洞、水城硝灰洞、盘州市盘县大洞等为典型代表的史前文明。[②] 春秋战国至西汉，夜郎在西南夷中崛起，呈现了“耕田，有邑聚”的社会经济特征。汉武帝元鼎六年（公元前111年）“平南夷置牂轲郡”，把郡县制度推广到夜郎地区，在治理上呈现出“土流并存”的局面，并延续到明清时期。汉朝军队入夜郎后，驻扎军事要地，实行屯田，遂将中原及巴蜀文明带进贵州。

魏晋南北朝时期，因中央王朝衰落，无力控制边疆，驻守牂轲郡的三蜀大姓与当地土著夷长结合，遂成牂轲大姓，并在关键时期维护中央王朝

---

① 数据来源于《贵州统计年鉴（2021)》、国家林业和草原局和贵州省林业官网公布的数据。

② 黔西观音洞是我国南方旧石器时代早期具代表性的遗址，与山西西侯度及匼河文化、北京周口店文化鼎足而三，水城硝灰洞首次发现了锐棱砸击法盘州市盘县大洞出土的动物化石、人类化石、石制品、灰烬和炭屑等文化遗物，堪与著名的陕西大荔人遗址媲美，引起国内外学者的重视——《贵州通史》编委会．贵州通史（第1卷）［M］．北京：当代中国出版社，2002：5，11.

的统治。唐宋时期，贵州相继属黔中道和夔州路管辖。宋朝南渡后，往来于云贵、黔桂和川黔之间的马帮对西南边疆开发起到积极作用。元代在西南开设驿道，从湖广至云南、四川至广西的驿道均经过贵州，使贵州成开放之势（刘吉昌等，2022）。明初，朱元璋于洪武十四年（1381 年）派大军自湖广入黔，进兵云南，沿驿道建立卫所，实现军事控制，为贵州屯堡文化的形成创造了特有的历史条件。

明永乐十一年（1413 年）建立贵州布政使司，贵州始成一省，实行“军政分管、土流并治”。在“移民实边”的政策下，大批移民以军屯、民屯和商屯的形式进入贵州，带来了各地先进生产技术，加快了开发贵州的步伐，书院、卫学、府州县学及司学逐步设立，文教逐渐兴盛。正德三年（1508 年），在兵部清史司主事任上的王阳明被贬为贵州龙场（今修文）驿丞，在龙场三年期间创立了“知行合一”的学说，史称“龙场悟道”。同时，创立了龙岗书院，开始聚徒讲学，又应贵州提学副使席书之请，主讲贵阳文明书院，学子聚集，风气大开，[①] 由此形成了影响深远的阳明文化。清代设云贵总督统管两省军政要务，将明代所设卫所并入州县，到了雍正年间，实行“改土归流”，打破了土司的割据状态。整个明清时期，贵州驿道体系更加完善，与中原联系更加紧密，儒学教育勃然兴起，文人学士逐渐涌现，致有“三千举人，六百进士”“两状元一探花”（张晓松，2000）。

秦汉至明清时期，特别是在元代之后，由于驿道的开辟、军事屯戍和商贸往来，在贵州境内逐步形成了以贵阳青岩、黔东南苗族自治州镇远、锦屏隆里、黎平德凤、黄平旧州、麻江下司、台江施洞、六枝郎岱、六枝岩脚、石阡汤山、松桃寨英、福泉城厢、安龙新安、赤水复兴、赤水大同、赤水丙安、安龙龙广等一批典型古镇，这些古镇及串联它们的古驿道（或水路）均是贵州乡村旅游高质量发展均可依托的重要历史文化资源。

20 世纪二三十年代，贵州就有中共组织和中国工农红军的活动。从 1930～1936 年，中国工农红军先后转战贵州，足迹遍布全省 68 个县

① 《贵州通史》编委会. 贵州通史（第 2 卷）[M]. 北京：当代中国出版社，2003：389－391.

（市、区），拥有以遵义市播州区苟坝村、桐梓县娄山关社区和贵阳市修文县大木村等为代表的最美红军村落，这为发展红色乡村旅游奠定了较好的基础。穿过贵州乡村的长征之路，也是贵州乡村旅游高质量发展中弥足珍贵的文化遗产，是开展研学教培、历史文化体验等的重要依托，需要在乡村旅游高质量发展过程得到深入的挖掘和利用，赓续红色血脉，传承红色基因，走好新时代的长征之路。

我国在 20 世纪 60 年代中期开展了三线建设，按照“靠山、分散、进洞”的三线建设方针，贵州以其独特的自然地理条件成为三线建设的重点省份之一，从 1964 年下半年到 1978 年底，国家集中了大量的人力、物力和财力，在贵州进行了以国防科技工业为重点，包括相关产业和铁路基础设施在内的大规模建设。① 三线建设不仅改变了贵州布局和产业结构，增强了工业和科技实力，改变了滞后的交通运输条件，还为贵州带来了大批科研人员、教学人员、工程技术人员和先进设备，迅速拓宽了贵州科学技术领域，使之成为全国重要的战略后方基地之一，为贵州经济社会的进一步发展奠定了重要基础。目前，这些散落在各地的“三线建设”文化遗存，也是贵州乡村旅游高质量发展可以利用的资源。

3.2.3　民族文化

贵州除汉族外，还生活着苗族、布依族、侗族、土家族、彝族、仡佬族、水族、回族、白族、壮族、瑶族、畲族、毛南族、蒙古族、仡佬族、满族和羌族 17 个世居少数民族，是一个多民族省份。根据 2021 年第七人次人口普查数据，全省少数民族常住人口 1405.03 万人，占全省常住人口（3856.21 万人）的 36.44%。长期以来，各民族和谐相处，共生共荣，像石榴籽一样紧紧团结在一起，活态地保存古朴的文化传统和生活习惯，为乡村旅游高质量发展和乡村文化振兴奠定了较好的基础。物质文化遗产、非物质与口头文化遗产是贵州民族文化的典型。

乡村物质文化遗产以民居建筑、民族服饰为代表。贵州各民族因生活

① 《贵州通史》编委会．贵州通史（第 5 卷）［M］．北京：当代中国出版社，2002：139.

习俗不同，创造出了不同风格的建筑，如侗族鼓楼与风雨桥、布依族石板房、彝族藤编房。即使同一民族，因其生活环境不同，其建筑样式也有所不同。各民族的服饰也各具特色，即使是同一民族，因为支系不一样，服饰也不尽相同。

乡村非物质与口头文化遗产在贵州民族文化中可谓丰富多样，是乡村旅游高质量发展中最珍贵的资源。在非物质与口头文化遗产中，从发展乡村旅游角度看，又以民族传统手工艺、节日节庆、歌舞与戏剧、传统体育与竞技、民族民间医药最具代表性。

传统手工艺。贵州民族村寨中的传统手工艺种类繁多，从纺织、印染到挑花、刺绣，从藤编、竹编到漆器、木器，从石雕、陶器到银饰首饰，从生活用品到生产器具，可谓无所不包，大致可分为 27 大类，工艺品地域分布遍及全省。在各类传统工艺品中，又因民族、地区、制作工艺、文化内涵的不同而呈现多样化的特点，如丹寨苗族蜡染技艺、黄平蜡染技艺、织金苗族蜡染技艺、贞丰皮纸制作技艺、丹寨皮纸制作技艺、乌当皮纸制作技艺等，这是乡村旅游商品开发与参与式旅游产品的核心内容。

节日节庆。贵州堪称民族节日之乡，有“大节三六九，小节天天有”之说。民族节日可分为农事性、社交性和祭祀性三大类，其内容覆盖生产、社交、婚丧、娱乐等各个层面。节日期间举行丰富多彩的活动，是各个民族文化的集中展示。据不完全统计，一年之中，全省有各种民族节日集会 1046 次。其中，按照民族分，苗族 651 次，布依族 171 次，侗族 84 次，水族 43 次，仡佬族 11 次，回族 13 次，彝族 23 次，瑶族 2 次，其他民族 48 次，参加人数在千人以上、万人以下的有 511 次，万人以上的有 224 次，参与节日集会的各族群众达 800 多万次。①

民族歌舞及戏剧。贵州乡村是歌与舞的海洋，每个民族都有自己代表性的传统歌舞，这是各民族重要的文化遗产。譬如，黎平侗族大歌、榕江侗族琵琶歌、洪州琵琶歌，雷山苗族飞歌、兴义布依族八音坐唱、贞丰布

① 贵州省地方志编纂委员会. 贵州省志（1978～2020）· 旅游［M]. 贵阳：贵州人民出版社，2020：146.

依铜鼓十二调、关岭盘江小调、镇宁铜鼓十二调、沿河土家族民歌、石阡仡佬族民歌、盘州彝族民歌等民间音乐；赫章彝族铃铛舞、纳雍苗族芦笙舞“滚山珠”，松桃瓦窑四面花鼓，沿河莲花十八响、麻江畲族粑槽舞、丹寨苗族芦笙舞（锦鸡舞）、台江反排苗族木鼓舞、平塘毛南族打猴鼓舞、荔波瑶族猴鼓舞、兴义布依族高台狮灯舞、安龙苗族板凳舞、晴隆阿妹戚托等民间舞蹈；黎平侗戏、福泉阳戏、思南花灯戏、德江傩堂戏、石阡木偶戏、册亨布依戏和安顺地戏等戏曲更是贵州民族歌舞及戏剧遗产中的精品。

传统体育、游艺与杂技。贵州少数民族普遍崇尚体育竞技，天柱“勾林”及其侗族月牙铛、黎平侗族摔跤、台江独木龙舟赛等都均是传统体育竞技活动的精品，德江土家舞龙等是贵州最有特色的民间杂技。有些民族还把传统体育竞技活动与歌舞结合起来，构建出奇特的歌舞类型，如赤水独竹漂、黔西化屋苗寨的“芦笙拳舞”和“打鼓拳舞”等。

民族民间医药。贵州民族民间医药不仅是发展高质量乡村旅游的宝贵资源，还是中华医学文化的重要组成部分。在贵州，以苗族、侗族、水族、瑶族、彝族、布依族和土家族等为代表的少数民族在长期与疾病斗争的过程中不断地创造了独有的诊疗体系，形成了别具一格的民族民间传统医药。贵州民族民间医药不仅包含民族医药中积累丰厚、理法清晰、自成体系的部分，还包含民族医药中散在民间、口传心授、随俗为用的部分（黄旭东，2006）。贵州民族民间医药与丰富的生物多样性紧密关联。作为一个低纬度高海拔的高原山区内陆省份，全省气候湿润温暖，山地垂直气候差异明显，非常利于中草药生长，使贵州成为中国四大中药材产地之一，素有“黔地无闲草，夜郎多灵药”的美誉。全省中药材4290种，蕴藏总量达6500万吨，在全国统一普查的363个品种中，贵州就有326种，占全89.81%（舒立志等，2004；杨敏，2006）。全省已有苗医药（骨髓骨伤药膏）、侗医药（过路黄药制作工艺）、布依族医药（益肝草制作技艺）、瑶族医药（药浴疗法）等9项传统医药进入国家级非物质文化遗产名录。

《贵州乡村旅游规划（2006—2020）》明确指出：老人、妇女、技师、工匠、祭师、歌师等是非物质与口头文化的主要载体，在乡村旅游发展中，应通过专门的文化遗产保护机构整理、挖掘和保护这些文化遗产，并通过发展乡村旅游来激发他们学习传统文化的热情，增强文化自豪感。①

3.2.4 村落

村寨不仅是贵州民族文化和山地农耕文明的保留地，还是贵州乡村旅游高质量发展的空间和载体。截至 2020 年，全省共有 13196 个村民委员会，若以每个村民委员会下辖 5 个自然寨计算，全省自然村寨数量达 5 万多个，80% 以上的村寨几乎都镶嵌在青山绿水之间，形成“文化千岛”的多元文化格局。其中，传统村落、少数民族特色村寨和森林乡村是城镇化浪潮中遗留下来的净土，是多彩和谐的生态人文美地。

住房和城乡建设部、文化和旅游部、财政部《关于加强传统村落保护发展工作的指导意见》指出，“传统村落是指拥有物质形态和非物质形态文化遗产，具有较高的历史、文化、科学、艺术、社会、经济价值的村落，传承着中华传统文化的精华，是农耕文明不可再生的文化遗产，凝聚着中华民族精神，是维系华夏子孙文化认同的纽带，保留着民族文化的多样性，是繁荣发展民族文化的根基”。2012 ~ 2022 年，住房城乡建设部先后认定了 6 批国家传统村落，共计 8171 个，其中，贵州省共有 757 个，占全国传统村落数量的 9.26%，是全国传统村落数量最多的省份。② 从分布上看，全省传统村落主要集中在黔东南苗族侗族自治州，占全省的 54.82%，其次为铜仁市，占全省的 15.06%，再次为安顺市和黔南布依族苗族自治州，二者均占全省的 10.30%，毕节市最少，仅有 3 个，占全省的 0.41%（见图 3 -2）。

少数民族特色村寨是贵州乡村旅游资源的典型代表。2013 年，国家民委下发了《关于印发开展中国少数民族特色村寨命名挂牌工作意见的通知》，由各地民委推荐，经专家评审并报国家民委委务会议批准，形成了一批民居特色突出、民族文化浓郁、人居环境优美、民族关系和谐的中国少数民族特色村寨。截至 2022 年底，国家民委先后公布了三批中国少数

① 贵州省旅游局．贵州省乡村旅游规划（2006 ~ 2020）［M］．贵阳：贵州人民出版社，2007：24.

② 该数据根据住房城乡建设部公布的六批名单进行整理，具体请参见传统村落保护与发展中心官网：http：//www. chuantongcunluo. com/index. php/Home/Gjml/gjml/id/24. html.

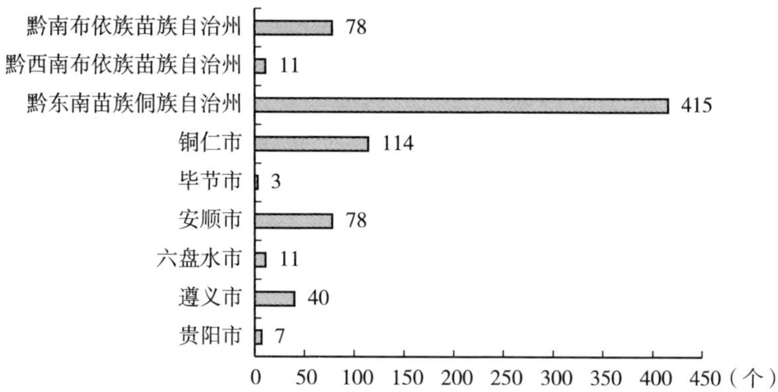

图3-2 贵州省国家级传统村落分布

民族特色村寨，共计1652个，其中，贵州省312个，占全国的18.89%，数量位居全国第一。①从全省各市州的分布来看，黔东南苗族侗族自治州中国少数民族特色村寨数量最多，共126个，占全省的40.38%；其次为黔南布依族苗族自治州，达38个，占全省的12.18%，再次为铜仁市，共35个，占全省的11.22%（见图3-3）。

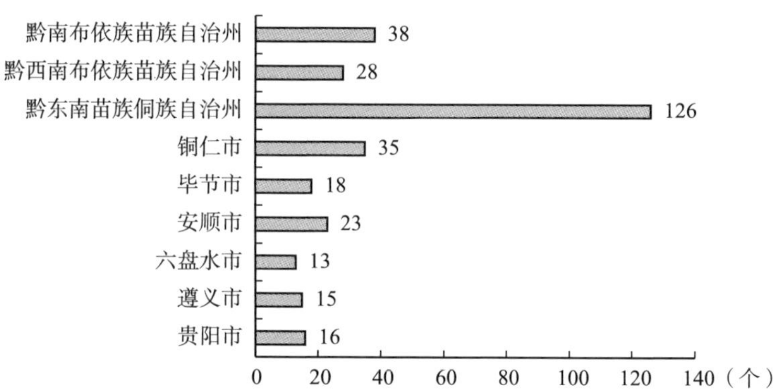

图3-3 贵州各市（州）中国少数民族特色村寨数量统计

① 该数据根据国家民委发布的三批中国少数民族特色村寨命名挂牌名单整理得出，请参见中华人民共和国国家民族事务委员会官网，第一批：https：//www.neac.gov.cn/seac/xwzx/201409/1002845.shtml；第二批：https：//www.neac.gov.cn/seac/xxgk/201703/1072709.shtml；第三批：https：//www.neac.gov.cn/seac/xxgk/202001/1139478.shtml。

森林乡村是指乡村自然生态风貌保存完好，乡土田园特色突出，森林氛围浓郁，森林功能效益显著，涉林产业发展良好，人居环境整洁，保护管理有效的生态宜居乡村。[①] 截至2022年，国家林业和草原局共公布了两批国家级森林乡村，共计7586个，贵州省共有273个村寨进入名单，占全国的3.6%。[②] 从分布上看来，全省国家森林乡村数量排名前三位的市州分别是在毕节市、黔南布依族苗族自治州和黔东南苗族侗族自治州，三地所占比例分别为18.32%、17.22%、15.02%，合计超过了50%（见图3－4）。贵州森林乡村生态环境优美，也是发展高质量乡村旅游的载体。

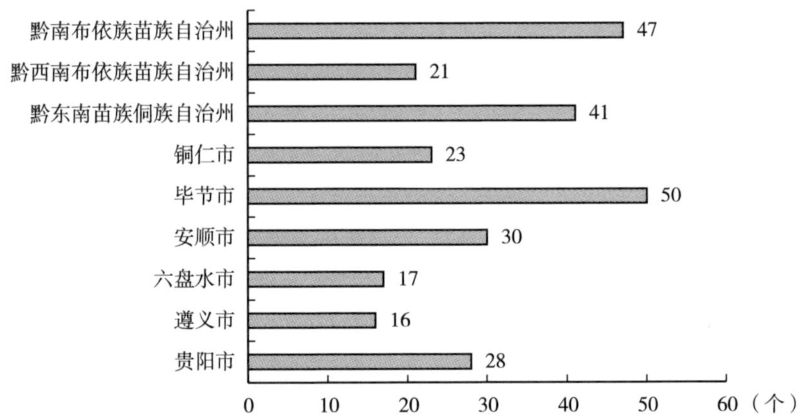

图3－4 贵州省各市州国家森林乡村统计

3.2.5 山地农业

在山多地少、石多土少的特殊地理环境下，贵州各民族因地制宜，沿高山深谷两岸、山麓与坝地的连接线上建筑村寨，开辟田土，耕地通常围

① 此定义为《国家森林乡村评价认定办法》（试行）第二条的规定。同时，该条还规定，国家森林乡村以行政村为对象，是由国家林业和草原局组织指导各地，运用一定的评价办法、量化指标和评价标准，通过综合评价，乡村绿化美化达到评价标准的乡村。

② 该数据根据国家林业和草原局两次发布的通知名单整理得出。请参见国家林业和草原局、国家公园管理局官网，《国家林业和草原局关于公布第一批国家森林乡村名单的通知》：http：//www.forestry.gov.cn/sites/main/main/gov/content.jsp?TID=20200204102702574772484；《国家林业和草原局关于公布第二批国家森林乡村名单的通知》：http：//www.forestry.gov.cn/main/72/20200122/164101707490854.html。

绕在村寨周围。因坝区较少，村民利用山间土地围堰筑坎，开垦梯田，扩大水稻种植面积，成为独特的山地农耕文明遗产。近年来，贵州充分利用山地环境，围绕巩固拓展脱贫攻坚成果，有效衔接乡村振兴，通过山地农业现代化，打造现代山地特色农业强省，深入推进农村产业革命，形成了茶、食用菌、蔬菜、生态畜牧业、石斛、水果、竹、中药材、刺梨、生态渔业、油茶和辣椒十二大产业，形成了多样化的现代山地特色高效农业园区、优势特色农业集群和一批农业产业强镇，构建了现代山地特色高效农业与山地传统农业共同发展的局面，为乡村旅游的发展奠定坚实的产业基础，对丰富休闲农业与乡村旅游业态、促进乡村旅游高质量发展具有重要的意义。

与山地农业相伴生的农事活动也是贵州乡村旅游中不可缺少的活动性资源，类型多样，主要包括耕作、收割、畜牧、美食、采摘、垂钓、捕捞等，均可以设计出多种参与性的乡村旅游活动项目。以市场需求为导向，可依托山地农业形成不同形式的山地田园综合体、山地农业公园等山地休闲农业态。此类业态主要选择在现代农业产业园、特色农园和传统农业基础雄厚的乡村，如大规模或集中连片的农业产业带，多种类的经果林、蔬菜园区，一定面积的天然或人工水面，等等。

3.3 贵州乡村旅游资源评价

3.3.1 总体评价

《贵州乡村旅游规划（2006—2020）》指出，“贵州乡村旅游资源是以村寨为核心来展布的”。村寨镶嵌在多样化的山地自然环境中，山地农业与多民族村寨相得益彰，是带有风景特质的生态文化旅游资源。村寨又因族群的差异性，有着各自不同的建筑风貌和生产生活方式，历史悠久的古镇与集镇则成为各村落之间社会、经济、文化和信息等联系的纽带。

总体上看，贵州是一座巨大的自然历史博物馆，储藏着从海洋到山地、从地球上最早的生命形式到古老孑遗物种的无数信息。同时，贵州也是一座巨大的人类地方性知识宝库，由山地上不同历史阶段、不同族群的人们共同创造而成。贵州山地上多元而又和谐的文化以其特有的地方性知识构建起山地民族的精神与生产生活的基础，也决定着他们的思想、行为以及社会组织和行为方式，由此构筑起中国西南山地上独特的、多样化的、和谐的文明形态。

第一，贵州乡村是以村寨为核心的多元文化交汇地，它不仅是一个环境优美、文化保存完好，充满神秘气息又朴素的多样化生态人文美地和乡愁福地，还是都市人群心向往之的诗和远方。

第二，贵州乡村是人与自然和谐的宁静之地。山国养育了贵州人民，形成了特有的生产生活方式、殊异的山乡风俗、奇异的建筑风格、独特的风味食品以及山地给予的灵感和性格，是一种与众不同的山地生态文化。贵州乡村之旅，是触摸山地的骨骼、体验山野生活，寻访山中历史、了解山地文化、感知山地灵性的奇妙之旅。

第三，贵州乡村旅游资源是历史文化、多民族文化和乡村山地自然环境相互交融的有机体，秀丽与雄浑的山地自然风光、舒适宜人的山地气候、多样的山地农事活动、山地农业风景和多姿多彩的山地民族文化和悠久的历史文化，为乡村旅游助力乡村振兴奠定了良好的基础。

第四，贵州乡村文化旅游资源大多是在相对封闭的山地自然环境和特定历史条件之下形成、演化和发展的，是一种极其脆弱的山地文化，在外来文化的冲击下，更显露出它的脆弱性，且这种脆弱性会随着乡村旅游的发展而凸显。

第五，贵州乡村是一笔珍贵的、鲜活的文化遗产，这些遗产是贵州独有的，是不可替代的，具有唯一性的特点。在世界许多地方，城市化、工业化和现代化进程已使许多古老文明消失殆尽，而贵州，至今仍鲜活地保存着许多令人惊异的文化遗产，是一方文化生态的净土和一座巨大的文化生态博物馆，这在世界多元文化格局中也是稀缺的。

3.3.2 数量与质量

2016 年，贵州省在全国率先启动了全省旅游资源大普查工作，在《旅游资源分类、调查与评价》（GB/T18972—2017）的基础上编制了

《贵州省旅游资源大普查技术要求》，该技术要求将贵州旅游资源分为 12 个主类、42 个亚类和 210 个基本类型。乡村旅游资源作为一个专门的主类被纳入此次普查中，由两 2 个亚类（乡村自然旅游资源、乡村人文旅游资源）9 个基本类型（乡村旅游环境与地文景观、乡村水域风光、乡村生物风光；乡村历史遗址与遗迹、乡村建筑设施与乡村聚落文化、乡村旅游商品、乡村人文活动与民俗活动、特色小镇、特色生态农业园区和特色村寨）构成。经普查，全省乡村旅游资源单体有 9013 处，其中，新发现 5435 处，占 60.30%（见表 3-1）。

表 3-1　　贵州省乡村旅游资源分类　　单位：个

亚类		基本类型	
名称	数量	名称	数量
IA 乡村自然旅游资源	3962	IAA 乡村旅游环境与地文景观	1887
		IAB 乡村水域风光	372
		IAC 乡村生物风光	1757
IB 乡村人文旅游资源	5135	IBA 乡村历史遗址与遗迹	292
		IBB 乡村建筑设施与乡村聚落文化	1192
		IBC 乡村旅游商品	337
		IBD 乡村人文活动与民俗活动	137
		IBE 特色小城镇	98
		IBF 特色生态农业园区	1761
		IBG 特色村寨	1356

资料来源：根据 2016 年贵州省旅游大普查成果资料整理。亚类与亚类之间、基本类型与基本类型之间有一定的交叉。

经过普查，专家组采用《旅游资源调查分类、调查与评价》（GB/T 18972—2017）“旅游资源共有因子综合评价系统”赋分，对全省 9013 项乡村旅游资源单体进行了评价。全省五级乡村旅游资源 28 项，占 0.31%，四级乡村旅游资源 135 个，占 1.50%；三级乡村旅游资源 750 个，占 8.32%；二级乡村旅游资源 2216 项，占 24.59%；一级乡村旅游资源 4130 个，占

45.82%；未获级别的乡村旅游资源1754个，占19.46%。

从总体分布上看，全省乡村旅游资源主要集中分布在黔东南苗族侗族自治州、铜仁市、安顺市和遵义市，四个市州的乡村旅游资源共计占全省乡村旅游资源总数的62.80%。其次为毕节市，占全省乡村旅游资源总数的10.65%，再次是黔南布依族苗族自治州和黔西南布依族苗族自治州，二者分别占全省乡村旅游资源总数的8.02%和7.39%（见表3-2）。

表3-2　　贵州省乡村旅游资源资源单体评价统计　　单位：个

地区	五级	四级	三级	二级	一级	未获级别	地区合计	所占比例（%）
贵阳市	2	6	33	194	302	74	611	6.78
贵安新区	0	0	8	33	41	22	104	1.15
遵义市	4	10	81	237	432	243	1007	11.17
安顺市	0	13	106	212	537	240	1108	12.29
六盘水市	0	6	29	79	150	25	289	3.21
毕节市	1	2	43	136	403	375	960	10.65
铜仁市	3	9	102	383	823	100	1420	15.76
黔东南苗族侗族自治州	15	70	224	560	792	464	2125	23.58
黔西南布依族苗族自治州	2	8	47	190	319	100	666	7.39
黔南布依族苗族州	1	11	77	192	331	111	723	8.02
小计	28	135	750	2216	4130	1754	9013	100.00

资料来源：根据2016年贵州省旅游资源大普查成果资料整理。

全省优良级乡村旅游单体913个，占全部乡村旅游资源的10.13%，普通级乡村旅游资源单体6346个，占全省乡村旅游资源的70.41%。在全省优良级乡村旅游资源的分布中，以黔东南苗族侗族自治州最为集中，全州优良级乡村旅游资源单体数量达309个，占全省优良级乡村旅游总数的33.84%。其次是安顺市，优良级乡村旅游单体数量119个，占全省优良级乡村旅游资源总数的13.03%。再次是铜仁市，优良级乡村旅游单体数量 114 个，占全省优良级乡村旅游总数的 12.49%。其他市州的优良级乡村旅游单体数量及比例见表 3－3。

表 3－3　贵州省各市（州、新区）优良级乡村旅游资源单体统计

地区	数量（个）	所占比例（%）
贵阳市	41	4.49
贵安新区	8	0.88
遵义市	95	10.41
安顺市	119	13.03
六盘水市	35	3.83
毕节市	46	5.04
铜仁市	114	12.49
黔东南苗族侗族自治州	309	33.84
黔西南布依族苗族自治州	57	6.24
黔南布依族苗族州	89	9.75
小计	913	100.00

资料来源：根据 2016 年贵州省旅游资源大普查成果资料整理。

第 4 章　乡村旅游市场需求研究

乡村旅游高质量发展要以市场需求为导向，实现供需匹配，乡村旅游高质量发展才有可能实现。本章拟研究旅游需求、把握旅游需求，以需求来引导乡村旅游产品开发建设，更加注重需求侧管理，提升乡村旅游经济整体效能。

4.1　国内乡村旅游市场

4.1.1　国内乡村旅游现状

如图 4 – 1 所示，2011 ~ 2019 年，国内休闲农业与乡村旅游人数从 4 亿人次增加到 32 亿人次（前瞻经济学人，2020），年均增长 29.68%，与同期全国国内旅游增速（10.82%）相比，高出了 18.86 个百分点。2019 年，全国休闲农业与乡村旅游人次相当于国内旅游人次的 53.28%，经营收入突破 1.2 万亿元，相当于国内旅游总花费（57250.9 亿元）的 20.96%。乡村旅游与休闲农业经营单位超过 290 万家，其中，休闲农庄、观光农园等各类休闲农业经营主体达 30 多万家，拥有 7300 多家农民合作社（杨春柏，2022），休闲农业与乡村旅游呈现出蓬勃发展的局面。尽管受疫情影响，但乡村以相对安全的环境成为旅游业最先恢复的地区，2020 年 1 ~ 8 月，全国休闲农业与乡村旅游达 12 亿人次，恢复到疫情前的37.5%。

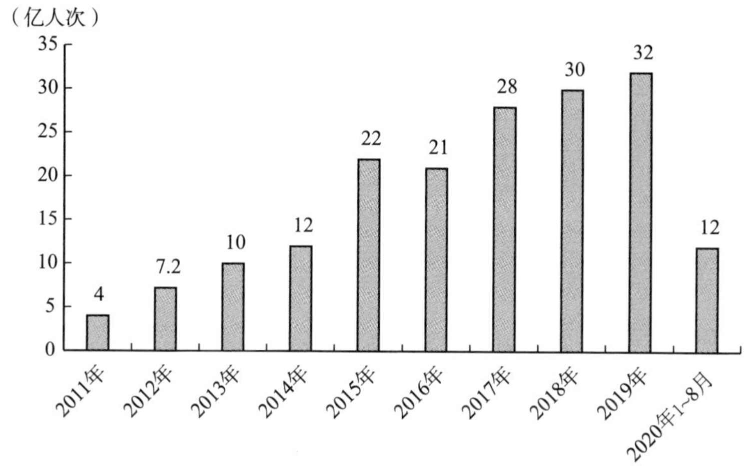

图4-1　全国休闲农业与乡村旅游接待人次

资料来源：转引自前瞻经济学人app。

4.1.2　国内乡村旅游发展趋势

（1）城市化进程不断加快，乡村旅游总量持续扩大。城市是乡村旅游最主要的客源地，城市化的快速推进导致大量人口向城市地区集聚，随之催生了旺盛的乡村旅游需求。根据最近三次全国人口普查主要数据公报，2000~2020年，我国城镇人口从45594万人增加到90199万人，城镇人口比重从36.09%增加到63.89%，年均增长3.47%；乡村人口从80739万人减少到50979万人，乡村人口比重从63.91%减少到36.11%（见表4-1）。如果按照2000~2020年我国城镇人口和总人口的年均增长率计算，到2030年，全国城市化率将接近85%，城市人口将超过10亿。与此伴生的“城市病”问题将变得更加突出，乡村成为城市居民放松心情、休闲度假的理想去处，乡村旅游需求总量必将持续扩大。

表4－1　　近20年来全国城乡人口变化

指标		2000年	2010年	2020年
全国总人口（万人）		126333	133972	141178
城镇人口	数量（万人）	45594	66557	90199
	所占比例（%）	36.09	49.68	63.89
乡村人口	数量（万人）	80739	67415	50979
	所占比例（%）	63.91	50.32	36.11

资料来源：根据第五、第六、第七次全国人口普查公报整理。

（2）*旅游需求不断升级，高质量乡村旅游产品缺口增大*。我国社会主要矛盾已经转化为人民日益增长的美好生活需要和不平衡不充分的发展之间的矛盾。1990～2020年，全国农民人均纯收入从630元增加到17131元，年均增长11.64%，城镇居民人均可支配收入从1387元增加到43834元，年均增长12.20%（见表4－2）。2015年，国内城镇居民人均可支配收入突破3万元，旅游需求逐步向休闲养生、旅居度假、文化体验、户外运动、研学旅行等多类型、深层次、体验型旅游转变，以观光旅游为核心的乡村旅游传统产品将难以满足现代旅游者需求，度假酒店、精品乡宿、户外运动、休闲农业等乡村旅游新业态产品的缺口不断扩大。

表4－2　　1990～2020年国内农民人均纯收入与城镇居民可支配收入一览表

单位：元

年度	农民人均纯收入	城镇居民人均可支配收入	年度	农民人均纯收入	城镇居民人均可支配收入
1990	630	1387	2003	2622	8472
1995	1578	3893	2004	2936	9422
1999	2210	5854	2005	3255	10493
2000	2253	6280	2006	3587	11759
2001	2366	6860	2007	4140	13786
2002	2476	7703	2008	4761	15781

续表

年度	农民人均纯收入	城镇居民人均可支配收入	年度	农民人均纯收入	城镇居民人均可支配收入
2009	5153	17175	2015	11422	31195
2010	5919	19109	2016	12363	33616
2011	6977	21810	2017	13432	36396
2012	7917	24565	2018	14617	39251
2013	8896	26955	2019	16021	42359
2014	10489	28844	2020	17131	43834

注：本表数据根据历年的《中华人民共和国国民经济与社会发展统计公报》整理。2013 年前，在我国国民经济与社会发展统计公报中，对农村居民收入采用“农民人均纯收入”统计指标；2013 年后，此指标改为“农村人均可支配收入”，使其与城镇居民的统计指标一致。本表 1990～2013 年的农村居民可支配收入实际为统计公报中的农民人均纯收入。

（3）*旅游者类型不断细分，乡村旅游需求渐趋多元。*各地乡村旅游风起云涌，市场争夺不断加剧，直接导致了乡村旅游市场不断细分化，精准营销成为乡村旅游发展的关键。乡村旅游市场形成了由家庭亲子市场（儿童）、研学旅行市场（青少年）、保健疗养市场（中年）和银发市场等不同年龄阶段构成的乡村旅游市场群体。乡村旅游者的代际转换已经产生。80 后、90 后成为乡村旅游消费市场的生力军，带来全新的消费观念和消费习惯。50 后和 60 后退休职工成为新型的养老群体，旅游消费潜力大。需求多元化迫切需要乡村旅游地提供类型丰富、主题多样、层次鲜明的旅游产品。

（4）*安全左右人们的出行，品质化需求进一步凸显。*受疫情影响，安全成为制约人们出游和选择旅游目的地的决定性因素，人们对安全的关注度大幅度提升，安全的乡村旅游地、安全的服务方式与高品质的乡村旅游产品更受市场青睐。小众化、定制化、个性化需求进一步扩大。

（5）*乡村旅游咨询变化明显，更加便捷化和网络化。*物联网、大数据和现代通信等技术深入人们的生活，乡村旅游咨询不仅仅再依靠亲朋好友、报纸杂志等传统方式，而是通过网络更加方便快捷地获取各种乡村旅游地的咨询服务，旅游目的地智慧化精准营销网络成为运营成败的关键。

(6) 自驾成为人们出游乡村的重要形式。2010～2022 年，国内私人轿车保有量从 6539 万辆增加到 27837 万辆，年均增长 12.83%（见图 4－2）。私人轿车保有量的增加和公路网络体系的不断完善，促进了自驾车旅游市场的迅速发展，自驾游呈现出多元化的趋势。

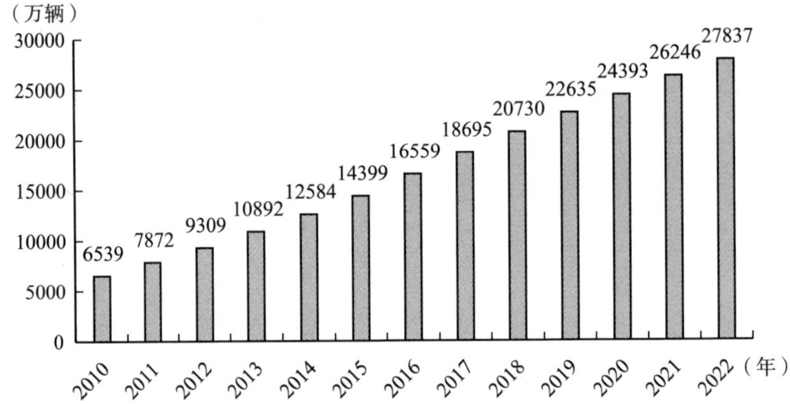

图 4－2　2010～2022 年中国国内私人汽车保有量

资料来源：根据历年的《中华人民共和国国民经济与社会发展统计公报》整理。

4.2　贵州乡村旅游市场现状

4.2.1　贵州旅游市场总体状况

乡村旅游市场属于旅游市场一部分，旅游市场由国内旅游市场、入境旅游市场和出境旅游市场三大板块构成，但对于旅游地而言，入境旅游市场和国内旅游市场更有积极意义，国内旅游与入境旅游的比例在一定程度上反映了一个国家或地区旅游发展的总体水平，在此仅对国内旅游市场和入境旅游市场进行分析研究。从旅游发达国家的通常水平来看，国内旅游经济总量是国际旅游的 7～8 倍（贵州省旅游局，2007），本研究选取疫情暴发前（2015～2019 年）的截面统计数据来分析贵州旅游市场的状况，从总体上把握贵州乡村旅游市场。

贵州国内旅游市场主要呈现出如下特征。

比重大。长期以来，贵州旅游市场几乎以国内旅游市场为主，2019年，全省共接待国内旅游者113365.29万人次，占全省旅游接待总人数的99.86%；国内旅游收入12296.03亿元，占全省旅游总收入的99.81%（见表4－3）。

表4－3　2015～2019年贵州省国内旅游比较统计①

指标	2015年	2016年	2017年	2018年	2019年
旅游总人数（万人次）	37630.01	53148.42	74417.43	96858.12	113526.60
国内旅游人数（万人次）	37535.92	53038.23	74290.64	96711.56	113365.29
国内旅游人数比重（%）	99.75	99.79	99.83	99.85	99.86
旅游总收入（亿元）	3512.82	5027.54	7116.81	9471.03	12318.86
国内旅游收入（亿元）	3500.46	5011.94	7079.91	9449.58	12296.03
国内旅游收入比重（%）	99.65	99.69	99.48	99.77	99.81
人均旅游消费（元）	932.56	944.97	953.00	977.09	1084.64

人均旅游消费逐年增加。从表4－3中的统计数据看出，2015～2019年，国内旅游人均消费从932.56元增加到1084.64元，年均增长3.85%。统计数据充分反映了贵州省旅游产业不断提质升级。

入境旅游市场主要呈现出如下特征。

比重少。2019年，全省旅游总人数为113526.60万人次，入境旅游人数161.31万人次，占全省旅游人数的0.14%；全省国际旅游外汇收入12.36亿元，仅相当于国内旅游收入0.35%。2015～2019年，入境旅游市场比重从0.25%下降至0.14%（见表4－4）。

① 表4－3、表4－4、表4－5、表4－6和表4－7的数据来源于《贵州统计年鉴（2020）》。

表 4－4　　2015～2019 年贵州省旅游接待比较

指标	2015 年	2016 年	2017 年	2018 年	2019 年
旅游总人数（万人次）	37630.01	53148.42	74417.43	96858.12	113526.60
入境旅游人数（万人次）	94.09	110.19	126.79	146.55	161.31
入境旅游市场比重（%）	0.25	0.21	0.17	0.15	0.14

规模逐年增长，但市场比重却呈下降趋势。表 4－4 统计数据显示，2015～2019 年，全省入境旅游接待人数从 94.09 万人次增加到 161.31 万人次，年均增长 14.43%，但入境旅游市场比重却从 0.25% 下降到 0.14%。

入境客源以外国人为主，港澳台为辅。2015～2019 年，全省外国人接待人数从 39.83 万人次增加到 102.11 万人次，年均增长 26.54%，外国人市场比重从 42.33% 增加到 63.30%。港澳市场接待人数从 27.20 万人次增加到 34.94 万人次，年均增长 28.46%。港澳市场接待人数从 27.06 万人次减少到 24.26 万人次，市场比重从 28.76% 减少到 15.04%（见表 4－5）。

表 4－5　　2015～2019 年贵州省入境旅游接待统计

指标		2015 年	2016 年	2017 年	2018 年	2019 年
入境旅游人数（万人次）		94.09	110.19	126.79	146.55	161.31
外国人	人数（万人次）	39.83	51.83	64.86	79.57	102.11
	比重（%）	42.33	47.04	51.16	54.30	63.30
港澳同胞	人数（万人次）	27.06	29.13	31.00	35.74	24.26
	比重（%）	28.76	26.44	24.45	24.39	15.04
台湾同胞	人数（万人次）	27.20	29.24	30.93	31.24	34.94
	比重（%）	28.91	26.54	24.39	21.32	21.66

洲内市场比重最大，欧洲市场次之。2015～2019 年，在外国人市场中，亚洲市场接待人数从 14.46 万人次增加到 65.68 万人次，年均增长 45.99%，市场比重从 36.32% 增加到 64.32%。欧洲市场接待人数从

11.69万人次增加到18.06万人次，年均增长11.49%，市场比重从2.56%增加到2.62%（见表4-6）。

表4-6　2015~2019年贵州省入境外国人市场分地区接待统计

指标		2015年	2016年	2017年	2018年	2019年
亚洲	数量（万人次）	14.46	19.71	28.18	37.90	65.68
	比重（%）	36.32	38.03	43.44	47.63	64.32
非洲	数量（万人次）	1.02	1.11	1.18	3.67	2.68
	比重（%）	2.56	2.13	1.82	4.62	2.62
欧洲	数量（万人次）	11.69	15.37	16.91	18.56	18.06
	比重（%）	29.36	29.66	26.07	23.32	17.69
拉丁美洲	数量（万人次）	6.87	8.97	11.24	13.21	11.82
	比重（%）	17.25	17.32	17.33	16.60	11.58
大洋洲	数量（万人次）	2.67	3.42	5.00	2.80	2.19
	比重（%）	6.70	6.59	7.71	3.52	2.14
其他	数量（万人次）	3.11	3.25	2.35	3.43	1.69
	比重（%）	7.81	6.27	3.63	4.31	1.64

停留时间逐步增加，人均旅游消费逐年下降。2015~2019年，入境旅游市场平均每人逗留天数从1.51天增加到2.70天，人均旅游消费却从201.01美元/人·天减少到181.41美元/人·天（见表4-7）。

表4-7　2015~2019年贵州省入境人均逗留天数与人均旅游消费统计

指标	2015年	2016年	2017年	2018年	2019年
平均每人逗留天数（天/人）	1.51	1.85	2.15	2.08	2.70
人均消费支出（美元/人·天）	201.01	189.29	203.11	231.90	181.41

4.2.2　贵州乡村旅游市场

目前，贵州缺乏对乡村旅游市场的统计，为更好地分析研究贵州乡村旅游市场，本研究采用随机抽样调查法对贵州乡村旅游需求进行调查，调查对象为全省9个市州重要的乡村旅游景区（点）和乡村旅游村寨。具体为贵阳市开阳十里画廊、六盘水市盘州哒啦仙谷、遵义市桐梓娄山关和尧龙山、安顺市天龙屯堡和小河湾、毕节市黔西化屋村和百里杜鹃管理区颖川村、铜仁市梵净山村、黔西南州万峰林纳灰村和双生村、黔东南州西江千户苗寨、黔南州荔波高桥村。

本次抽样调查共获得有效问卷222份。根据抽样调查获取的样本数据，利用SPSS社会科学软件包和Excel对样本数据进行分析处理。经信度检验，克朗巴哈系数α=0.7868，说明信度较好，可以用于问卷分析。

1. 乡村旅游人口学特征

乡村旅游游客性别比基本持平。调查数据显示，男性占样本总量的51.0%，女性占49.0%。游客以中青年为主，高、低段年龄的游客较少。如表4-8所示，26~59岁的占73.0%，≥50岁的占4.0%，≤25岁的占23.0%。游客年龄段不同，对乡村旅游产品的需求不同，乡村旅游目的、时间、交通工具和住宿设施的要求也不同。26~35岁年龄段的群体出游率最高，占样本总量的41.0%，此年龄段游客为20世纪90年代和80年代中后期出生的人群，大部分属于年轻的家庭群体，充满朝气活力，喜欢追求新体验，出游率最高。其次为36~59岁的群体，占样本总量的32.0%，此年龄段的群体生活和工作稳定，收入丰厚，多以家庭为单位出游。60岁以上的群体比例较少，但闲暇时间最多，出游时间不受限制，喜欢舒适安全的乡村旅游环境。同时，游客出游率与游客文化程度表现出正相关的关系。调查数据显示，贵州乡村旅游者的文化层次以大专及以上文化程度为主体，占73.3%，高中（含中专）及以下文化程度的出游率较低，为26.7%。

表4-8　调查样本人口年龄结构

年龄段	≤25岁	26~35岁	36~45岁	46~59岁	≥60岁
比例（%）	23.0	41.0	16.2	15.8	4.0

职员是乡村旅游消费的主力军。贵州乡村旅游者以职员为主，包括公务员、科教文卫人员、企事业管理人员和服务销售人员，其比例高达60.5%。其次是学生，占样本总量的14.4%（见表4－9），他们对乡村有一定的好奇心，加之问卷调查主要在暑假进行，学生所占比例相对较高一些。

表4－9　调查样本人口年龄结构

职业	军人	公务员	科教文卫	企事业管理	服务销售	农民	自由职业者	学生	其他
比例（%）	0.5	9.5	20.4	8.1	22.5	0.8	12.6	14.4	11.2

客源分布以省内和周边市场为主。受疫情影响，贵州乡村旅游客源以省内（66.7%）及周边市场（24.5%）为主，占样本总量的91.2%，短中程市场特征明显，传统三大客源产出地的珠三角、长三角和京津冀市场仅占3.6%（见表4－10），随着疫情的好转，国内三大客源产出地增长空间比较大。

表4－10　客源地域结构

市场类型	国内市场						省内市场
	总体	其中					
		珠三角	长三角	京津冀	川渝滇湘桂	国内其他地区	
比例（%）	33.3	2.1	1.4	0.1	24.5	5.1	66.7

游客收入与乡村旅游花费成正比。乡村旅游者的人均月收入比例总体上基本呈现出倒“U”型特征（见图4－3），大部分集中在3000～8000元，占样本总量的53.6%，收入在3000元以下的占20.7%，8000元以上的占25.7%，多以省外市场为主，人均花费高。乡村旅游者总花费集中在

3000元以下，占样本总量的76.5%（见图4-4）。

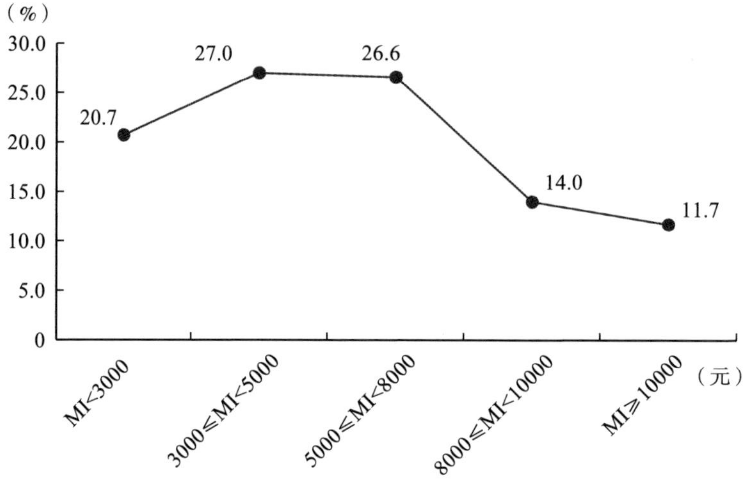

图4-3　乡村旅游者月收入区间分布

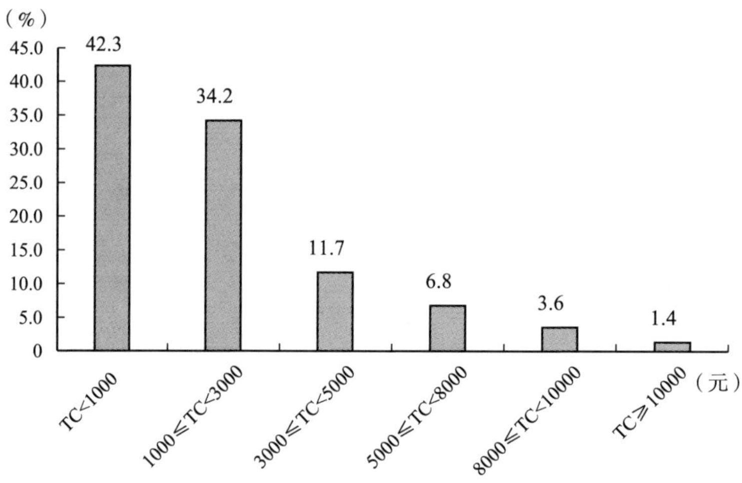

图4-4　乡村旅游总花费区间分布

2. 乡村旅游消费的特点

停留时间较短。乡村旅游者停留时间为0.5天的占49.1%，比例最高，其次为1～2天，占23.9%，二者合计高达73.0%，再次为3～5天，占16.8%，停留时间超过5天的仅占10.4%，以避暑度假为主。

以自驾游为主。在乡村旅游交通选择上，自驾游客比例最大，占67.4%，其次是高铁，占17.6%，再次是巴士，占8.6%。飞机、骑行和徒步的比例依次为1.8%、4.1%和0.5%。因此，乡村旅游高质量发展要充分考虑自驾游需求，完善旅游交通服务体系，切实做好乡村旅游景区（点）和乡村旅游村寨与机场和高铁站点的接驳，深度推进交旅融合，形成高质量的乡村旅游交通服务体系。

乡村旅游主购物以农副土特产品和现代文创品为主。调查数据显示，在旅游乡村旅游商品购物中，农副土特产品所占比例最大，高达68.5%，其次是现代文创品，占50.9%。传统手工艺品所占比例相对较小。传统手工艺品还有较大的提升空间，今后应大力开发农副土特产品（见表4-11）。

表4-11　乡村旅游商品购物比例

类型	农副土特产品	传统手工艺品							现代文创品	其他
		银饰	蜡染	刺绣	漆器	陶艺	纸艺	编织		
比例（%）	68.5	36.0	35.1	39.2	17.6	23.4	22.5	37.4	50.9	10.4

3. 乡村旅游者的需求

观光避暑、乡村休闲与文化体验是贵州乡村旅游的主题。贵州乡村山水自然风光和田园景观是重要的乡村旅游产品，民族文化的多样性成为乡村旅游的重要选择，凉爽宜人的气候在夏季对火炉城市具有极大的吸引力。乡村者出游目的调查统计数据显示，在八大乡村旅游需求中，比重超过60%的分别是观光（81.1%）、乡村特色美食品尝（72.5%）、避暑（65.3%）、休闲放松（64.9%）和民族文化体验（64.0%），每种需求之间有适当的交叉，乡村旅游需求呈现出多样化的特点（见表4-12）。

表4-12　乡村旅游出游目的

乡村出游目的	比例（%）	位次
观光	81.1	1
避暑	65.3	3

续表

乡村出游目的	比例（%）	位次
户外运动与游憩	46.4	6
保健养生	31.5	7
民族文化体验	64.0	5
乡村特色美食品尝	72.5	2
休闲放松	64.9	4
其他	5.9	8

乡村自然环境、特色美食、民族文化、卫生条件和传统文化是人们进行乡村旅游目的地选择的重要考虑因素。调查数据显示，乡村自然环境成为人们普遍关注的重要因素，占89.2%，其次是乡村特色美食，占61.3%，民族文化占60.4%，乡村卫生条件占59.5%，乡村传统文化占57.2%，住宿设施占56.3%，旅游交通占55.9%（表4－13）。

表4－13　乡村目的地选择关注要素

关注项	比例（%）	排位	关注项	比例（%）	排位
自然环境	89.2	1	旅游交通	55.9	8
特色美食	61.3	2	旅游安全	51.4	9
民族文化	60.4	3	村民友好与好客程度	44.6	10
卫生条件	59.5	4	气候	43.2	11
传统文化	57.2	5	特色农业	35.6	12
住宿设施	56.3	6	康养与娱乐	32.4	13
空气质量	55.9	7	其他	3.6	14

游客更加青睐乡村精品酒店设施。乡村旅游住宿是乡村旅游高质量发展的关键。抽样调查数据显示，游客对精品乡宿情有独钟，此类住宿设施最受欢迎，比例高达57.2%，其次是家庭旅馆①，占22.1%，再次是休闲

① 家庭旅馆是指村民用自己房屋多余房间改造的住宿设施，也即地道的民宿；精品乡宿是指人们在乡村投资建设的具有情调和品质的酒店，与家庭旅馆相比，价格较高。

营地，占 17.1%，其他的占 3.6%。

4.3　贵州乡村旅游目标市场分析

乡村旅游目标市场（target market）是指乡村旅游企业或乡村旅游地在乡村旅游市场细分的基础上，拟以相应的产品和服务满足其需要的市场。这种市场可以是划分出来的所有细分市场当中的一个或者若干个。当乡村旅游市场细分出来后，受乡村旅游企业或乡村旅游地现有条件的限制，并不是所有的细分市场都能作为自身的目标市场，只有那些符合自身实际和能满足自己市场营销目标的细分市场才有真正的价值。由此，所谓的乡村旅游目标市场定位，是指乡村旅游企业或乡村旅游地通过对乡村旅游细分市场的评估和竞争对手的分析后，依据自身的条件从乡村旅游细分市场中选择一个或多个细分市场作为自己营销对象的活动。从这种意义上说，乡村旅游市场细分是乡村旅游目标市场定位的基础、手段或过程，而乡村旅游目标市场的定位则是乡村旅游市场细分的目标和结果。在乡村旅游目标市场定位中，需要将目标客源地（即地理空间市场）和目标客群（即群体市场）叠加，最终实现乡村旅游市场精准定位。

4.3.1　目标客源地

乡村旅游主要是以吸引乡村旅游地周边城市居民前来进行观光、休闲和度假的活动，在很多地区呈现为“周末经济”。一般车程在 1～3 小时内经济圈范围的城镇是最重要的客源地。受疫情影响，这种短距离的周边游特征更加显著。从这种意义上讲，省内及周边市场是贵州乡村旅游的一级市场。

乡村旅游市场规模受制于客源地人口规模。根据贵州省第七次全国人口普查主要数据公报，截至 2020 年 11 月 1 日零时，全省常住人口 3856.21 万人，与第六次人口普查的 3474.65 万人相比，10 年共增加 381.57 万人，增长了 10.98%，年均增长率为 1.05%。全省共有家庭户

1269.66万户，平均每个家庭户的人口为2.81人。在全省9个市（州）中，常住人口超过500万人的有3个，依次是毕节市、遵义市和贵阳市，这三个市的常住人口总数占全省常住人口的50.55%。在300万~400万人的有5个，分别为黔东南苗族侗族自治州、黔南布依族苗族自治州、铜仁市、六盘水市和黔西南州，少于300万人的有1个，为安顺市（见表4-14）。省内乡村旅游市场呈现出以下特征。

表4-14　贵州省第七次和第六次全国人口普查常住人口数量比较

地区	常住人口数（万人）		所占比重（%）		
	2020年	2010年	2020年	2010年	2020年与2010年相比
贵阳市	598.70	432.46	15.53	12.45	3.08
六盘水市	303.16	285.12	7.86	8.21	-0.34
遵义市	660.67	612.70	17.13	17.63	-0.50
安顺市	247.06	229.73	6.41	6.61	-0.20
毕节市	689.96	653.64	17.89	18.81	-0.92
铜仁市	329.85	309.24	8.55	8.90	-0.35
黔西南布依族苗族自治州	301.51	280.58	7.82	8.08	-0.26
黔东南苗族侗族自治州	375.86	348.06	9.75	10.02	-0.27
黔南布依族苗族自治州	349.44	323.12	9.06	9.30	-0.24
合计	3856.21	3474.65	100.00	100.00	—

资料来源：贵州省第六次和第七次全国人口普查公报。

第一，城镇化进程加快，乡村旅游市场规模不断扩大。2020年，贵州省城镇人口2049.59万人，城镇人口比重为53.15%，与2010年相比，城镇人口增加了874.81万人，城镇人口比重增加了19.34个百分点。2010~2020年，全省城镇人口年均增长率达5.72%，与全国同期（3.09%）相比，高出2.66个百分点，与过去10年相比，高出2.36个百分点。①

第二，城镇居民生活水平稳步提高，乡村旅游购买力不断增强。2010~

① 数据来源于《贵州统计年鉴（2021）》和《中国统计年鉴（2021）》。

2020 年，贵州省城镇常住居民人均可支配收入从 34404 元增加 36096 万元，10 年来，增加了 1692 元，城镇居民家庭恩格尔系数从 32.2% 下降到 31.9%，每百户城镇居民拥有家用汽车从 43.19 辆增加到 45.25 辆。①

贵州省乡村周边市场是指与贵州相接壤的四川、重庆、湖南、广西和云南 5 个省（市、区），它们是贵州乡村旅游较为稳定的客源地，特别是四川、重庆与湖南。根据其第七次人口普查，截至 2020 年 11 月 1 日零时，周边地区共有常住人口 27959.03 万人，其中城镇人口 15962.53 万人，与第六次人口普查数据相比，10 年来，周边地区常住人口增加了 1260.07 万人，城镇人口增加了 4895.32 万人（见表 4－15）。

表 4－15　　贵州省周边省区市第七次和第六次常住人口统计

地区	常住人口数（万人）				所占比重（%）			
	2020 年		2010 年		2020 年		2010 年	
	总人口	城镇人口	总人口	城镇人口	总人口	城镇人口	总人口	城镇人口
重庆市	3209.93	2229.08	2884.62	1529.55	11.48	13.96	10.80	13.82
四川省	8371.00	4748.87	8045.00	3232.48	29.94	29.75	30.13	29.21
湖南省	6644.49	3904.62	6570.08	2845.31	23.77	24.46	24.61	25.71
云南省	4720.93	2362.86	4596.60	1618.00	16.89	14.80	17.22	14.62
广西壮族自治区	5012.68	2717.10	4602.66	1841.87	17.93	17.02	17.24	16.64
合计	27959.03	15962.53	26698.96	11067.21	100.00	100.00	100.00	100.00

资料来源：根据各地第六次和第七次全国人口普查主要数据统计公报整理。

从人民生活水平上看，周边五个省（市、区）除广西城镇居民人均可支配收入达 38530 元外，其他四个省市城镇居民人均可支配收入均突破了 40000 元，湖南最高，达到 44866 元，其次是重庆，达 43502 元，再次是四川，达 41444 元。②

① 数据来源于《贵州统计年鉴（2021）》。

② 数据根据重庆市、广西壮族自治区、云南省、四川省、湖南省“2021 年国民经济与社会发展统计公报”整理得出。

从气候上看，除云南省外，其他四个省区市的许多地区在夏季都是气候较为炎热的地区，譬如重庆市、湖南长沙、四川成都、广西南宁等，避暑休闲、避暑度假的乡村旅游市场特征较为突出。

按照经济发达程度和客源距离，贵州省乡村旅游国内其他客源地主要是粤港澳大湾区、长三角地区、环渤海地区、闽台地区和长江中游地区的城市群。其中，环渤海地区城市群以京津冀为主；闽台地区城市群主要包括海峡西岸城市群（特指福建省宁德、福州、莆田、泉州、厦门和漳州6个沿海城市）和中国台湾地区的台北、新北、桃园、基隆、新竹、台中、台南、高雄和嘉义等城市；因长株潭城市群本已作为省内及周边市场的组成部分，故长江中游地区的城市群主要是指武汉城市圈和环鄱阳湖城市群，武汉城市圈是以武汉为中心，大约100千米为半径范围内的黄石、鄂州、孝感、黄冈、咸宁、仙桃、天门和潜江9个市构成的城市联合体；环鄱阳湖城市群以环鄱阳湖为中心的城市组成，包括南昌、九江、景德镇、鹰潭、新余、宜春、萍乡、上饶、抚州、吉安。

粤港澳大湾区是距离贵州最近的东部发达城市群，包括香港特别行政区、澳门特别行政区和广东省广州、深圳、珠海、佛山、惠州、东莞、中山、江门、肇庆（即珠三角9市），规划总面积5.6×10^4平方千米，是我国开放程度最高、经济活力最强的区域之一，在国家发展大局中具有重要战略地位①。2020年，粤港澳大湾区共有人口8617.19万人，其中，城镇人口7629.57万人，② 占88.54%，是全国城市化程度最高的地区。

长三角地区。根据2016年国务院常务会议批复的《长三角城市群发展规划》，长三角城市群涉及上海市、江苏省、浙江省和安徽省的范围，形成以上海为中心，多个城市紧密联系的城市群，规划总面积2.117×10^5平方千米。规划范围包括：上海市，江苏省的南京、镇江、扬州、常州、苏州、无锡、南通、泰州、盐城，浙江省的杭州、嘉兴、湖州、绍兴、宁波、舟山、金华、台州，安徽省的合肥、芜湖、滁州、马鞍山、铜陵、池

① 中共中央，国务院．粤港澳大湾区发展规划纲要［R/OL］.（2019-02-18）［2022-07-27］. http：//www. gov. cn/gongbao/content/2019/content_5370836. htm.

② 本节（4.3.1）中所出现的人口数据若非特别说明，相关的人口数据均根据2020年第七次全国及各省区市人口普查主要数据统计公报整理得出。

州、安庆、宣城等 26 市。第七次全国人口普查数据显示，2020 年，长三角城市群共有常住人口 16508.58 万人，其中，城镇常住人口 12625.72 万人，占长三角城市群常住总人口的 76.48%，是全国城市化高度发达，人民富裕的地区。

在上述 26 个长三角城市群中，常住人口均过百万。其中，城镇常住人口超过 1000 万的城市有 2 个，依次是上海和苏州；500 万≤城镇常住人口 <1000 万的城市有 6 个，浙江省 2 个，江苏省 3 个，安徽省 1 个，依次是杭州（城镇常住人口为 994.21 万）、南京、合肥、宁波、无锡和南通；300 万≤城镇常住人口 <500 万的城市有 8 个，江苏省和浙江省各有 4 个，依次是金华、盐城、台州、常州、嘉兴、绍兴、扬州和泰州；100 万≤城镇常住人口 <300 万的城市有 7 个，安徽省 5 个，浙江省和江苏省各 1 个，依次是芜湖、镇江、滁州、安庆、湖州、马鞍山和宣城。50 万≤城镇常住人口 <100 万的城市有 3 个，安徽省 2 个，浙江省 1 个，依次是铜陵、舟山、池州。

从地域组合上看，长三角城市群是以上海为引领，五大都市圈一体化发展，面向全球、辐射亚太和引领全国的世界级城市群。五大都市圈分别是：以杭州为中心，包括嘉兴、湖州和绍兴三个城市的杭州都市圈；以苏州为核心，包括无锡和常州的苏锡常都市圈；以南京为中心，包括镇江和扬州两个城市的南京都市圈；以宁波为中心，包括台州和舟山的宁波都市圈；以合肥为中心，包括芜湖和马鞍山两个城市的合肥都市圈。

环渤海地区主要包括北京、天津、河北、山东和辽宁五省市，由京津冀、山东省和辽宁省所辖城市构成，形成以京津冀为核心，辽宁和山东为两翼的环渤海湾城市群，是我国北方重要的政治、经济和文化中心。该城市群共有 43 个城市，其中，直辖市 2 个，即北京与天津；副省级城市 4 个，即辽宁省的沈阳、大连和山东省的济南和青岛；37 个地级市，即河北省石家庄、唐山、秦皇岛、邯郸、邢台、保定、张家口、承德、沧州、廊坊与衡水，辽宁省鞍山、抚顺、本溪、丹东、锦州、营口、阜新、辽阳、盘锦、铁岭、朝阳和葫芦岛；山东省淄博、枣庄、东营、烟台、潍坊、济宁、泰安、威海、日照、临沂、德州、聊城、滨州与菏泽。总面积 5.368×10^5 平方千米，占全国总面积的 5.59%，2020 年，总人口 21189.66

万，占全国总人口的15.01%，城镇人口13859.72万，分别占该地区总人口的65.41%和全国城镇人口的15.41%。

从城市规模来看，环渤海地区所有城市常住人口均破百万。其中，城镇常住人口超过1000万的超大城市有2个，即北京和天津，500万≤城镇常住人口<1000万的特大城市有10个，河北省2个，即石家庄、保定，山东省5个，即青岛、济南、临沂、潍坊和济宁，辽宁省3个，即沈阳和大连。100万≤城镇常住人口<300万的城市有31个，河北省8个，即唐山、邢台、沧州、廊坊、张家口、衡水、秦皇岛和承德，山东省11个，即烟台、菏泽、泰安、淄博、聊城、德州、滨州、枣庄、威海、日照和东营，辽宁省12个，分别是鞍山、锦州、营口、丹东、抚顺、朝阳、葫芦岛、铁岭、盘锦、辽阳、本溪和阜新。

从地缘联系上，闽（福建省）台（台湾地区）地区是距离贵州相对较近的区域，可以作为贵州乡村旅游重要的客源地。主要的客源城市为福建省的福州、厦门、漳州、泉州和宁德以及台湾地区全部城市，常住人口共计5215.63万，其中，福建省涉及城市的常住人口达2859.51万，占54.83%，台湾地区2356.12万人，占45.17%。

根据国家发展改革委2015年印发的《长江中游城市群发展规划》，长江中游地区城市群是以武汉城市圈、环长沙株潭城市群、环鄱阳湖城市群为主体形成的特大城市群，国土面积约3.17×10^5平方千米。规划范围包括：（1）湖北省武汉市、黄石市、鄂州市、黄冈市、孝感市、咸宁市、仙桃市、潜江市、天门市、襄阳市、宜昌市、荆州市、荆门市；（2）湖南省长沙市、株洲市、湘潭市、岳阳市、益阳市、常德市、衡阳市、娄底市；（3）江西省南昌市、九江市、景德镇市、鹰潭市、新余市、宜春市、萍乡市、上饶市及抚州市、吉安市的部分县（区）。长江中游城市群承东启西、连南接北，是长江经济带的重要组成部分，也是实施促进中部地区崛起战略、全方位深化改革开放和推进新型城镇化的重点区域，在我国区域发展格局中占有重要地位。①

① 国家发展改革委．长江中游城市群发展规划［R/OL］.（2015－04－16）［2022－07－26］. http：//www. gov. cn/xinwen/2015－04/16/content_2848120. htm.

2020 年，长江中游城市共有常住人口 12652. 32 万人，其中，城镇常住人口 8014. 72 万人，城镇化率 63. 35%。2021 年，湖北省、湖南省和江西省三省的城镇居民人均可支配收入分别为 40278 元、44866 元、41684 元，[①] 夏季避暑需求大，参照 2019 年全国人均出游次数（4. 29 次）和人均旅游花费（953 元），若以 30% 的出游率计算，长江中游城市群的城镇居民旅游市场规模达到 983. 01 亿元。

4. 3. 2　目标客群市场

贵州乡村旅游目标客群市场主要是指上述客源地的银发族、家庭亲子群体、避暑度假群体、研学旅行群体、大健康群体和周末城市近郊休闲群体。

（1）银发族。银发族是国际市场上对老年游客的统称。在国内，银发族一般是指离退休人员，是一个不容小觑的客源群体，具有成熟（mature）、有活力（active）、自由（free）、好奇（inquisitive）和富有（affluent）的特点（徐汎，2004）。中国已经进入老龄化社会，截至 2020 年，全国 60 岁及以上的人口达到 2. 64 亿，占全国总人口的 18. 70%，与 2000 年相比，比重提高了 8. 66 个百分点（见表 4 – 16）。

表 4 – 16　　三次人口普查老年人口的变化

年度	总人口（亿）	≥60 岁		≥65 岁	
		总量（亿人）	所占比例（%）	总量（亿人）	所占比例（%）
2000	12. 95	1. 30	10. 04	0. 88	6. 80
2010	13. 71	1. 78	12. 98	1. 19	8. 68
2020	14. 12	2. 64	18. 70	1. 91	13. 53

资料来源：中华人民共和国第五、第六、第七次人口普查公报。

① 数据分别来源于湖北省、湖南省和江西省“2021 年国民经济与社会发展统计公报”。

以省内及周边地区为例，60 岁及以上的人口达 5971.87 万人，其中，65 岁及以上的人口 4512.72 万，这是贵州乡村旅游最现实的市场。在省内及周边地区中，四川省和湖南省老年人口最多，均突破 1300 万人，四川省接近 2000 万人，两省老年人口占省内及周边地区的 50% 以上，其次为广西壮族自治区，60 岁及以上的人口达 836.38 万，占 14.01%（见表 4－17）。

表 4－17　　省内及周边地区老年人口统计（2020 年）

地区	≥60 岁		≥65 岁	
	总量（万人）	比例（%）	总量（万人）	比例（%）
贵州省	593.14	9.93	445.65	9.88
重庆市	701.04	11.74	547.36	12.13
四川省	1816.38	30.42	1416.76	31.39
湖南省	1321.13	22.12	984.21	21.81
云南省	703.80	11.79	507.33	11.24
广西壮族自治区	836.38	14.01	611.41	13.55
合计	5971.87	100.00	4512.72	100.00

银发族出游群体大致可分为两类。一类是自身条件比较好（经济上较富裕，文化层次较高，身体状况良好）；另一类是子女尽孝心，为老人购买旅游服务（徐汎，2004）。目前，国内出游的老年群体以 20 世纪 50 年代出生为主体，20 世纪 60 年代出生的新兴老年群体开始出现。他们很多人均受过较好的教育，闲暇时间富足，渴望自由，对传统文化和良好的自然生态有着独特的兴趣，普遍拥有怀旧情怀，偏向慢节奏、高质量的“轻奢型”乡村旅游产品。

随着人们生活水平的不断提高和旅游产业的发展，在银发族中逐渐形成了“候鸟型”的旅游度假模式。譬如，火炉城市老年群体在夏季前往凉爽之地“避暑”，到了冬季，寒冷之地的老年群体前往我国南方温暖之地“避寒”，他们像候鸟一样，在冬夏来临之际纷纷结伴同行，分别迁徙到温暖和凉爽之地，开展“候鸟”式的度假生活。贵州独特的山地立体气候，不仅在夏季拥有凉爽的气候，在冬季也拥有温暖的河谷，这为贵州发展

"候鸟式"的乡村避暑度假和避寒度假奠定较好的基础。

（2）家庭亲子人群。从第七次全国人口普查主要数据统计公报来看，2020 年，我国 0 ~ 14 岁的人口 2.53 亿人，占全国总人口的 17.95%（见表 4 – 18），这 2.53 亿儿童的背后蕴藏着多元化的家庭亲子消费需求，从而催生出亲子与旅行深度融合的多种业态。以贵州省内及周边市场为例，0 ~ 14 岁的人口规模 6186.87 万人，若以每个家庭 1.5 个孩子计算，参考全国城镇人口比重（63.89%），约有 2635.19 万个城镇亲子家庭。

表 4 – 18　全国 31 个省（市、区）0 ~ 14 岁人口统计（2020 年）

地区	规模（万人）		比重（%）	
	数值	位次	数值	位次
北京市	259.21	25	11.84	27
天津市	186.78	28	13.47	25
河北省	1508.62	4	20.22	9
山西省	570.87	18	16.35	19
内蒙古自治区	337.65	22	14.04	24
辽宁省	473.62	21	11.12	29
吉林省	281.90	24	11.71	28
黑龙江省	328.69	23	10.32	30
上海市	243.73	26	9.80	31
江苏省	1289.02	7	15.21	23
浙江省	868.43	14	13.45	26
安徽省	1174.16	9	19.24	15
福建省	802.55	15	19.32	14
江西省	992.34	10	21.96	6
山东省	1906.69	3	18.78	17
河南省	2299.32	2	23.14	4
湖北省	941.94	11	16.31	20
湖南省	1297.00	6	19.52	12
广东省	2375.34	1	18.85	16

续表

地区	规模（万人）		比重（%）	
	数值	位次	数值	位次
广西壮族自治区	1184.50	8	23.63	3
海南省	201.32	27	19.97	10
重庆市	509.98	19	15.91	22
四川省	1347.17	5	16.10	21
贵州省	924.33	12	23.97	2
云南省	923.89	13	19.57	11
西藏自治区	89.49	31	24.53	1
陕西省	685.04	16	17.33	18
甘肃省	485.38	20	19.40	13
青海省	123.28	30	20.81	7
宁夏回族自治区	146.79	29	20.38	8
新疆维吾尔自治区	580.64	17	22.46	5

（3）*避暑度假人群*。夏季持续高温使避暑旅游日益火爆，“凉气候”变成了“热经济”。2012 年来，全国平均高温（日最高温度≥35.0℃）日数从 8.2 天增加到 12.0 天（见图 4－5）。从 2021 年气象监测数据来看，全国平均高温日数较常年多 4.3 天，为 1961 年以来次多，仅少于 2017 年（12.1 天），黄淮中部、江南大部、华南及湖北南部、重庆东部、云南东北部和东南部、内蒙古西北部、新疆大部等地高温日数普遍超过 20 天，江南中部、华南大部、新疆中东部等地高温日数长达 30～50 天，江南南部、华南中部及新疆东部等地高温日数超过 50 天。[①] 在中国南方，高温天气几乎覆盖了整个暑期，避暑度假旅游需求旺盛。

① 中国气象局国家气候中心．中国气候公报（2021）［EB/OL］.（2022－03－28）［2022－06－26］. https：//www.cma.gov.cn/zfxxgk/gknr/qxbg/202203/t20220308_4568477.html.

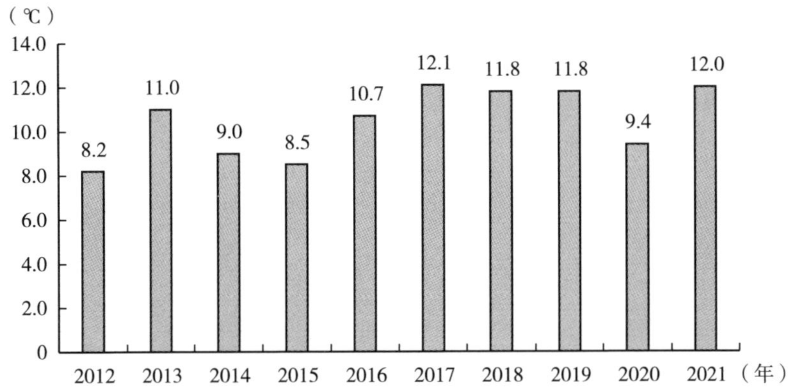

图 4-5　2012~2021 年全国平均高温日数历年变化

资料来源：根据中国气象局历年发布的《气候公报》数据整理。

（4）研学旅行人群。主要是指广大中小学生。2021 年，全国普通小学、初中和高中学校共 22.18 万所，在校生人数 1.84 亿人。其中，普通高中 1.46 万所，在校生人数 2605.03 万人，普通初中 5.29 万所，在校生人数 5018.44 万人，普通小学 15.43 万所，在校生 1.08 亿人。①《中国研学旅行发展白皮书 2019》数据显示，至 2019 年，我国研学旅行的学校渗透率仅为 5%，远远低于发达国家。随着我国研学旅行学校渗透率的不断提升，市场规模也将增长，预计未来 5~10 年，研学旅行市场规模预期将突破 1000 亿元，市场前景看好。

（5）大健康群体。吃得健康、穿得健康、住得健康和行得健康是现代人群普遍的追求，也是人们出游的重要动机，受疫情影响，“健康”和“安全”更加深入人心。在“健康中国战略”的推动下，大健康旅游市场将会更加繁荣。《健康中国 2030 规划纲要》指出，到 2030 年，我国健康服务业总规模将达 16 万亿元。亚健康人群是大健康群体中最为核心的人群。据世界卫生组织（World Health Organization，WHO）一项全球性调查，全球真正健康的人仅占 5%，经医生检查诊断患病的人有 20%，其余

① 教育部.2021 年全国教育事业发展统计公报［EB/OL］.（2022-09-15）［2022-09-16］. http://www.gov.cn/xinwen/2022-09/15/content_5710039.htm.

75%的人群则处于亚健康状态。[①] 从职业上看，亚健康群体绝大部分集中在白领、教师、医生、公务员、科技人员、IT和媒体人员等人群，他们常常伴有失眠、焦虑、疲劳、脱发、情绪波动等症状，亟须通过短暂的休息、放松和调理来实现康复。此类群体文化程度和收入普遍较高，时间观念强，做事富有计划性，对乡村旅游环境、服务和产品质量要求也颇高，是乡村旅游的优质客户群体。

（6）周末城市近郊休闲群体。随着城市郊区乡村休闲度假产品的成熟和城市中产阶层规模的扩大，城市近郊休闲度假已经成为许多城市中产家庭生活的一种常态。每当周末一到，他们就会以家庭为单位或者几个家庭结伴自驾前往郊区乡村开展相应的旅游活动，如亲子、露营、怀旧、聚会、自然教育、农事体验、探亲访友和户外运动，在旅游目的地的选择上，以1～3小时车程的乡村为主，返程后常常会将农产品装满后备箱，具有“近程、易到、高频”的特点。这是乡村旅游最基础最稳定的目标客户群。

① 华科同济干细胞.75%的人处于亚健康，有你吗？改善亚健康重获好状态［EB/OL］.（2022－05－13）［2022－12－18］. https：//www. hktjgxb. com. cn/archives/1572.

第 5 章　乡村旅游发展布局

5.1　产业布局理论依据

产业布局是一个地方产业发展需要考虑的重大问题。通过合理的产业布局，构建合理的产业发展空间结构，对促进一个地区产业的发展具有重要价值和意义。1826 年，德国农业经济学家约翰·冯·杜能（Johan Heinrich von Thunnen，1783～1850）在《孤立国对于农业及国民经济之关系》中通过假想的“孤立国”，讨论了城市远近与农业耕种的关系，提出以中心城市为核心的同心环状农业圈层布局模式，开启了产业布局研究的先河。近 200 年来，区域经济学家、经济地理学家、产业经济学家等对产业布局进行了研究，形成了以工业区位论、市场区位论、中心地理论、增长极理论、产业集群理论、点－轴系统理论等为代表的产业布局理论。乡村旅游产业布局受旅游资源禀赋、社会经济发展条件和区域政策等诸多因素的影响，其布局理论依据有四个。

5.1.1　文化生态学理论

乡村旅游本质是以人为本的文化经济，是一种吸引城市居民源源不断到访从而产生经济效益的经济，其吸引力的核心在于根植地方生态和文化、符合游客需求的高质量乡村旅游产品。因此，乡村旅游生产力布局不能简单地从资源、市场、设施的角度去考虑，而应在文化生态学的基础上去思考和布局，以彰显地方生态和文化特征，形成独特的乡村旅游 IP 和差异化的乡村旅游目的地。

人类在长期的生存和发展中，需要不断地从所处的环境中获取相关的资源，通过与环境的不断适应，创造多样化的人类文明。美国人类学家朱利安·斯图尔德（Julian Haynes Steward，1902～1972）将这种人与环境的关系称为文化生态，并在 1955 年出版的《文化变迁的理论》一书中提出了文化生态学的概念。罗伯特·F. 墨菲（Robert F. Murphy，1924～1990）认为，文化生态理论的实质是指文化与环境（包括技术和劳动）之间存在一种动态的富有创造力的关系。[①] 从文化生态学的角度看，乡村就是一个地方文化生态的表征。在贵州，多民族与多山地、多水系结合，常常会形成以"流域"为单元的地域文化，譬如，在清水江流域，以苗族和侗族等少数民族为主体，苗乡侗寨与山水和谐相伴；在北盘江流域，以彝族、布依族、苗族等少数民族为主，高山深谷的乡村，呈现出雄浑苍凉特征。在文化生态学理论指导下，将山脉、江河与民族叠加，会形成风格迥异的乡村旅游目的地。

5.1.2 圈层保护利用理论

圈层保护开发理论源于自然保护地的实践。《中华人民共和国自然保护区条例》将自然保护区分为核心区、缓冲区和试验区，并对各区进行了规定。在核心区，天然状态的生态系统以及珍稀、濒危动植物集中分布、保存完好，禁止任何单位和个人进入，除依照本条例第二十七条规定经批准外，[②] 也不允许进入从事科学研究活动。核心区外围为缓冲区，只准进

---

① 罗伯特·F. 墨菲. 文化与社会人类学引论［M］. 王卓君，吕迺基，译. 北京：商务印书馆，1994：150－151.

② 《中华人民共和国自然保护区条例》第二十七条规定：禁止任何人进入自然保护区的核心区。因科学研究的需要，必须进入核心区从事科学研究观测、调查活动的，应当事先向自然保护区管理机构提交申请和活动计划，并经自然保护区管理机构批准；其中，进入国家级自然保护区核心区的，应当经省、自治区、直辖市人民政府有关自然保护区行政主管部门批准。自然保护区核心区内原有居民确有必要迁出的，由自然保护区所在地的地方人民政府予以妥善安置。

入从事科学研究观测活动。缓冲区外围为试验区，可以进入从事科学实验、教学实习、参观考察、旅游及驯化、繁殖珍稀、濒危野生动植物等活动。在乡村旅游产业布局中，必须严格保护弥足珍贵的乡村文化与自然资源，特别是那些地处自然保护地周边的村寨与村寨群落。与此同时，为了控制乡村旅游开发强度，打造高品质的乡村旅游产品，促进可持续发展，圈层保护利用还可以进一步推广到微观布局中。

5.1.3 点－轴系统理论

著名经济地理学家陆大道院士根据瓦尔特·克里斯塔勒（Walter Christaller，1893～1969）的“中心地理论”、赫格尔斯德兰（T. haegerstrand，1916～2004）的空间扩散理论和弗朗索瓦·佩鲁克斯（Francois. Perroux，1903～1987）的增长极理论提出了“点－轴”系统理论（汪德根等，2005），该理论作为旅游产业布局的基础理论之一，常被应用于区域旅游规划的研究与实践。“点”是指各级居民点和中心城市，“轴”是指由交通、通信干线和能源、水源通道连接起来的“基础设施束”（陆大道，2002）。在乡村旅游产业布局研究与规划实践中，“点”集聚了乡村旅游产业发展的诸多要素，具有一定的尺度，既可指一个乡村旅游村寨，又可指一个乡村旅游地。“乡村旅游点”在交通线的串联下，形成了乡村旅游产品线或乡村旅游产业带，构建了乡村旅游地的乡村旅游发展“轴线”。“乡村旅游点”可以作为一个“增长极”，通过“极化效应”，引领或示范带动一个地区乡村旅游的发展。“乡村旅游点”在区域乡村旅游空间结构中处于核心地位，只有确定了若干“点”，才能通过“线”的连接，形成适合一个地区乡村旅游发展实际产业空布局。

5.1.4 产业集群理论

产业集群理论是 20 世纪 90 年代以来备受国内外区域经济学界关注的重要理论之一，滥觞于迈克尔·波特（Michael E Porter）1990 年出版的《国家竞争优势》一书，即：产业集群（industry clusters）是一组在地理上邻近的相互联系的公司和机构，它们同处或相关于一个特定的产业领域，由于具备共性和互补性而联系在一起。根据波特的定义，我们可以将产业集群简单地理解为在某一特定领域有着相互关联的企业地理空间集聚体。产业集群不仅以独特的结构、运行机制与演化规律成为一个地区经济活动的空间组织形式，还因其特殊的经济效率，在区域市场竞争中呈现出较强的竞争力与生命活力。在产业集群理论的影响下，越来越来多的旅游地都把培育旅游产业集群作为提高自身旅游竞争力的一个重要手段。

在产业集群理论的影响下，国内旅游学界相继提出了“旅游产业集群”和“乡村旅游集群”的概念。一个乡村相当于一个企业，若干乡村相连后，可以形成企业群体，如果在这一群体中都开展乡村旅游，则会形成乡村旅游的产业集群（钱津，2007）。乡村旅游产业集群是旅游企业和旅游相关企业从乡村文化和乡村资源的特色出发，为满足旅游者体验乡村的文化、景观和乡村旅游生活的需求而相互结网互动，创新旅游服务的乡村旅游产业链的集群（许晓晓，2013）。乡村旅游产业集群内部是互补的，乡村旅游相关要素的配套集群化可以使游客在有限的时间内实现使用价值最大化，得到更好的性价比，从而实现供需双方的满意和产生更好的经济效益。

综上，贵州乡村旅游产业布局以地域文化生态为依据，遵循圈层保护利用的原则，以“点－轴”系统为架构，推进乡村旅游产业要素在有条件的区域聚集，形成乡村旅游产业集群。

5.2　贵州乡村旅游产业空间布局

区域经济学研究实践表明，科学合理的空间结构能够促进区域经济的发展，而空间结构的形成取决于产业布局。根据文化生态学、圈层保护利用、点轴系统和产业集群理论，充分考虑交通系统和行政管辖，注重区域之间的互动，贵州乡村旅游产业布局在空间结构上可以形成“一圈八区十带”的全域化新格局。

5.2.1 一圈聚集

一圈即以贵阳－贵安为中心乡村旅游圈。围绕贵阳市和贵安新区，形成环省域中心城市的乡村休闲度假旅游圈层，具体由东南西北四大组团构成。

（1）东部组团：乌当－龙里－贵定－福泉－瓮安。

节点：乌当泉城五韵、龙里大草原、龙湖花海、龙架山国家森林公园、观音山红军战斗遗址、贵定金海雪山景区、福泉黄丝江边布依寨、瓮安草塘千年古邑旅游区、红岩温泉等。

特色：集休闲农业、乡村康养、山地户外运动、红色旅游和布依族文化体验等为一体的乡村休闲度假区。

（2）南部组团：花溪－惠水－长顺。

节点：溪南十锦、好花红乡村旅游区、长顺神泉谷景区等。

特色：集布依族文化体验、休闲农业、山地户外运动等为一体的乡村休闲度假区。

（3）西部组团：清镇－贵安。

节点：乡愁贵州、寻味贵州、红枫湖中国农业园、平坝樱花园、贵安平寨社区、车田村、松林村等。

特色：集布依族文化、苗族文化和屯堡文化体验、观光休闲、农事体验、休闲度假于一体的生态型乡村休闲度假区。

（4）北部组团：白云－修文－开阳－息烽。

节点：蓬莱仙界、桃源八寨、云山茶海、开阳十里画廊景区、水东农耕文化体验园、南江大峡谷、马头寨、小寨坝红岩葡萄沟、息烽美丽南山田园综合体、阳朗乡村旅游示范点等。

特色：集红色文化、阳明文化、水东文化、布依族文化和苗族文化体验、休闲农业、山地户外运动等于一体的乡村休闲度假区。

5.2.2 八区拉动

除贵阳－贵安为省域中心城市外，考虑区域乡村旅游行政管辖，遵义市、安顺市、六盘水市、毕节市、铜仁市、黔东南苗族侗族自治州、黔西南布依族苗族自治州和黔南布依族苗族自治州八个市州可以作为八个大的乡村旅游区，各大乡村旅游区内部由不同的乡村旅游功能板块支撑，形成特色鲜明、多极拉动的全域化乡村旅游目的地体系。

（1）遵义乡村旅游区。围绕“长征文化＋研学培训＋茶酒文化”的文化旅游主体功能，培育“醉美遵义，怡然乡居”的乡村旅游目的地形象品牌。深耕川渝避暑度假市场，拓展长三角、珠三角和京津冀市场，发挥红乡、酒乡、诗乡、茶乡资源组合优势，以长征国家文化公园建设为契机，讲好长征故事，传承红色基因。推动乡村旅游与茶叶、辣椒、中药材（石斛）等农业特色优势产业深度融合，建设避暑、休闲、运动、健康、养生、养老等系列乡村旅游产品。依托中国丹霞赤水世界自然遗产地、中国土司遗址、遵义海龙囤世界文化遗产地，以景带村升级遗产地周边乡村旅游，建设发展大娄山－赤水河－芙蓉江精品乡村旅游带，形成集世界名酒文化、世界遗产、研学培训、休闲农业、避暑度假等于一体的乡村旅游精品线和产业带。推进播州－湄潭－余庆－凤冈大乌江节点、中国茶乡（湄潭－凤冈－余庆）、仡佬族乡村避暑度假区（正安－道真－务川）建设，形成支撑全市乡村旅游发展的增长极。

（2）安顺乡村旅游区。围绕“山地旅游＋集散地＋避暑度假”的文化旅游主体功能，培育“中国瀑乡，秀美安顺”的乡村旅游形象品牌。发挥黄果树瀑布品牌优势，联动龙宫、黄龙湖、坝陵河、石头寨、郎宫等资源，强化景村联动，形成大黄果树精品乡村旅游区，辐射带动北盘江热带休闲农业度假组团、关岭花江大峡谷和木城河等地的乡村旅游发展。整合天龙屯堡、云峰八寨、旧州古镇以及周边山水田园，深度挖掘屯堡文化，推动形成高品质的大屯堡乡村旅游区。以邢江河为纽带，重点发展精品避暑山庄、滨水度假庄园、户外露营地、主题民宿、休闲庄园、乡村度假群落等业态，形成平坝乡村避暑休闲度假组团。整合沙湾农业大观园、百花欢乐大世界、思源生态园、美丽休闲景区、朵贝茶园、嘎卧生态农业观光园等资源，进一步强化休闲农业、健康养生、户外运动和避暑度假主导功能，形成普定乡村旅游区。依托格凸河景区，深入挖掘亚鲁王文化，整合坝羊万亩茶园、特色经果林园区，发展漂流、攀岩、探洞、露营、骑行、苗族文化体验与休闲农业等业态，推动形成紫云乡村旅游区。

（3）六盘水乡村旅游区。围绕“避暑康养＋冰雪运动”的文化旅游主体功能，培育“康养胜地，中国凉都”乡村旅游目的地形象品牌，深入挖掘彝族、苗族、布依族和白族等民族文化，打通“农工体旅”，实现乡村旅游发展大融合，做大做强乡村旅游产业。全力建设发展乌蒙山－北盘江乡村旅游带，打造高山峡谷体验型生态乡村旅游产品，力争进入全省第一梯队，成为全省乡村旅游新名片、新标杆、新型乡村旅游目的地和重要增长极。释放“中国凉都”避暑度假和“南国冰雪城”的山地户外运动品牌价值，推动“避暑＋”和“运动＋”多业态融合，做强乡村避暑经济、山地户外运动经济，成为乡村避暑度假和山地户外运动高地。

（4）毕节乡村旅游区。围绕“山地旅游＋康养度假”的文化旅游主体功能，培育“洞天福地，花海毕节”的乡村旅游目的地形象品牌。强化区域合作联动，深入挖掘彝族、苗族、回族、白族等民族文化，以七星关－大方－纳雍、百里杜鹃－黔西－织金－金沙、威宁－赫章为三大乡村旅游功能组团，构建“中集东优西特”发展格局。即：发挥区域交通枢纽和市域中心城市优势，建设七星关－金海湖乡村旅游集散板块，协同大方县、纳雍县，推进环城乡村休闲度假圈建设，形成中部乡村旅游集聚区；整合东部优质资源，优化提升百里杜鹃－黔西－织金－金沙乡村旅游精品板块，形成东部乡村旅游示范区；全力打造威宁－赫章乡村旅游板块，形成西部乡村旅游特色发展区。

（5）铜仁乡村旅游区。围绕“山地旅游＋温泉康养”的文化旅游主体功能，培育“梵天净土，桃源铜仁”乡村旅游目的地品牌。坚持“抓龙头、连金线，带亮点”，深入挖掘土家族、侗族、苗族和仡佬族等多民族文化，统筹推进石阡、思南、德江、沿河千里乌江滨河度假带的乡村旅游节点建设。以“山内做减法、山外做加法”为原则，强化梵净山保护，统筹推进江口、印江、松桃三县协同发展，形成环梵净山精品乡村生态旅游带，探索形成乡村生态旅游助力乡村振兴的示范区。推动朱砂古镇－九丰农业博览园－夜郎谷乡村康养旅游发展，联动玉屏侗乡风情园，形成侗族文化＋历史文化＋休闲农业的乡村旅游区。

（6）黔东南乡村旅游区。围绕“山地旅游＋民族文化”的文化旅游主体功能，培育“心灵栖息地，锦绣黔东南”乡村旅游目的地形象品牌。按照“三山（云台山、雷公山、月亮山）三江（都柳江、清水江、㵲阳河）一中心（凯里）的总体布局，推动凯里－麻江－雷山－丹寨、黎平－从江－榕江、台江－剑河－锦屏－天柱、黄平－施秉－镇远－三穗－岑巩四大功能板块乡村旅游高质量发展，建设国际知名的乡村养心养生旅游胜地。培育一批山地农特产品和民艺特色旅游商品，开辟一批徒步穿越线路。积极发展自驾车旅居车营地、乡村旅游重点村（镇）和乡村旅游融合发展示范区。开展苗年、侗年、芦笙节、姊妹节、独木龙舟节等大型知名传统民族节日活动，增强乡村旅游文化节庆活动的国际性和体验性，形成乡村旅游文化节庆节事品牌体系。深入挖掘苗药、侗药、瑶浴等民族民间医药文化，推进乡村旅游与大健康产业融合，形成有准入、可体验的康养乡村旅游产品。

（7）黔南州乡村旅游区。围绕“山地旅游＋天文科普”的文化旅游主体功能，培育“自然本色，秘境之州”的乡村旅游目的地形象品牌。依托中国天眼、地质奇观、民族文化三张名片，提升黔南州乡村旅游吸引力。发挥中国南方喀斯特荔波世界自然遗产地优势，打造荔波世界自然遗产乡村生态旅游区。以平塘“中国天眼”为中心，建设国际天文科普乡村旅游区。依托三叠纪地质遗迹大贵州滩（Great Bank of Guizhou），结合区域村寨，建设地学文化村和乡村研学实践教育基（营）地，开展乡村地学旅游。以布依族、苗族、水族和瑶族等多民族文化为支撑，发展一批少数民族特色乡村旅游村（镇）。打造“三月三”和“六月六”、荔波陀螺赛、三都赛马以及平塘水龙节等一批乡村旅游节庆节事品牌。依托乡村文化遗产和农业产业，推进乡村文化创意产业和农产品加工业发展，支持建设一批旅游商品加工生产和制作专业村，促进文化遗产生产性保护。

（8）黔西南乡村旅游区。围绕“户外运动＋康养度假”的文化旅游主体功能，培育“山水长卷，悠然峰林”的乡村旅游目的地形象品牌。按照“一圈引领，两翼齐飞”的空间格局，推进全州乡村旅游有序发展。依托万峰林、万峰湖、马岭河大峡谷、兴义国家地质公园、双乳峰－三岔河、兴仁放马坪、安龙仙鹤坪国家森林公园、笃山溶洞群等资源，着力发展兴义－兴仁－贞丰－安龙乡村休闲度假旅游圈。打造北翼晴隆－普安板块，形成以抗战文化、彝族文化和四球茶为特色的乡村旅游区；打造南翼册亨－望谟板块，形成以布依族文化、滨湖休闲度假和紫茶康养为特色的乡村旅游区。发挥布依族文化与峰林田园的组合优势，积极吸引社会资本发展乡村旅游，打造一批生态和人文内涵丰富的峰林田园型乡村休闲度假群落，引领全州乡村旅游发展。

5.2.3　十带串联

通过江河、山脉、交通路网串联沿线乡村旅游区和乡村旅游村镇，建设发展十条乡村旅游带，构筑内涵丰富、产品多元的乡村旅游主题线路，形成吸引力强和品牌知名度高的乡村旅游产品。融合农文旅商体等资源，形成乡村旅游产业带，促进乡村旅游区域互动发展。

（1）大娄山－赤水河－芙蓉江乡村旅游带。发挥中国丹霞赤水世界自然遗产地、中国土司遗址遵义海龙囤世界文化遗产地、长征文化和名酒文化品牌影响力，以赤水河、芙蓉江为纽带，串联乡村旅游村镇、旅游景区、古镇等，衔接桐梓和娄山关，完善提升沿线乡村区（点），形成“世界遗产地＋红色文化＋名酒文化＋民族文化＋休闲农业”的乡村避暑休闲度假旅游带。

（2）苗岭－清水江乡村旅游带。以苗岭和清水江为纽带，串联贵阳市花溪区、黔南布依族苗族自治州龙里县、贵定县、福泉市和都匀市、黔东南苗族侗族自治州麻江县、黄平县、施秉县、凯里市、丹寨县、雷山县、台江县、剑河县、锦屏县和天柱县，形成“山地江河＋森林生态＋休闲农业＋苗族布依族侗族文化”的乡村旅游带。

（3）月亮山－都柳江乡村旅游带。以都柳江为纽带，串联黔南布依族苗族自治州的独山县、三都县、荔波县和黔东南苗族侗族自治州的榕江县、从江县、黎平县，形成“山地江河＋森林生态＋水族布依族苗族侗族文化”的乡村旅游带。

（4）云台山－㵲阳河乡村旅游带。以中国南方喀斯特云台山世界自然遗产地为核心，以㵲阳河为纽带，串联黔东南苗族侗族自治州黄平县、施秉县、镇远县、岑巩县、玉屏县，形成“世界自然遗产地 + 历史文化 + 多民族文化”的乡村旅游带。

（5）梵净山 – 太平河 – 锦江乡村旅游带。以梵净山为龙头，太平河 – 锦江为纽带，串联铜仁市江口县云舍、坝盘和碧江区坝黄等地，充分发挥世界自然遗产地、人与生物圈和国家 5A 级旅游景区的集合型品牌优势，加快推进旅游公路、慢行系统建设，形成“世界自然遗产地 + 土家族文化”的乡村旅游带。

（6）峰林田园乡村旅游带。依托贵州省全球最宏伟、演化历史证据最详尽的三叠纪浅海 – 深海过渡带①，串联花溪 – 平坝 – 西秀 – 镇宁 – 关岭 – 贞丰 – 兴仁 – 安龙 – 兴义沿线屯堡村落、布依族村落、旅游景区、现代农业园区，打造以屯堡文化和布依族文化为特色的峰林田园乡村休闲度假旅游带。

（7）乌蒙山 – 北盘江乡村旅游带。以北盘江为纽带，串联毕节市赫章县阿西里西景区、六盘水市水城区野玉海国家级旅游度假区、悠然山居、花嘎天门、乌蒙大草原、六枝特区牂牁江、安顺市关岭花江大峡谷、黔西南布依族苗族自治州贞丰县白层、册亨岩架、望谟蔗香等，形成“高原山地 + 江河峡谷 + 休闲农业 + 彝族苗族布依族文化”的乡村旅游带。

（8）南盘江 – 红水河乡村旅游带。以黔西南布依族苗族自治州兴义市、安龙县、册亨县、望谟县和罗甸县为节点，依托江边寨与河边村，适度发展高品质的乡村生态旅游，高标准打造南盘江 – 红水河乡村旅游带，形成“山地滨湖 + 布依族文化”的乡村旅游带。

（9）千里乌江滨河乡村旅游带。以乌江水道为纽带，加强“城 –

① 魏家庸先生在《贵州三叠纪自然遗产及世界地质公园申报》（载《贵州地质》，2008 年第 25 卷第 4 期，第 241 ~ 246 页）一文中指出：在三叠纪时期，黔南位于次深海浊流沉积盆地（又称“南盘江盆地”或“右江盆地”）之内，水深 200 ~ 2000 米；黔中 – 黔北位于巨型的扬子浅海碳酸盐岩台地西南端，水深数米至百余米。介于两者之间的浅海碳酸盐岩台地前缘 – 台地前沿斜坡 – 次深海盆地边缘，就是“浅海 – 次深海过渡带”，这个过渡带连续出露于贵阳 – 平坝 – 安顺 – 关岭 – 贞丰 – 安龙 – 兴义之间，总体呈“S”形走向，长约 350 千米，宽 10 ~ 40 千米，进入云南后因受断层破坏而立即消失。其两侧地貌差别明显，形态清晰。从全球范围而论，它是地表连续出露最长、最宏伟的三叠纪浅海 – 次深海过渡带。这条带上发育了千姿百态的喀斯特地貌，峰林 – 盆地、峰丛 – 洼地相间，形成了独有的峰林田园风光，同时又集中了以黄果树、龙宫、马岭河、万峰林知名的大型景区，是贵州省知名的西部黄金旅游线。

镇 - 景 - 村”互动，将水面旅游、河岸休闲与滨江村寨结合，整体规划，分段分期实施，形成“江河峡谷 + 红色文化 + 多民族文化”的生态性乡村休闲度假带。

（10）长征文化乡村旅游带。围绕长征国家文化公园建设，以中央红军和红二、六军团的长征路线串联相关村落，打造一批长征路上的红色美丽乡村，形成一条意义深远、体验丰富和文化主题鲜明的乡村旅游带，铸就长征文化乡村旅游品牌。

5.3　麻江县乡村旅游产业空间布局样本*

5.3.1　县域概况

麻江县地处贵州省黔东南苗族侗族自治州西部，总面积 960 平方千米，以山地为主，低山、低中山、丘陵、河谷及盆地占全县总面积的 78.4%，下辖 4 镇（宣威镇、谷硐镇、龙山镇、贤昌镇）1 乡（坝芒布依族乡）2 街道（杏山街道、金竹街道），拥有 32 个民族，以苗族、布依族、畲族、仫佬族和瑶族为主。截至 2021 年底，全县常住人口 17.11 万人，其中，少数民族 13.22 万人，占全县总人口的 77.26%，是一个多民族聚居的山区县。

5.3.2　乡村旅游产业空间布局

在编制《麻江县山地全域旅游发展规划》（2017—2030）的过程中，通过实地调查研究发现，全县多民族文化与小流域有着紧密的贴合关系，通过 GIS 进行人文与自然的叠加分析，从文化生态学的角度出发，将全县划分为 9 个小流域，全县乡村旅游以此为依托，充分利用各流域内的村寨，聚合形成差异化的乡村旅游地，在规划指引下，将乡村旅游与乡村振

* 资料来源：本书作者调研并撰写。

兴战略高度契合，形成基于山水自然空间和地域文化系统乡村旅游产业布局。

（1）清水江小流域：位于麻江县东部，清水江龙江至城中段串联起来的沿线区域，延伸至比户和甲树，包括龙江、富江、卡乌、咸宁、城中、比户、甲树七个村，以苗族聚居为主。

功能定位：苗族文化乡村旅游带。

发展思路：以“苗岭清江源”为旅游主题形象，以清水江为纽带，严格保护沿江村落肌理和格局，围绕药谷江村大健康医药康体文化园、蓝梦谷两大旅游景区，以重点村寨为突破口，高标准打造集户外运动、乡村度假、养生休闲、文化体验于一体的清水江苗族文化乡村旅游带。

（2）羊昌河小流域：位于麻江县西部、清水江东部。为羊昌河下司镇龙里至宣威镇琅琊，包括共和、平定、腊白、笔架、琅琊、光明六个村，以亻革家族和苗族为主。

功能定位：亻革家族苗族乡村旅游带。

发展思路：麻江是中国南方最大的蓝莓基地县，且该流域紧邻蓝梦谷4A级旅游景区，羊昌河小流域围绕“蓝梦原乡”为乡村旅游主题，以羊昌河为纽带，充分发挥蓝梦谷景区的带动作用，依托滨河村寨，构筑苗族亻革家族文化乡村旅游带。

（3）龙山河小流域：龙山镇孟江村界牌经河坝、瓮袍至岩莺的龙山河沿线村寨，包括龙山河的两条支流复兴河和河山河，涉及孟江、大塘、龙山、河坝、瓮袍、岩莺、基东、复兴、河山九个村，为亻革家族、苗族和瑶族聚居区。

功能定位：亻革家苗瑶乡村旅游带。

发展思路：围绕“花影聚落”主题形象，以瓮袍、复兴与河坝为中心，重点打造花影聚落、枫香瑶韵、岸芷汀兰、亻革家山乡三大景区，逐步辐射龙山河沿线村落，挖掘区域内温泉资源，凸显亻革家族、瑶族文化，将龙山河打造成为具有多元民族特色山地乡村养生休闲度假带。

（4）麻哈河小流域：位于麻江县中部。良田经谷羊、高枧至贤昌的麻哈河段，包含麻哈河支流摆沙小河，涉及谷羊、高枧、贤昌、摆沙、黄泥五个村、20余个自然寨，为布依族苗族聚居的小流域。

功能定位：布依族苗族乡村旅游带。

发展思路：围绕“翰墨原乡”主题形象，以麻哈河为纽带，严格保护沿线村落肌理和格局，围绕状元第、龢江桃源、花果源乡、良田美池四大景区，与麻江山地国际休闲公园城市建设，挖掘中部温泉资源，按照道法自然的理念科学整治麻哈河，规划麻哈河滨河骑行绿道，将麻哈河打造成一流的山地乡村养生休闲度假带。

（5）小堡河小流域：地处麻江县北部，青山村岩寨经小堡至靛冲蜂糖寨，由小堡河串联，涉及青山、小堡、靛冲 3 个村，为苗族和畲族聚居的小流域。

功能定位：苗族畲族乡村旅游带。

发展思路：以“山栖谷隐”为主题形象，以小堡河为纽带，实施乡村庭院美化计划，打造沿线旅游吸引物，将小堡河打造成为支撑北部发展的山地乡村休闲度假带。

（6）景阳河小流域：地处麻江县西北部，谷硐团坡经景阳河边出县境，由景阳河串联沿线村落，涉及谷硐、河边两个村。

功能定位：布依族苗族乡村旅游带。

发展思路：以“河景营壁”为主题形象，以河边村为重点，形成支撑景阳发展的山地乡村休闲带。

（7）乐埠河小流域：位于麻江县西南部、谷硐镇南面，乐埠白岩至下寨的乐埠河段沿线地区，串联乐埠村的下寨、河底下、乐埠、枫香寨、司头、平寨、谭家、白岩 8 个自然村。

功能定位：农耕文化旅游带。

发展思路：以“乐埠田园”为主题形象，以乐埠河为纽带，科学整治沿线村落，发展沿线休闲农业，变农业为景观，开展乡村庭院美化，以山地遗忘时光观光火车线路建设项目为重要契机，打造富有特色的山地休闲农业度假带。

（8）响水河小流域：空间范围：地处麻江县西部，水城村水头寨经坝芒、乐坪、猫头至瓮袿出县境，延伸至茅草、坝河村高粱坝，由响水河串联，涉及水城、坝芒、乐坪、猫头、瓮袿、茅草、坝河 7 个村近 30 个自然寨，以布依族聚居为主的小流域。

功能定位：布依族乡村旅游带。

发展思路：以“布依画廊”为主题形象，以响水河为纽带，有计划推进沿线民居风貌建设。充分借鉴国际休闲农业经验，实施农文旅一体化发展战略，以高山冷凉蔬菜基地建设为支撑，规划滨河骑行绿道，积极发展农事体验、布依农庄、精致民宿等业态，构筑沿线乡村旅游吸引力，将响水河打造成为支撑西部发展的山地乡村休闲度假带。

（9）白河小流域：位于麻江县西南部、谷硐镇西南侧，大开田经牛鸦山至翁牛，由白河串联，涉及大开田和翁牛两个村，以布依族聚居为主的小流域。

功能定位：布依族乡村旅游带。

发展思路：以“白河诗画”为主题形象，以白河为纽带，严格控制沿线村寨建设，保护沿线村落肌理和格局，以地方文脉为根基，有效推进乡村环境整治和风貌改造。围绕大开田国际汽车露营基地、白河诗画（慢奢生活度假基地）建设，依托斗篷山良好的自然生态环境，充分发掘区域温泉资源，将白河打造成为低碳环保、品质优良的山地乡村休闲度假带。

第 6 章　乡村旅游产品与产业要素创新

6.1　乡村旅游产品概论

乡村旅游产品（rural tourism product）作为乡村旅游地、乡村旅游企业或相关乡村旅游经营管理单位的经营对象，是由诸多要素产品所构成的一个有机整体，体系庞杂。在乡村旅游地，农家菜饭作为餐饮服务的一种产品，满足了某些乡村旅游者“吃”的需求；民宿作为住宿服务的一种产品，满足了某些乡村旅游者“宿”的愿望；乡村骑行、渔舟唱晚、森林火车等诸多旅游交通则为乡村旅游者提供了“行”的独特体验。这些均是旅游产品的核心内容，而保险、金融、通信、医疗、救援等为乡村旅游者提供了安全及相关保障，虽然这些服务相对独立于乡村旅游产业之外，但也是乡村旅游过程中不可或缺的服务。

6.1.1　乡村旅游产品概念

从需求角度看，乡村旅游产品是指旅游者离开居住地前往乡村地区开展旅游活动再返回居住地的完整经历的需要组合。从供给角度看，乡村旅游产品是指为满足旅游者完整乡村旅游经历需要所提供的各种服务。以上这两种认识均属于整体旅游产品（total tourist product）概念。乡村旅游企业凭借自己的设施和服务向乡村旅游者专门提供的某种要素供给或服务，属于单项旅游产品（specific product）。

6.1.2 乡村旅游产品构成

旅游需求多样性使乡村旅游产品的组合呈现出多元化的特点。但无论怎么组合，乡村旅游产品都具有一般构成。从产品域上看，乡村旅游分为核心产品域、辅助产品域和扩张产品域三个层次，核心产品是旅游者获取旅游体验的主要对象，主要内容是在乡村景观中与当地村民共享乡村文化和乡村生活，辅助产品是由本土的各种直接或间接从事旅游业的人员提供的产品，它们可以超越农业旅游或农庄旅游的范畴，扩张产品则是指由政府、企业、行业协会等组织的面向乡村旅游的营销或服务网络，是乡村旅游发展到一定阶段、形成一定规模后的产物（王宏星等，2005）。

乡村旅游作为东道主（村民）和游客（主要是城市居民）的文化交流活动，它是在一定的“场域”之下完成的，乡村旅游供给者需要不断地创造满足游客需求的“场域”，通过高质量的管理和服务，使游客愉悦。“场域”根植于乡村生态与文化，山、水、林、田、湖、草、村建构了场域环境，村民与土地、村民与村民之间所达成的关系，如农事、节庆、交往等使场域环境更加灵动和丰富，从而对异地（主要是城市）人群产生吸引力，这是乡村旅游产品的建设根基。

场域的创造主要是基于客群需求和乡村环境的多“微域”构建，这种多“微域”构建主要围绕“行活住食购”五项要素进行，并兼顾东道主（村民）的生产生活，其中，“活”囊括了传统六大旅游产业发展要素的“游”和“娱”，是指游客在旅游地开展的各种活动。随着旅游消费需求的不断变化和升级，人们的旅游活动已经不再停留在走马观花式的“游”和粗浅的“娱”，而是融入游憩、康乐、保健、养生、运动、亲子、自然教育等众多活动。围绕“活”的开展，才有行、住、食、购的需求配套。利用乡野草地变成宿营地，利用地貌森林变成自然课堂，利用河溪山塘变成野钓乐园，利用特色田园变成农业公园，利用农舍民居变成旅游民宿。宿营地、自然课堂、野钓乐园、农业公园、旅游民宿等成为可供不同客群体验的各类沉浸式微域，运营管理者通过管理和服务的加持，从而形成了丰富多样的乡村旅游产品，使乡村旅游产品价值得以实现。

由此，我们可以将乡村旅游产品构成分为乡村环境、基础要素、管理服务三个部分（见图6－1）。乡村环境由乡村自然环境和人文环境所构成，是族群和土地、族群与族群、族群内部关系的表征，是一个完整的、动态演化的乡村地域文化生态系统，是乡村旅游产品的旅游吸引物圈层。以乡村环境为根基，根据旅游需求形成行、活、住、食、购五项业态，每项业态又囊括了诸多类型，例如，在行的业态中，不仅具有传统的畜力体验交通、徒步线路，还拥有低空飞行、山地索道等类型，它们共同形成了乡村旅游产品的“行”的业态圈层。管理服务加持五项基本业态，形成外部圈层，从而对乡村旅游产品质量产生影响。

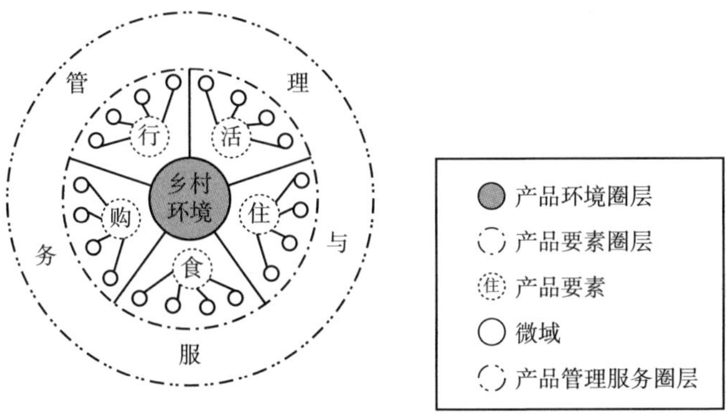

图6－1　乡村旅游产品构成模型

6.1.3　乡村旅游产品分类

根据不同的划分标准，乡村旅游产品可以划分为不同的类型。从乡村旅游产品的主导功能来划分，乡村旅游产品可以划分为观光型、度假型、康养型、娱乐型、运动型、知识型、亲子型和综合型八种。

（1）观光型。观光是旅游产品的初级形式，也是人类旅行的重要动机之一。乡村诗画田园风光、优美自然环境和人文风景无一不是激发人们前往乡村开展旅游活动的重要因素。因自然环境的地域分异和族群差异，乡村风景呈现出多元化的色彩，可以形成不同的乡村观光旅游产品，如山地乡村观光、渔村观光、牧村观光、水乡观光、农业观光等。同时，每一种乡村观光旅游产品又可以进一步细分不同的类型，例如，在农业观光中有花卉观光、茶园观光、果园观光。

（2）度假型。度假型产品是乡村旅游发展的高级形式，也是高质量发展中不可或缺的重要内容。一般来讲，乡村度假型产品会依托乡村优美的自然风光、良好的气候条件和保存完好的乡村文化来进行打造，加之旅游配套服务设施齐全、专业化程度高，才能满足游客对精致化乡村度假服务的需求。

（3）康养型。《国家康养旅游示范基地》（LB/T051—2016）将康养旅游（health and wellness tourism）定义为："通过养颜健体、营养膳食、修心养性、关爱环境等各种手段，使人在身体、心智和精神上都达到自然和谐的优良状态的各种旅游活动的总和。"健康是人类永恒的追求，康养型乡村旅游产品具有巨大的市场前景，它紧密围绕现代人的健康和养生需求，依托乡村适宜的自然地理条件，综合运用现代医学、传统中医、民族医药、理疗保健等康养方法、技术和手段，让游客居住在生态良好的乡村中享受大自然，并为其开展一系列疗养、保健、养生、深睡眠、有氧运动、养心、洗肺等有关健康的服务。

（4）娱乐型。传统的农业劳动具有周期性的间歇，村民们通常在此时段走访亲友，开展聚会和举办节日庆典，形成了丰富多样的乡村文化娱乐方式。娱乐型乡村旅游产品绝大多数是将乡村传统文化娱乐活动进行包装或将现代娱乐活动引入乡村加以改造，以吸引游客前来参与的一种乡村旅游产品，如赛龙舟、斗牛、采摘、垂钓、骑行等。

（5）运动型。运动型乡村旅游产品是将现代体育活动项目与乡村地脉、文脉进行嫁接，整合形成充满活力的新型乡村旅游产品。如，地处钱塘江中游的兰溪市从 2015 年开始，连续五年成功举办了五届国际乡村马拉松赛，比赛设置半程马拉松、3 千米亲子跑和迷你马拉松三个项目，线路为"兰芝风情线"，参赛选手与观赛市民不仅可以欣赏乡村田园景致，还可以感受古村落的韵味，该项活动每年吸引了上万人参加和观看。兰溪国际乡村马拉松由此被誉为"浙江首马"，其线路也被誉为"全国最美马拉松赛道"，成为具有一定市场影响力的乡村娱乐型旅游产品。

（6）知识型。知识型乡村旅游产品主要是面向青少年群体和专家学者。一些乡村地区凭借自身丰富的地方性知识以及绝佳的生态、独特的地景和天象吸引青少年群体、专家学者们前往开展文化探秘、民艺体验、自然教育、科学考察、自然教育等活动，满足他们猎奇和求知的需求，知识型乡村旅游产品随之诞生。

（7）亲子型。随着人们受教育水平和家庭可支配收入的不断提高，将教育、情感和旅游相结合的亲子旅游产品日益受到市场的欢迎。乡村广袤的原野和相对安静安全的环境为孩子们提供自由奔跑和亲近自然的空间。亲子型乡村旅游产品就是人们利用乡村大自然、田园农事、农作物、文化活动等形成寓教于乐的产品，吸引家庭带着孩子前往乡村开展休闲、体验和度假。在我国台湾地区的众多牧场中，许多牧场都拥有亲子主题，如飞牛牧场、平林休闲农场、绿世界生态农场等。

（8）综合型。综合型乡村旅游产品是指能满足旅游者观光、休闲、度假、康养、亲子、运动等两种及以上需求的产品。这种产品通常是在一定区域内聚集，形成一个乡村旅游景区（或者旅游度假区），是乡村旅游转型升级中的典型产品。

6.1.4　乡村旅游产品的特点

旅游者所购买的乡村旅游产品是一个组合，既有与一般旅游产品的相同部分，又有所差异。从本质上看，乡村旅游产品属于乡村服务性产品，具有乡村性、微型性和多样性三个基本特点。

（1）乡村性。这是乡村旅游产品区别于其他旅游产品最本质的特点。乡村旅游活动发生在乡村地区，以乡村文化和自然为在地化吸引物，无一不体现出乡村的元素。乡村旅游产品的乡村性主要体现在以下三个方面。

设施的乡村性。乡村旅游产品的基础设施和旅游配套服务设施与乡村自然地理环境和人文环境要高度契合，在规划与建设过程中，强调乡村本土材料、文化符号和文化元素的运用，土洋结合，在洋中体现土，在土中体现出精致和品位。即设施功能现代化，但却不失“乡味”和“传统”。

环境的乡村性。乡村旅游产品根植于乡村，其环境必须要有乡村味道，而不能简单地套用城市标准把乡村变成城市。乡村环境营造必须遵循乡村的地脉与文脉，强调乡土材料、本土植物在人居环境营建中的应用，切实做到去城镇化，使乡村传统风貌得以较好的保存和延续，培育出人们心向往之的乡愁福地和生态人文美地。

服务的在地性。乡村旅游产品的本质是服务，乡村旅游服务的在地性是指乡村旅游地村民的参与度、乡村旅游福利的地方惠及度以及乡村旅游服务在地文化的利用度。它作为一项振兴乡村的产业，乡村旅游服务者应以乡村旅游地居民为主，他们在乡村旅游发展过程中公平享有与外界共同发展的机会，享有因发展乡村旅游而带来的整体福利。同时，乡村旅游服务应强调本土文化的挖掘和利用，要让本土文化充分体现在乡村旅游服务的过程中。

（2）微型性。乡村旅游产品的微型性主要表现在三个方面。第一，体量小，除极个别的产品外，一般规模都相对较小，其经营主体大多以农户为经营单位散布在乡间村落，一户农家可能就是一家乡村旅馆、一家农家乐或一家旅游商品经营户。第二，投资规模小，除极为特殊的项目外，一般农户在投资初期，绝大部分乡村旅游要素产品少则几万元、多则几十万元就可以投资打造。第三，建设周期短。因规模小、投资少，建设速度相对较快，只要不出现大问题，就能很快产生效益。

（3）多样性。乡村旅游产品是满足乡村旅游者不同旅游需求的系列组合，加之乡村旅游资源的多样性和市场需求的多元化，乡村旅游产品多样性的特征就更为突出了，哪怕是在一个乡村旅游地，其乡村旅游产品也都呈现出多样化的特征，比如住宿产品，就有民宿、客栈、营地等，有星级的，也有非星级的。

6.2 贵州乡村旅游产品开发与创新

贵州乡村旅游产品是以多样化的民族村寨、山地自然环境和山地特色农业为核心资源依托的产品，以文化多样性和生态多样性为典型特征，必须在精心呵护文化和生态的基础上适度进行。

6.2.1　开发原则

（1）绿色发展。坚守发展和生态两条底线，牢固树立和践行绿水青山就是金山银山的理念，将乡村与山水林田湖草石作为一个有机生命共同体，把生态文明建设融入乡村旅游高质量发展的各方面和全过程，完善乡村旅游绿色发展体系，弘扬生态文明，促进乡村旅游可持续发展。

（2）市场导向。市场是乡村旅游地生存的命脉。乡村旅游经营管理者必须在充分研究乡村旅游市场、把握乡村旅游市场发展趋势的基础上，选择适合乡村旅游地的目标市场群体，根据目标市场群体的需求，有针对性地进行乡村旅游产品的开发建设。

（3）差异崛起。乡村旅游产品建设要体现时代精神，依托气候优势、生态环境优势以及乡村文化多样性，打造特色鲜明、差异性强、体验丰富、文化多元的乡村旅游产品体系。强化乡村旅游地域品牌形象的凝练，突出乡村的稀缺性和独特性，开发独一无二的乡村旅游产品，大力提升乡村旅游形象，形成更为强势和更有吸引力的乡村旅游品牌。

（4）创新驱动。创新驱动发展战略主要体现在以下四点。一是创新发展方式和发展模式，构建乡村旅游产品创新体系。二是以精致化和创新型的乡村旅游产品建设为突破口，着力构建乡村休闲度假与康养乐活产品体系。三是充分利用旅游大数据，创新现代营销方式，形成精准化的乡村旅游市场营销体系。四是通过精准营销 + 精致产品 + 共享发展模式，形成乡村旅游创新驱动发展路径体系。

（5）精品引领。按照“当代精品、后代遗产”的要求，大力实施乡村旅游精品带动战略，以精品乡村旅游项目为龙头，构建乡村旅游吸引核心、品牌名片、产业链和资本平台。以重点带一般，促进乡村旅游高质量发展，增强乡村的发展实力和后劲。以精品乡村旅游项目塑造产品吸引力和核心竞争力，进一步聚合优势资源，构建乡村旅游全产业链，强化品牌塑造，打造乡村的旅游名片。

（6）国际品质。本着“国际影响带动国内市场”的宗旨，通过品牌国际化、产品国际化、营销国际化、服务品质国际化，实现国际品质战略（贵州省旅游局，2013）。以国际影响提升国内关注，影响带动国内乡村旅游市场热点。以国际高度和理念塑造贵州乡村旅游名片，打造中国最具国际影响力和创新力的乡村旅游目的地。

6.2.2 开发思路

（1）*多产融合，全产发展*。推进乡村旅游产业与文化产业、农业、林业、体育等融合，培育复合型乡村旅游产品和融合型乡村旅游新业态，形成乡村观光、文化体验、休闲度假旅游新亮点，构建起以乡村旅游业为龙头和纽带，衔接相关产业协同发展的乡村泛旅产业体系。

（2）*五力协同，聚力发展*。通过乡村旅游市场吸引力、集散服务力、全域发展力、国际影响力和区域聚合力五力协同（见图6－2），推动贵州乡村旅游高质量发展。围绕“行、活、住、食、购”等基本要素开展乡村旅游吸引物体系建设，营造好客友好和安全的乡村旅游环境，提升乡村旅游市场吸引力。以大型景区、区域中心城镇、交通枢纽站场为支点，植入乡村旅游信息咨询、乡村旅游交通接驳等功能，提升乡村旅游集散服务力。

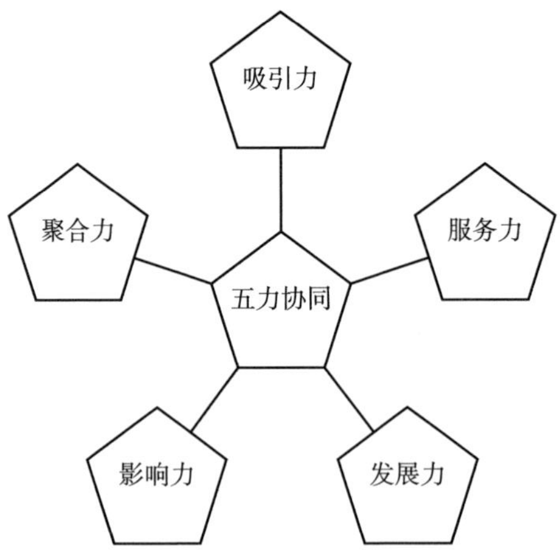

图6－2　乡村旅游五力发展模型

以推进乡村振兴战略为抓手，建立开放融合的体制机制，协同部门、社会和产业发展相关力量，形成乡村旅游全域发展力。以文化多样性和生态多样为支撑，讲好贵州多民族文化和山地生态故事，提升乡村旅游国际影响力。强化市州之间、区（县）之间的优势互补，积极融入长江经济带、粤港澳大湾区、成渝经济圈等国家重大区域发展战略，提升乡村旅游区域聚合力。

（3）复合产品，全景化发展。创新产品发展理念，跳出“景区”做“境区”，跨越观光做复合，打造现代乡村旅游吸引物体系。按照“慢活”“静思”“细微”“精致”“深度”和“保育”六大基本理念（见图6－3），变“环境”为产品，变“生态”为“健康”，变“文化”为体验，变“旅游”为生活，以高质量的复合型乡村旅游产品为支撑，使贵州成为城市人群心向往之的乐享地和栖息地。

慢活	从国际慢城到国际慢村，倡导并实践“慢”的哲学，在乡村旅游产品建设中强调慢旅、慢食、慢品、慢疗、慢养和慢享……为游客创造诗意的乡村“慢生活”
静思	充分发挥在地声景（soundscape）价值，推动乡村声景教育，提升国民聆听文化素养，推动乡村环境公共政策制定，建设以声学为基础的环境关怀理念，以实现环境永续之目标
细微	精雕细琢乡村旅游产品。乡村旅游产品从规划建设者到运营管理者需要拥有匠人精神，按照“当代精品，后代遗产”和“千年经典，可持续经营理念，实现生产、生活、生态和生命四位一体
保育	以环境保育为根基，开展负责任的乡村旅游，体验乡村生态之美，感悟乡村人文之魅，保护乡村生态和乡村在地文化，实现旅游、保育和乡村发展三者相共生
深度	深度发掘乡村在地文化，深度链接游客情感，深度融入创意，深度设计情景体验游程，深度进行故事营销。在充满文化创意的深度环境中，让游客在心里留下最深的印记，使其主动分享，重复到访
精致	以精致化的建设、服务与管理凸显乡村旅游品质，注重细节管理，充分体现生态、低碳、艺术、人本和品位，打造精致化的乡村旅游目的地

图6－3　高质量乡村旅游产品开发理念

（4）点线面结合，全域化发展。强化重点乡村旅游区（点）的打造，依托交通环线、干线、江河、绿道体系等线性廊道，串联村落田园，形成乡村旅游产业带和乡村旅游走廊，积极推进乡村旅游业态向有条件的村落适当聚集，形成体量适宜的乡村旅游产业集聚区，构建起“点－线－面”结合的全域化发展格局（见图6－4）。瞄准安全、康养、休闲、度假和体验等多元化旅游需求，创新乡村旅游业态、产品供给和经营方式，实施乡土美学提升计划，打造吸睛点、兴奋点和消费点，实现游客满意和旅游盈利“双赢”，推动乡村旅游业态系统优化升级。

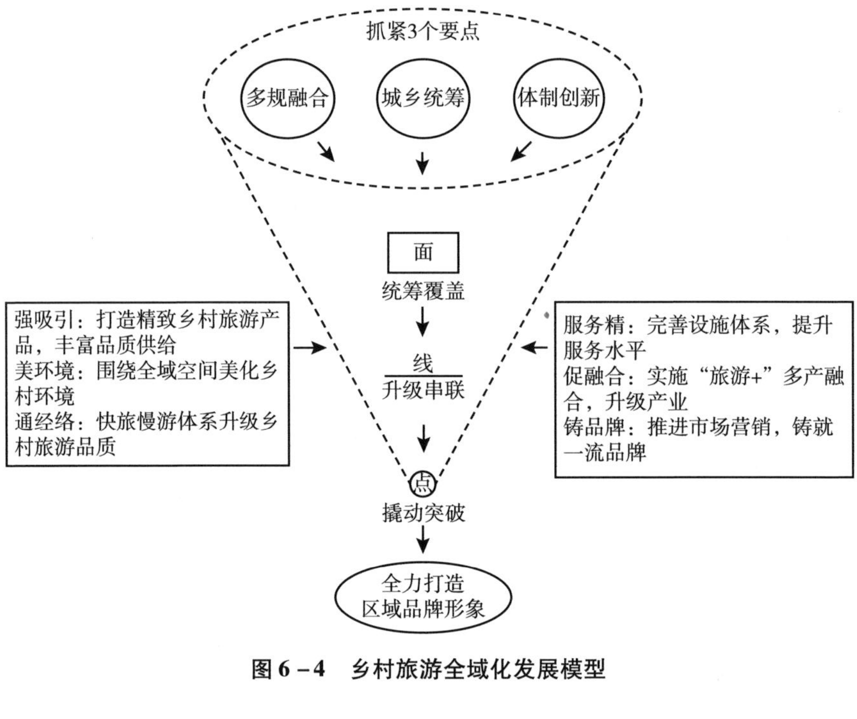

图6－4　乡村旅游全域化发展模型

6.2.3　大力发展九大乡村旅游产品

充分发挥“文化千岛，生态贵州”的乡村旅游资源优势，瞄准安全、康养、休闲、度假和体验等多元化旅游需求，打造避暑度假、保健养生、文化体验、户外运动、研学旅行、田园观光、红色乡村旅游、休闲农业和乡村生态旅游九大类产品，形成高质量乡村旅游产品体系，为市场提供特色鲜明、魅力十足、舒适亲和、健康安全的高品质乡村旅游产品，将乡村变成城市居民的第三生活空间。

（1）乡村避暑度假。低纬度高海拔造就了贵州夏季凉爽舒适的气候，这对深陷酷暑的城市居民具有极大的吸引力。瞄准“火炉”城市，打造全国乡村避暑度假胜地。重点发展乡村避暑度假基地、森林乡村避暑基地、滨水乡村避暑度假区（带）、山水田园避暑基地、自驾车旅居车营地、精品避暑山庄等避暑业态，形成品质高、类型多的乡村避暑度假旅游产品。配套生活服务、户外运动与游憩、保健养生、文化体验等设施，丰富乡村避暑休闲活动内容，延伸乡村避暑旅游产业链，做大做强乡村避暑经济。强化营销宣传，全力提升贵州乡村避暑度假的知名度和影响力。

（2）乡村保健养生。整合乡村与山地、温泉、湖泊、江河、湿地、田园、健康药食材、避暑气候等资源，构建以温泉为引领、以食药保健养生为特色的乡村旅游产品。发挥贵州乡村多样化的健康药食材优势，将民族民间医药与现代医疗护理、健康体验、康复疗养相结合，深度发展健康游、健康美食游、长寿养生游和医药疗养游等特色的保健养生旅游产品，积极发展中医药健康养生游、中医药美容美体游和中医药医疗等特色乡村度假旅游。

（3）乡村文化体验。坚持“保护为主、抢救第一、合理利用、传承发展”的工作方针，加大对贵州乡村文化遗产和历史文化挖掘、保护和利用，特别是要用好传统村落、少数民族特色村寨和红色文化乡村，以文塑旅，以旅彰文，形成以非遗体验、文化探秘、文化演艺、文化主题民宿与餐饮等为代表的多样化、特色化产品。

（4）山地休闲农业。以茶叶、刺梨、特色林业、中药材、水果、蔬菜、辣椒等农村产业为支撑，依托贵州山地传统农业和各大现代农业产业园区，深度推进“农文旅商体”融合，不断创新和丰富业态，大力发展山地休闲农业。

（5）山地户外运动。大力发展山地户外运动旅游，推动体育与乡村旅游融合发展。与山地户外运动基地、自驾车旅居车营地相结合，将有条件的乡村旅游地拓展成与徒步、漂流、骑行、溯溪、野外拓展等山地户外运动活动融合发展的目的地。

（6）乡村研学旅行。依托少数民族特色村寨、传统村落、文化遗址和现代高效农业园区等资源，结合周边世界遗产地、风景名胜区、自然保护区、地质公园、森林公园、湿地公园、重大工程（如大射电天文望远镜、大型桥梁等）适度发展以文化研学、农业劳动教育研学、地学研学旅行、自然教育和大国重器研学等为核心的研学旅行产品。

（7）山地田园观光。以多样化的山地传统农业、现代农业园区等为支撑，将乡村旅游发展与山地特色农业相结合，通过“农业现代化 + 景观化”，不断创新观光方式，形成丰富多样的山地田园观光旅游产品，提升乡村旅游吸引力。

（8）红色乡村旅游。贵州作为长征国家文化公园的重点建设区，可抓住长征国家文化公园建设机遇，继承和利用好长征文化，通过以长征之路串联长征沿线红色村落，发展红色乡村旅游，弘扬长征精神、讲好长征故事，走好新时代长征之路。

（9）乡村生态旅游。在严控生态红线的前提下，依托自然保护区、风景名胜区、地质公园、湿地公园、世界自然遗产地等生态保护红线外围村寨，以低碳、环保和可持续为理念，适度发展以保护环境为前提、负责任的高品质乡村生态旅游，增进村民福祉，提高全省乡村旅游的国际影响力。

6.2.4 创新发展全季乡村旅游

利用好贵州山地多元和谐、特色鲜明的民族文化、悠久的历史文化，因地制宜的农耕文化等资源，发挥自然节律与文化组合的多样性条件，做足旺季、做旺淡季，缩小淡旺季差距。

（1）春季：赏花踏青季。依托贵州丰富的亚热带山地赏花资源和特有的民族风俗，重点开发以油菜花、杜鹃花、李子花、梨花和桃花等赏花品牌，结合山地多民族节庆活动，塑造“花里黔乡”春季主题品牌，配套徒步、山地自行车赛和慢跑等国际级和国家级重大户外主题赛事活动，打造精品春季乡村旅游产品和线路。

（2）夏季：避暑度假季。以多梯度的山地休闲避暑资源为支撑，重点打造高原山乡避暑旅游线路、产品及基地，推出山乡避暑游、森林康养游、田园生态游、乡野避暑运动游、避暑民俗节庆游等系列避暑旅游活动产品，构建乡村避暑经济产业链，将气候优势转变为品牌优势，塑造“清凉黔乡”夏季乡村避暑休闲品牌，打造中国最佳乡村避暑旅游胜地。

（3）秋季：七彩休闲季。依托贵州秋季多姿多彩的立体山水景观和多民族节庆文化，开展丰收庆、秋果采摘、乡野拓展、徒步骑行、户外露营等旅游活动，打造七彩黔乡秋季品牌。

（4）冬季：温泉康养季。推动温泉与乡村融合发展，融合温泉与民族医药、滋补养生和山地特色农业等，结合冬季多样化的民族节庆活动，高品质建设国民温泉保养地、温泉乡和温泉村，科学开发一系列品质较高的保健型、体验型温泉康养产品，形成独特的冬季乡村温泉旅游和节庆旅游品牌，打造“温暖黔乡”冬季形象。

6.2.5　协力发展六类村寨

围绕乡村旅游产业发展的功能要素，通过各级各部门的统筹协调，协同推进传统村落、少数民族特色村寨、特色田园乡村、森林乡村、红色乡村和地质文化村六种类型村寨的乡村旅游发展，形成一批特色鲜明、类型多样的品牌乡村旅游村寨，丰富乡村旅游产品优质供给。

（1）做活传统村落。协同文化旅游与住房城乡部门，扶持有条件的传统村落发展乡村旅游，在中国传统村落新增标准级以上民宿、客栈、农家乐，形成一批文化厚、业态精、效益好、保护与发展高度协调的乡村旅游传统村落。

（2）做特少数民族特色村寨。协同文化旅游与民族宗教部门，依托少数民族特色村寨，把“经济发展、文化传承和生态保护”有机结合起来，改善人居环境，提高旅居环境质量，营造休闲空间，植入民宿、演艺、文创、餐饮等业态，形成一批特色突出、休闲品质一流的少数民族特色乡村旅游村寨。

特别说明：传统村落和少数民族特色村寨是贵州乡村旅游高质量发展中文化丰度最高、最具特色的不可再生资源。在数量上，贵州被列入中国传统村落、中国少数民族特色村寨数量均居全国第一，且有很多村寨不仅被列入了中国少数民族特色村寨名录，还是国家级传统村落。要坚持“保护传承、有序发展、突出特色和提升品质”的原则，建立常态化“乡村旅游与传统村落和少数民族特色村寨深度融合发展工作机制”。在被列入中国传统村落和中国少数民族特色村寨的乡村积极创建国家级和省级乡村旅游重点村、乡村旅游与传统村落和少数民族特色村寨深度融合发展示范点，使其成为贵州文旅融合发展的一大特点和乡村旅游靓丽名片。

（3）做优特色田园乡村。协同文化旅游与农业农村、乡村振兴部门，建立常态化的农文旅融合发展工作机制，以传承山地农耕文明、展示多彩民族文化、保护传统民居、建设山地田园、发展山地休闲农业为重点，通过特色田园乡村·乡村振兴集成示范试点创建，完善休闲农业和乡村旅游基础设施，丰富乡村旅游产品业态，促进乡村一二三产业深度融合，分级分类培育和提升一批休闲农业与乡村旅游乡村示范和样板，形成“以农促旅、以旅助农、农文旅融合新格局”。

（4）做精森林乡村。牢固树立和践行绿水青山就是金山银山的理念，在保护的前提下科学合理利用森林资源，通过发展林下经济，为乡村旅游提供健康食材和高附加值的旅游商品，延长森林产业链。同时，要充分依托森林乡村，适度发展森林休闲、森林康养、自然教育和研学旅行等业态，将乡村变成开展森林生态旅游的重要服务基地。

（5）做趣地质文化村。贵州较好地保存了从海洋到山地的地质演化史，地质遗迹资源丰富，如全球保存最系统全面的三叠纪海陆变迁遗迹景观、全球最丰富多彩的三叠纪海生爬行类－海百合化石群、全球保存最好研究程度最高的三叠纪孤立碳酸盐岩台地——大贵州滩、全球最早最大的三叠纪（Tubiphytes）生物礁、从侏罗纪到白垩纪的丹霞地貌以及乌当洛湾第四纪冰川等，这些珍贵的地质遗迹使贵州具备了开展地球探秘和自然教育的绝佳条件。目前，全省拥有 1 个世界地质公园、8 个国家级地质公园和 3 个省级地质公园，[①] 可依托各类地质公园，将地质公园周边有条件

① 贵州省世界地质公园：织金洞；国家地质公园：关岭化石群国家地质公园、赤水丹霞国家地质公园、兴义国家地质公园、六盘水乌蒙山国家地质公园、绥阳双河洞国家地质公园、平塘国家地质公园、思南乌江喀斯特国家地质公园、黔东南苗岭国家地质公园；省级地质公园：花溪省级地质公园、乌当省级地质公园、独山省级地质公园。

的乡村变成展示地球科学、承担地质科普，开展自然教育和研学旅行的服务基地，提高乡村旅游的科学品位。

(6) 做亮红色乡村。以长征国家文化公园建设为机遇，深挖红色文化，讲好红色故事，以长征线路上的村寨为节点，打造红色乡村旅游品牌，成为长征国家文化公园有机组成部分。

6.2.6　建设一批乡村旅游目的地

通过示范带动，重点突破，务实推进乡村旅游提质升级。分类打造月亮山－都柳江、环雷公山、环梵净山、赤水河、大娄山、荔波、平塘、兴义、高峰山－云漫湖、野玉海－北盘江十大乡村休闲度假区，有序推进阳明－水东乡村生态文化旅游区、中国茶海（湄潭－凤岗－余庆）乡村旅游区、仡佬族乡村避暑度假区（正安－道真－务川）、大黄果树特色田园乡村旅游区、洞天花海（织金洞－百里杜鹃）乡村旅游区、韭菜坪彝族文化乡村旅游区、思南－德江－沿河乌江乡村旅游区、晴隆－普安抗战与茶文化乡村旅游区、云台山－㵲阳河乡村生态文化旅游区、三都水族文化乡村旅游区十个特色乡村旅游区，形成引领全省乡村旅游高质量发展的高能级目的地体系，引导乡村旅游产业集聚发展。在上述乡村休闲度假区和特色乡村旅游区发展一批乡村旅游重点村（镇），促进乡村旅游业态升级。

6.3　贵州乡村旅游产业要素创新

6.3.1　传统要素

乡村旅游传统业态创新是指围绕“行、活、住、食、购、娱”基本要素的创新。这是乡村旅游业态的重要内容，在乡村旅游发展中起着基础性作用。

(1) “行”。行作为旅游业发展第一大要素，其发展质量的高低取决于交通运输。从旅游的角度看，交通运输不仅要解决从 A 地到 B 地的问题，更要解决在人们在从 A 地到 B 地的过程中如何更加愉悦和更有体验。由此，交通不仅是运输工具，还是可供体验的旅游产品，不仅如此，公路还可以成为旅游线路、旅游产业带，以交通为基础，大力发展交旅融合新业态，是提升旅游地服务质量、增加旅游收入的重要途径。

近年来，贵州交通发展取得了辉煌的成就，形成了高速公路、高速铁路和民航等综合立体交通网络。2017 年，贵州率先在西部地区实现县县通高速、乡乡通油路、村村通公路。从公路上看，全省已经形成“以高速公路为骨架、国省干线公路为支撑、农村公路为脉络、通组公路为基础”的四级公路网络。2015 年以来，贵州实施农村公路建设三年会战、“组组通”硬化路三年大决战等攻坚行动，全省农村公路新改建里程 59000 千米，建成 78000 千米通组硬化路，实现 30 户以上村民小组 100% 通硬化路。[①] 截至 2021 年，全省公路线路里程 207190 千米，其中，县道、乡道和村道达 173020 千米，[②] 为推进乡村交旅融合业态发展奠定重要的基础。

在乡村交旅融合业态中，重点发展四类。

第一，乡村旅游风景道。依托通乡通村通组公路，发挥山地自然风光、山地特色农业、少数民族特色村寨、传统村落、屯堡文化等贵州乡村旅游资源特色，畅通贵州交旅融合毛细血管，衔接国家高速公路、国省干线、高铁站点和机场，选择路侧空间适宜地段设置路旅驿站、自驾车旅居车营地、观景台、旅游厕所，创建一批寻找贵州山地多民族乡村之美的魅力旅游风景道。

第二，水旅融合业态。依托乌江、北盘江、南盘江、红水河、清水江、㵲阳河与芙蓉江等重要航道，打造生态走廊、景观走廊、文化走廊，提升江边寨、河边村旅游吸引力。推动航道与沿线旅游景区、乡村旅游村寨、旅游度假区等联动发展。盘活航道、库区周边有条件利用的闲置土地、闲置设施，植入滨水生态休闲度假业态，形成高质量的生态航运旅游产品。加强库区航运设施建设，推动航运工具提升，打造适宜中短途观光

① 程焕．“走向我们的小康生活”——贵州农村公路四通八达［N］．人民日报，2020－12－02（01）．

② 贵州省统计局，国家统计局贵州调查总队．贵州省统计年鉴［M/OL］．（2022－12－24）［2022－12－26］．http：//hgk. guizhou. gov. cn/publish/tj/2022/zk/indexch. htm.

休闲特色旅游航道。

第三，特殊交通业态。创新发展山地体验型交通业态，如索道、缆车、观光火车、观光电梯、低空飞行等，用好乡村传统畜力车（如马车、牛车），在有条件的乡村开展骑马等活动，以多样的特殊交通业态丰富人们的乡村旅游体验。

第四，交通文化业态。加强对穿过乡村，且具有历史文化、精神价值等意义的铁路、公路交通遗产资源的保护开发研究，依托"茶马古道""川盐入黔线路""长征之路""滇缅公路"等具有重要历史文化价值的交通遗迹遗存，在保护的前提下，拓展形成乡村交通文化探秘体验业态。

（2）"活"。乡村旅游活动业态要依托乡村旅游地的社会文化和自然地理条件，借助一定的活动设施和人群来实现。依托乡村传统文化、山地自然条件、农业园区等资源，瞄准不同的市场群体，创意设计乡村文化娱乐项目，大力发展以民俗节庆、农事体验等为代表的乡村文娱活动，构建贵州山地乡村文化盛宴，创新发展多样化的环境游憩活动，不断丰富游客乡村体验，延长游客停留时间，拉长旅游消费链。

第一，民俗节庆。充分发挥民族文化、历史文化、红色文化、三线文化与生态文化等资源优势，有效利用乡村文物古迹、传统村落、民族村寨、传统建筑、农业遗迹、非物质文化遗产等，将现代创意与之结合，打造富有现代艺术气息和娱乐体验功能的文化娱乐活动，改变乡村旅游娱乐活动类型单一的现状。大力发展民俗娱乐演艺活动。面向都市居民和外地游客，以民族村寨、传统村落为基点，创意设计民族、民俗节庆活动，配套乡村休闲广场、文化演艺广场等，发展民俗娱乐表演项目。深入挖掘乡村传统文化，加强现代创意，策划民族（民俗）节日、山地音乐节、避暑消夏节、乡村美食节等群众性的休闲活动。

第二，农事体验。依托现代高效农业园区和农业文化遗产，积极开展以乡村农业观光、采摘、农事节庆和农耕文化为主的体验类乡村娱乐活动项目。结合现代技术元素规划建设新型的娱乐设施，如现代休闲农业体验园、水上娱乐休闲园、垂钓休闲园等，丰富乡村文化娱乐体系。对现有果园、茶园、菜园等进行适当的整治和改造，适当植入休闲和娱乐元素，创造更高附加值。

第三，夜间休闲娱乐。重视夜间演艺休闲娱乐项目打造，推进演艺与乡村旅游融合，整合演艺资源，创新演出形式，加强品牌建设，发展乡村旅游夜间演艺项目，打造优秀文化演出节目，主动讲好多彩贵州乡村故事，让世界更好地了解贵州、了解中国。在规模较大的乡村景区打造特色乡村夜景观，配套乡村酒吧、乡村茶吧、乡村俱乐部、乡村演艺中心等现代娱乐设施，策划娱乐表演、篝火晚会等娱乐活动，打造乡村夜间娱乐集聚区，丰富乡村游客夜间休闲娱乐活动。在有条件的地区，依托区域内的度假酒店，设立康乐中心，为住宿客人提供康乐服务。鼓励有条件的乡村旅游区充分利用民族民间医药和传统中医理疗手段，提供乡村保健养生服务，让乡村度假者充分享受温馨、舒适、专业的养生度假生活。

第四，环境游憩。贵州乡村旅游产品是依托脆弱的山地自然环境和文化多样性设计开展的各种活动，山地和民族是贵州乡村旅游发展的根基，必须在保护和传承的基础上进行永续利用。以村寨作为乡村旅游接待服务的基地，在不违背生态保护红线的前提下，科学利用山水林田湖草等构建的村落外围自然环境，策划丰富多样的乡村户外游憩活动（见表6－1），积极发展乡村环境旅游，增强乡村旅游的体验性、参与度，拓展乡村旅游发展空间，提高乡村旅游村寨的吸引力，形成“村落＋环境游憩”的圈层保护发展模式。

表6－1　　贵州乡村旅游环境游憩活动

序号	活动类型	基本思路
1	山地户外运动	依托独特的山地条件，发挥山地环境资源优势，积极开展徒步、登山、远足、骑行、慢跑、越野、滑雪、滑草、攀岩、蹦极、滑翔伞、动力伞、热气球等山地户外活动，形成丰富多彩的山地户外运动体系
2	趣味研学	以家庭亲子、中小学生群体为主要对象，依托乡村自然环境、非物质文化遗产、农业生产等设计开发各类趣味研学课程，与相关机构合作，建立乡村研学旅行基地（营地），形成以自然教育、科普、非遗等为主题的各类趣味研学活动
3	探险探秘	依托峡谷、溪流、洞穴、森林、传统村落等资源，配备专业设施设备，与专业探险组织或机构合作，开展峡谷探险、洞穴探险、森林探秘、文化探秘，满足游客猎奇心，增强乡村旅游体验感

续表

序号	活动类型	基本思路
4	其他游憩	依托乡村自然环境，配套游憩服务设施，开展游赏、露营、垂钓、森林浴等陶冶情操，修复身心健康的游憩活动，提高乡村旅游品质，让好山好水变得好精彩

（3）“食”。乡村旅游“餐饮”业态不能仅仅停留在“农家乐”层面，要围绕“吃得好，吃得健康，吃得有品位，吃得有情调”进行转型升级。好的餐饮业态，哪怕是一道佳肴，亦会吸引人们不辞辛劳驱车几百公里来品尝。

首先，推进餐饮业态“四化”。

第一，制作特色化。依托地方特色的食品、食材和食俗，通过创意，充分体现乡村旅游地的文化魅力。例如贵州黔西北地区盛产黑山羊，这种黑山羊由农户自家在山上放养，吃百草喝山泉长大，肉质极佳。因高原山地气候极为湿冷，当地人有吃羊肉喝羊肉汤御寒的饮食习惯。在六盘水市水城区野玉海国家级旅游度假区海坪彝族文化小镇的旅游餐饮业态中就专门策划了迄今为止全世界最大的羊汤锅——“名羊天下第一锅”，这口锅直径6.24米，高1.2米，可一次性炖煮60只羊，供500人同时食用。

第二，名称内涵化。餐饮名称的后面一般藏着一定的文化内涵和故事，如闽菜之首“佛跳墙”、淮阳名菜“红烧狮子头”、传统川菜代表“麻婆豆腐”、杭州名菜“西湖醋鱼”等。乡村旅游业态经营者要善于提炼地方的饮食文化，赋予菜肴佳酿内涵深远的名称，使得餐饮更具吸引力。

第三，经营品牌化。品牌是乡村旅游餐饮经营的必由之路。不仅要形成品牌菜肴、品牌佳酿、品牌饮品，还要形成独树一帜的品牌服务，使餐饮成为促进乡村旅游发展的重要因素。

第四，体验情景化。一个人一生都在吃饭，但能一辈子能记住和怀念的餐饮可能没有几次。乡村旅游餐饮要特别注重就餐环境的营造，为游客提供难以忘怀的餐饮体验。在餐饮情景中，经营管理者首先要进行情景编排，其次才进入情景空间的营造。例如，在发展具有乡村田园体验场景的餐饮业态时，可以从山水田园诗代表——孟浩然《过故人庄》中找到灵感，即由绿树、青山、村落、菜园、菊花形成的恬淡田园风光，使就餐环境呈现出田园诗画的情景。

其次，实施民宿 + 早餐计划。

充分借鉴和推广 B&B（即 bed and breakfast，一张床 + 一顿早餐）国际经验，鼓励和支持乡村民宿为旅宿者提供不同类型的品质早餐服务，提升乡村民宿的吸引力和游客满意度，进一步增强乡村旅游餐饮的体验感。

最后，创新乡村餐饮业态经营模式。

乡村餐饮业态的经营方式类型多样，可以将餐饮业态和其他业态进行结合，为乡村旅游者创造不一样的体验。下面列举几种典型的经营模式。

第一，餐饮 + 歌舞表演模式。游客可以一边就餐，一边欣赏当地的歌舞，既养胃，又养眼。如在夏威夷群岛上的波利尼西亚文化中心，游客在享受夏威夷地道美食的过同时，还可欣赏一场盛大的波利尼西亚歌舞。

第二，餐饮 + 观景模式。乡村旅游餐饮情景化设计有时不需要刻意去营造，经营管理者只需要在绝佳的乡村风景视角选取餐厅的位置，把乡村风景请进餐厅，创设“观景餐厅”即可。游客一边品尝乡村地道的风味美食，一边可以欣赏美丽的乡村田园风光。

第三，餐饮主题化模式。乡村餐饮的主题化经营模式是经营管理者根据乡村旅游地独特的自然和文化条件，经过创意提炼，以某种鲜明主题为亮点的餐饮经营模式。如在浙江省德清县莫干山镇的庾村，清境（上海）旅游投资管理有限公司面向进入莫干山的骑行者，将入口的废弃旧厂房改造为全国最大的自行车主题餐厅——Share 飨餐厅，设计师将工业时代的复古气息与乡村元素相融合，运用当地充满质感的原生材料和独特的设计手法，营造了风格迥异的室内空间和用餐氛围，成了当地有名的乡村主题餐厅和骑行者的集结地。

（4）“住”。乡村旅游住宿业态是满足旅游者需要的基础性态，也是提高乡村旅游服务质量和增加乡村旅游收入的重要内容。那些经过精心规划设计的乡村旅游住宿态也可以成为乡村旅游地的重要吸引物，从而增强乡村地的旅游吸引力。乡村旅游住宿业态应充分发挥乡土美学和乡村艺术在乡村旅游住宿业态的引领作用，将住宿功能、主体建筑与乡村风景紧密结合起来，给旅游者创造独特的乡村住宿深度体验。如贵州梯田之上的苗乡侗寨、峰林田园中的布依族村落、高山草场上的彝族乡村等，均可发展各种类型的乡村旅游住宿业态，形成多元化的乡村旅游住宿体系，为旅游者提供丰富多样的住宿体验。

第一，乡村旅游民宿。乡村旅游民宿（简称“民宿”）兴起于欧美，以爱尔兰和英国的B&B为代表。大多数国家用B&B来表示民宿，由于世界各地的文化有所差异，一些地方用home stay、family hotel、family inn、guest house等来表示民宿。民宿还具有四个基本特征：一是民宿相比传统酒店规模较小；二是民宿由最初的家庭自营发展为专业经营，由政府和专门的组织进行管理；三是民宿为游客提供了更多与旅游目的地社区居民交流的机会；四是民宿服务强调地方文化和“家”的感觉（张广海等，2017）。经过笔者整理，民宿代表性定义见表6－2。

表6－2　　民宿定义列举

作者/地区	定义
Jackie Clarke（1996）	指能够体验旅游环境的住宿产品
Dallen J Timotyh（2009）	建在乡村环境中的为游客提供住宿与餐饮服务的旅舍，旅游者通过入住民宿，可了解当地居民的日常生活与当地文化
日本	日本的民家旅社是指都市游客以家庭为单位寄居于旅游目的地的农家民宅（孙明月，2016）
瑞士	私人经营的小型家庭旅馆，但要在国家旅游局和民宿组织的管理下经营，并对民宿环境、居家设备、卫生状况有严格的要求（朱颂瑜，2013）
中国台湾	利用自用住宅的空闲房间，结合当地人文、自然景观、生态、环境资源和家庭副业方式，提供游客乡野生活的住宿场所（刘晴晴，2015）

资料来源：张广海，孟禺．国内外民宿旅游研究进展［J］．资源开发与市场，2017，33（4）：503－507.

参照《旅游民宿基本要求与等级划分》（GB/T 41648—2022）对旅游民宿的定义，民宿是指利用乡村民居等相关闲置资源，主人参与接待，为游客提供体验当地自然、文化与生产生活方式的小型住宿设施。所谓小型，是指民宿经营用客房不超过4层、建筑面积不超过800平方米。民宿主人（owner/manager）指民宿业主或经营管理者，地道的民宿主人是指在地村民。

从民宿的起源和本质来看，民宿姓“民”不姓“资”，目前业界似乎把那些修建在乡村或者利用乡村闲置民居或者其他建筑改造的，具有情调、价格较高的住宿设施称为民宿，这是对民宿最大的误解和扭曲。如果我们非要给此类住宿设施进行归类或者命名，可称之为“精品乡宿”。民宿最大的特征是在地，需要有在地村民作为民宿主人亲自参与接待和经营，而不是外来投资者雇用所谓的“管家”充当民宿主人，旅客进住之后，没有主人，仅有几个服务人员为其服务，除了其在乡村外，这与城市酒店又有何区别？民宿要正本清源，要回归正统。乡村旅游民宿作为一种长在乡村的业态，真正的民宿情怀是第一位的。当然，如果精品乡宿由所在地村民投资建设，自己参与接待、经营和管理，可以叫“民宿”，这是高质量的民宿。因此，民宿可以成为精品乡宿，但精品乡宿不一定是民宿。

在乡村旅游住宿调研中，我们发现游客对“精品乡宿”情有独钟，因此，发展地道的民宿时，需要在保证民宿内涵不变的前提下，朝“精品乡宿”的品质提升，这是民宿高质量发展的必然要求。高质量民宿必须同时具备乡意、匠心、民本、故事、乡创和服务六大基本内核（见图6－5），这六大基本内核相互促进和彼此影响，共同构成了高质量民宿的灵魂。

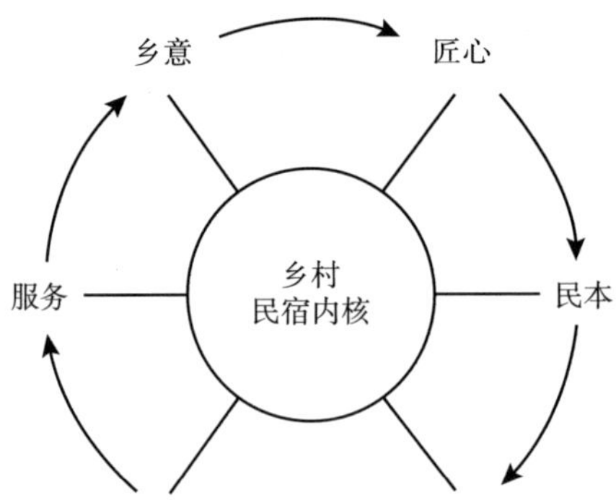

图6－5　乡村民宿的六大基本内核

乡意即乡村意向的简称，也就是乡村性，这是民宿的第一内核，从建筑外观到室内装潢，无一不体现乡村在地文化元素。匠心表现为民宿主人从建设到运营管理，整个过程都倾注自己的心血与情怀，用工匠的精神精雕细琢而成，基于乡土，创造乡美，让民宿成为有温度的乡村艺术品。民本表现为民宿的经营管理需要带动和服务乡村经济社会的发展，增进民宿所在地的村民福祉，承担民宿的社会责任感。故事是民宿的灵魂，也是民宿传播、市场营销和品牌塑造的重要途径，一个民宿从诞生到经营，它都会产生一系列与爱情、乡情、友情或亲情等有关的情感故事，民宿经营管理者要善于讲述这些故事，通过故事的不断传递，激发人们的向往与行动，使民宿脱离了世俗和冰冷的商业而变得更加有情怀，为旅游者留下了源源不断的感动，从而让民宿充满爱的温度。乡创即乡村文化创意产业，通过乡创激发乡村传统文化的复兴，增加民宿的文化厚度和文化丰度，同时，也使民宿为游客提供丰富的民艺作品和伴手礼，提升乡村文化竞争力和影响力。服务是民宿的第一生产力和软实力。从餐饮到住宿，从接待到送行，将精致化和人性化的服务贯穿始终，让游客在异乡亦能享受家的温暖。

第二，家庭旅馆。家庭旅馆属于最广泛、最地道的民宿，它是乡村旅游地居民利用自己的闲置住房改造后为旅游者提供住宿的产品。家庭旅馆成本和价格都较低，规模较小，强调干净、卫生、舒适和安全。这类住宿项目类似经济型酒店，价格较低，以所在地的家庭经营为特点。

第三，休闲农庄。休闲农庄是依托观光农业而诞生的一种住宿业态类型，休闲农庄一般位于农业园区（或者农场）内，旅游配套设施相对齐全，不仅可以满足旅游者住宿的需要，还可以满足旅游者休闲观光、娱乐体验、主题教育、健康美食等需求。

第四，宿营地。宿营地是指供旅游者进行野营、扎营和露营的场所，营地一般都会选址在环境优美的地方，虽然设施简单，但野趣十足，深受很多中青年旅游者喜爱，同时也能为游客提供必备的补给。从形式上，可以将宿营地分为房车与自驾车营地、木屋营地、帐篷营地等类型。

（5）“购”。旅游购物业态是旅游经济的重要组成部分，综观旅游业发达的国家和地区，旅游购物收入通常占旅游总收入的40%以上（张廷栖等，2001），有的甚至高达60%～80%。不仅如此，旅游购物还作为一种旅游吸引物，成为人们外出旅游的重要动机。目前，贵州省乡村旅游商品缺乏对市场需求的研究，设计研发能力弱，生产出来的旅游商品无人问津。购物业态应重点围绕“创意设计与研发”“生产”“销售”三大基本环节，创新产业发展模式。积极推进乡村旅游商品产业与文化创意产业、工农业、商业服务业、大健康产业等产业融合发展。大力培育和提升乡村旅游商品小微企业，充分发挥能工巧匠、乡村旅游企业家（能人）和名人的带动作用，形成链条完整、协调互补和跨界融合的高质量发展格局。不断优化乡村旅游商品产业发展营商环境，推进“黔货出山”“一村一品、一村一特”，打造贵州乡村旅游商品 IP，构建创新型的现代乡村旅游商品产业体系，促进全省乡村旅游“购物”业态整体提升。

第一，构建三个系统。建设和完善乡村旅游商品创意设计与研发系统、生产加工系统和市场营销系统，解决从创意设计与研发→生产加工→销售的全过程问题，逐步形成链条完成的乡村旅游商品产业生态。

在创意设计与研发系统上，搭建开放式的乡村旅游商品创意设计与研发平台，建立乡村旅游商品创意设计联盟、研发机构与团队，实现乡村旅游商品产业聚智、聚资、聚力。推进加强旅游商品创意和研发的投入，提高创意和研发对乡村旅游商品产业的贡献率。建立乡村旅游商品创意与研发孵化中心或基地，推进乡村旅游商品创意与研发成果转化。

在生产加工系统上，依托工业园区和现代高效农业园区，不断培育实力雄厚和具有一定规模的乡村旅游商品生产和精深加工企业，引领和带动乡村旅游商品产业发展。对民间技艺保存完好的村寨，加强引导和政策扶持，建设一批以传统手工艺为支撑的特色旅游商品专业村。加强对乡村手工艺人、能工巧匠的支持和保护，鼓励和支持他们创办本地化的乡村旅游商品企业。针对不同类型的乡村旅游商品，推进标准化建设和质量认证，提高乡村旅游商品质量。

在市场营销与物流配送系统上，充分运用大数据、云计算、区块链、人工智能等现代技术，不断创新乡村旅游商品市场营销模式，精准定位目标市场，构建多元化的营销渠道，实现线上和线下的无缝衔接。打通乡村旅游商品从生产销售者到购物者的输送渠道，配以便捷、安全的物流配送体系，为乡村旅游商品购买者提供优质的配送服务。

第二，强化四种体系。

全产业链体系。以“全链条、全产业”的视野，优化提升全省乡村旅游商品产业要素发展水平，推动乡村旅游商品产业创新，形成不同层次和满足不同市场需求的要素体系。打破乡村旅游商品产业传统边界，积极与农业、林业、工业、文化产业、体育产业、商贸会展产业、信息服务产业、大健康产业等进行多产业融合，扩充乡村旅游商品产业链，不断丰富乡村旅游商品类型，升级乡村旅游商品价值链。鼓励在有条件的乡村区域形成乡村旅游商品产业集群，做大做强以旅游商品产业为引领的现代复合型乡村产业经济体系。

全面质量管理体系。以品牌打造为目标，推进涵盖乡村旅游商品创意设计、研发、生产加工和销售等环节的全面质量管理体系建设。按照“标本兼治、重在治本”的原则，充分解决长期困扰全省乡村旅游商品产业发展的市场秩序、旅游商品质量和旅游商品安全的问题，建立健全符合乡村旅游商品经营特点的行政规制、商业规则和企业规范，构建良好的营商环境和购物环境。根据旅游商品产业发展的特点和需求，建立覆盖乡村旅游商品全产业链条的标准体系，扎实推进乡村旅游商品质量认证，开展乡村旅游商品质量提升专项活动（陈朝伦等，2020），逐步完善乡村旅游商品质量监控体系。

全社会参与体系。推进乡村旅游商品大众创业、万众创新的全社会参与体系建设，激发群众智慧和创造力，增强乡村旅游商品产业发展新动力，走创新驱动的发展道路。营造创业环境，释放创业活力，构建普惠性政策扶植体系，推动资金链引导创新链、创业创新链支持产业链、产业链带动就业链。

全过程体验体系。结合乡村旅游市场需求，将有条件的乡村旅游商品从创意设计与研发到生产加工到销售的全过程环节有针对性地包装成为可体验的乡村旅游产品，形成丰富多样的乡村旅游商品全过程体验活动项目，提升全省乡村旅游商品的体验感，不断丰富乡村旅游产品体系，提高乡村旅游的游客参与度。

第三，建设五大工程。

技术创新工程。提高乡村旅游商品的自主创新能力。鼓励采用新材料、新工艺、新技术制作乡村旅游商品。增加研发投入，打造拥有自主知识产权的核心技术。支持乡村旅游商品企业建立技术中心，增加技术储备，培训技术人才。加快乡村旅游商品检验分析、创业孵化、技术咨询等服务机构建设。

中小企业孵化工程。加快乡村旅游商品中小企业培育和发展的步伐。采取项目扶持、技术人才支持、企业孵化等多种措施，重点扶持技术密集型和创意密集型的乡村旅游商品中小企业，采取企业与农户、企业与乡村能工巧匠、企业与合作社等多种合作方式，发展订单式生产、合同式生产、配件式生产等，培育和发展一批乡村旅游商品中小企业。

服务体系建设工程。抓好乡村旅游商品产业服务要素建设，特别是乡村旅游商品产业发展的技术技能人才培训、创意设计与研发、运营管理咨询和物流配送等服务体系建设。支持乡村旅游商品产业服务体系加快发展，创新乡村旅游商品产业从业人员培训，扎实推进乡村能工巧匠和非物质文化遗产传承、保护和利用培训，为全省旅游商品产业发展提供强大的智力支撑。

园区建设工程。将乡村旅游商品产业与工业园区、现代农业园区相结合，形成集乡村旅游商品创意设计与研发、生产加工和销售于一体的现代化产业园，解决乡村旅游商品生产加工与市场脱节的问题，为乡村旅游商品产业发展提供功能完善的园区，壮大乡村旅游商品产业。

循环经济工程。实施乡村旅游商品产业循环经济工程，遵循“减量化、再利用、资源化”三大原则，积极推进乡村旅游商品生产加工企业、乡村旅游商品特色村寨节能减排和废物再利用。加大对乡村旅游村寨和乡村旅游区乡村旅游日用品的回收利用，把废弃物再次变成资源以减少最终处理量，形成乡村循环经济发展模式。

第四，发展三类实体。

手工艺旅游商品业。依托乡村传统的民族民间工艺，如银饰、蜡染、刺绣、纺织、编织、制陶、造纸、农民画、木贴画等，以现代生活需求为导向，以文创为手段激活乡村传统工艺，积极开发银饰、刺绣、蜡染以及现代创新工艺旅游商品，依托相关科研院所、设计机构、企业等平台，打造贵州民族民间手工艺旅游商品品牌，引领旅游工艺品业优质化发展。加强政府扶持和引导，为乡村旅游商品产业培育与发展提供条件，统筹协调文旅、工信、农业农村、民宗、商务、发展改革、科技、财政等部门，共同制订实施乡村传统手工艺振兴乡计划，打造传统手工艺旅游商品特色村（基地），培育发展一批传统手工艺旅游商品专业户，融入农村电商平台，扎实推进乡村振兴。

特色食品和农副产品业。充分依托现代工业园区、现代农业园区，优先发展地理标志知名产品，以“茶、果、药、蔬”为核心，围绕农村重点产业，扎实推进农产品的精加工和“三品一标”认证，积极创建安全优质农产品公共品牌。充分借鉴我国台湾和日本经验，形成具有产业拉动性强，效益高的“伴手礼”产业。在特色食品方面，依托全省特色旅游食品资源，打造辣椒、油茶、香禾糯、薏仁米、食用菌、畜牧渔、竹笋、竹荪等为主的食用旅游商品品牌和系列特色食品，加强“三品一标”的生产安全保障，推出一批独具特色和品质一流特色农副产品。在特色茶品方面，推进茶叶标准化、品质化和品牌化，加强茶叶旅游商品科技投入、创意包装设计和概念营销，做大做强以都匀毛尖、湄潭翠芽、开阳富硒茶、水城春等为代表的茶叶产业。在特色果品方面，重点推动猕猴桃、蓝莓、火龙果、百香果、李子和樱桃等水果和特色水果刺梨的精深加工，加快扶持一批规模大、特色突出、市场优势明显的果品、饮品旅游商品龙头企业和知名企业，确保乡村旅游优质化的特色饮品供给。

旅游保健品业。以大健康医药产业为支撑，依托以天麻、太子参、半夏、薏仁、钩藤、黄精、白芨、党参等为代表的中药材以及健康农产品，充分结合民族民间医药文化，如苗药、彝药、瑶药等，加强保健类旅游商品研发，全力突破保健养生类乡村旅游商品，培育大健康类乡村旅游商品产业。

6.3.2　新兴业态

乡村旅游新兴业态是指围绕“商、养、学、闲、情、奇”六大拓展要素发展起来的业态。

（1）“商”。商务旅游早已超越了经商和旅游活动的结合。在经济相对发达的地区，乡村成为承接企业董事会议、商务谈判、商业投资、商务视察、员工奖励度假、企业年会的又一重要地方。策划者应充分把握商务旅游需求，在有条件的乡村策划乡村商务旅游项目，如企业农场、乡村峰会、农产品博览会等，丰富乡村旅游业态。

（2）“养”。养生旅游也叫康养旅游，是现代旅游发展到一定阶段的新形式。根据《国家康养旅游示范基地》（LB/T051—2016）的定义，康养旅游是指“通过养颜健体、营养膳食、修心养性、关爱环境等各种手段，使人在身体、心智和精神上都达到自然和谐的优良状态的各种旅游活动的总和”。贵州乡村养生是以优良的乡村自然生态环境、在地健康文化为依托，将现代康养理念与技术植入乡村旅游活动中，以实现人们修身养性、保健疗养、延年益寿和回归自然为目标的一种健康旅游方式。乡村旅游养生业态主要由环境、内容和模式构成。

在环境方面，绝佳的乡村自然生态环境是发展养生旅游基础和前提条件。从景观生态学和生态美学的角度，给大自然留白，给大自然种绿，营造出美丽的乡村生态空间，使村落与山地展现出“天人合一”的精神本质，让乡村开敞的环境空间为旅游者带来轻松感和美的享受，使旅游者心情超然洒脱，释放郁闷与压抑，缓解疲劳和深度睡眠等。

在内容方面，乡村养生旅游类型多样，可以根据乡村旅游地的实际进行创意设计。从康养的角度增加以下业态内容。一是健康体检中心。健康体检中心是对游客的身体做一次全方位的检查和体检，为旅游者制订完整的健康理疗方案提供重要依据。二是理疗养生馆。理疗养生馆作为乡村养生度假旅游的必备设施，它集合传统和现代的康复理疗技术，如针灸、中药熏蒸以及声、光、电、磁物理疗法等，为养生群体提供专业化的理疗养生方案。三是有机餐厅。饮食作为生命赖以存在的物质基础，对健康和疾病都会产生重要影响。有机餐厅配合“春生、夏长、秋收、冬藏”的时令养生之法，坚持“不时不食”的理念，为养生旅游者提供有机养生食品、药膳，包括优质饮水和果品，实现食补、食疗。四是度假村。度假村是为旅游者较长时间驻留专门规划设计建设的住宅群和乡村民居经过改造后的住宅群，旅游配套设施齐全，环境景观优美，具有很强的艺术设计感。五是康体运动中心。康体运动中心由室内和室外两个部分构成，室内设置专门的健身器材和康体运动场所，室外与乡村大自然融为一体，可以提供慢跑、森林浴、户外瑜珈等内容，让养生度假者在运动中体会舒适。六是 SPA。

依托乡村旅游地民间药浴、百草、温泉等健康资源，策划系列水疗养生项目如温泉浴、鱼疗浴、药浴等，为乡村养生旅游者提供水疗养生服务。

在模式方面，大致有以下四种。

第一，泉疗模式。以温泉、矿泉作为乡村养生度假吸引物，围绕温泉和矿泉周边村落发展温泉养生和矿泉疗法养生，形成温泉度假村、矿泉度假村。这是目前乡村养生度假中最典型和成熟的服务模式。

第二，候鸟模式。发挥乡村避寒避暑气候优势，配套系列养生度假服务设施，如医院、超市、文化娱乐中心等，吸引以老年人为核心的群体冬季避寒夏季避暑，使得这些乡村成为夏季火炉城市和冬季冰柜城市人口的固定栖息地。

第三，农养模式。农养模式主要是以乡村田园绿色、有机农产品和田园风光为吸引物，通过发展以绿色、有机为核心的健康农业，植入养生度假元素，如养生农庄、有机餐厅、有机商店，形成以健康田园为载体的乡村养生度假模式。

第四，乡疗模式。一些乡村地区拥有良好的生态环境、长寿文化和民间医药，如苗药、彝药、瑶药等。在贵州，一些民族还有上山采药熬汤泡澡祛百病的习俗，这是极为珍贵的乡疗资源。依托这些乡疗资源发展养生旅游，形成了乡疗模式。譬如，在贵州黔东南苗族侗族自治州从江县翠里乡高华村，当地的瑶族同胞都会到山里去采药，根据祖传秘方配好后，用大锅熬制 2 个小时左右，再把熬好的药汤倒入木桶中供家人浸泡，久而久之形成了一套完整的瑶族药浴文化，并进入了国家非物质文化遗产名录。目前，高华瑶寨因独特的药浴而吸引了越来越多的人前来保健养生，成为“乡疗模式”的典型代表。

（3）“学”。乡村“研学”是指面向中小学学生群体，吸引他们前往乡村拓展知识，开阔视野，进行自然教育、科考、科普、农学、文研等相关活动的旅游吸引物。它对丰富乡村旅游产品、增强乡村旅游地的发展活力具有重要意义。全省乡村旅游研学旅行业态要突出安全第一、科学有趣、身心健康的三大原则，高质量发展知识科普型、自然观赏型、体验考察型、励志拓展型、文化康乐型五大类型研学旅行业态。

在发展原则上，一是保障安全。乡村研学旅游项目必须在保障安全的前提下进行开展。安全是研学旅游项目策划中的首要原则。乡村旅游地研学旅行业态项目的选址应该有基地建设理念，虽然不是学校，但也要有过硬的安防设备、措施和完善的安全救援体系。二是科学有趣。乡村研学旅行项目策划需要科学有趣，不能生搬硬套，死板乏味。应针对不同年龄段的青少年群体策划创意不同的研学内容，在乡村研学旅行业态的课程设计上要将研学内容与乡村自然地理、人文活动紧密结合起来，让学生在体验中思考和感悟，在快乐中获取真知，启发心智。三是身心健康。乡村研学旅行业态必须以培养青少年健全人格为目标，通过相应的研学旅行业态的创意策划，形成一批具有家国情怀、追求真理、感恩有爱、讲究团队协作的有利于青少年身心健康的研学旅行业态，使中小学生能在乡村研学旅行完毕后有进步、有提高。

在研学类型上，根据《研学旅行服务规范》（LB/T 054—2016），按照资源类型，可以将乡村研学旅游业态分为知识科普型、自然观赏型、体验考察型、励志拓展型、文化康乐型五种类型。① 通过健身、健手、健脑和健心方式，提高乡村研学旅游业态发展质量。

知识科普型主要是指依托乡村各种类型的博物馆、科技馆、主题展览、动植物园、历史文化遗产、传统工艺、农业园区以及具有地质演化代表的地质遗迹景观和人类学、历史学、社会学、艺术学意义的文化事项等资源进行策划创意的研学旅行项目。自然观赏型主要指依托乡村的山体、河流、溪谷、湖泊、森林、草场等自然风景资源进行策划创意的研学旅行项目。体验考察型主要是指依托乡村农事、自然、文化等事项进行创意策划，体验考察为主的研学旅行项目，比如农庄、观光农园、乡村实践基地、夏令营营地、冬令营营地以及团队拓展基地等。励志拓展型主要指依托乡村区域的红色教育基地、革命历史纪念地、红色遗址遗迹、名人故居、典型工程等资源策划创意的以励志拓展为主题的研学旅行业态。文化康乐型主要指乡村各种节庆活动、民间工艺、美食等资源策划创意的游学旅行业态。

（4）“闲”。乡村闲暇业态类型多样，是推动乡村旅游从简单观光到

① 参见《研学旅行服务规范》（LB/T 054—2016）。该规范由原国家旅游局提出，于 2016 年 12 月 19 日发布，自 2017 年 5 月 1 日起实施。

休闲度假的重要抓手。在“闲暇业态”发展中，首先，讲究乡土美学。尊重大自然和乡土创造，发掘和提炼出每个村落的乡土美学概念，如竹、石、木、瓦等元素无不彰显出乡村质朴、自然生态的美学韵味，而不是野蛮地推倒重建，粗暴式的乡村城镇化。其次，突出诗画乡景。贵州乡村充满山水田园诗画的特征，业态规划者和经营管理者要时刻保持着一颗敬畏和厚爱之心，尊重乡村地脉，延续乡村文脉，将一切休闲度假设施建设让位于大自然，注重从诗画的角度去营造乡村风景，为乡村休闲度假提供诗画空间。再次，力求品质。乡村旅游业态丰富和提升的目标就是要使旅游者到乡村能坐下来和静下来，来了不想走，走了还想来，唯有这样，乡村休闲度假才有可能实现。最后，变乡村环境为健康空间，将乡村生活健康化、养生化，实现品质化，使之成为城市人的诗和远方。贵州乡村旅游可重点发展闲暇业态可重点发展有田园综合体、民宿度假村、乡俗体验休闲和环境游憩四种基本类型。

国内田园综合体的发展最早可以追溯到 2012 年江苏无锡市阳山镇“田园东方”项目的实践，经过多年的努力和发展，已经探索形成了集农文旅居于一体的成熟模式。2017 年，田园综合体作为培育宜居宜业特色村镇的重要抓手首次写进了中央一号文件。此后，田园综合体便在河北、山西、山东、福建、广西、四川、云南、重庆、海南、陕西、浙江、广东等 18 个省份开展试点工作。在 2017 年中央一号文件中，田园综合体是指以农民合作社为主要载体、让农民充分参与和收益，集循环农业、创意农业和农事体验于一体的园区。

田园综合体作为一种乡村新型的发展模式，是集现代农业、休闲旅游、田园社区于一体的特色小镇和乡村综合发展模式，是以自然生态为保障、以农业发展为导向、以农民合作社为主要载体，以村庄建设片区为开发单元，集农业园区、文化旅游区、新型社区建设的一体的多功能、复合型地域经济综合体（袁媛，2017）（见图 6 - 6）。田园综合体作为一种新的乡村空间形式，它是一种集循环农业、创意农业和农事体验于一体的一二三产业融合的新业态，以农业产业集聚为主导，同时也具备乡村等多项功能（庞玮等，2018），是乡村性、地方性和创造性的体现（见图 6 - 7）。

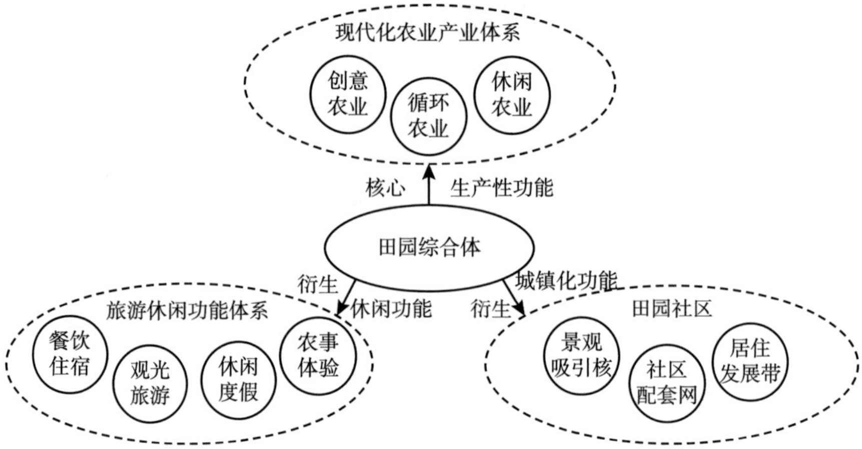

图 6－6　田园综合体的概念

资料来源：袁媛．田园综合体目标导向下乡村旅游区规划建设——以思良江乡村旅游区规划（2017—2021）为例［J］．规划师，2017（12）：137.

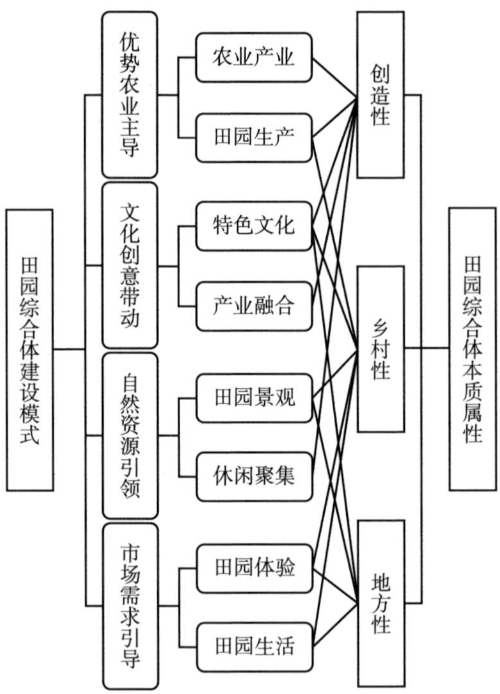

图 6－7　田园综合体的建设模式与内涵结构

资料来源：庞玮，白凯．田园综合体的内涵与建设模式［J］．陕西师范大学学报（自然科学版），2018，46（6）：24.

总结学者们的观点，田园综合体有以下几个显著特征。一是以农业为根基。田园综合体的目标是要解放和发展农村生产力，是以农业为基础的园区。二是以产业融合为发展方式。田园综合体实施“农业 +”的模式，将第一、第二、第三产业高度综合，创造了新型的现代农村产业经济体系。三是以乡村振兴为目标。田园综合体通过多产融合的发展方式，注重乡村社区建设和农民的全面发展，是乡村振兴的重要路径和抓手。由此，我们可将田园综合体定义为：依托乡村田园，集现代农业生产加工、品质乡村社区和休闲度假于一体的复合型经济单元。

田园综合体通过规划建设而成，集合了较多的产业功能，如创意农业、休闲农业、养生农业。同时，在田园综合体的内部还积极发展各种乡村休闲度假业态，如现代休闲农庄、养生餐厅、食品制作工坊、特色农业观光等，形成了乡村休闲度假业态的亮点。

民宿度假村是众多民宿在某一村落聚集，形成以民宿集群为核心吸引物的乡村旅游地。这些村寨通常环境优美、文化保存完好，具有独特的自然与文化资源禀赋，譬如，贵州省黔西南布依族苗族自治州兴义市的纳灰村与双生村，以万峰林景区为依托，形成了民宿业态与景区、乡村共生的发展模式，大幅度提升了万峰林景区的乡村休闲度假品质。

乡俗体验休闲依托乡村的生产生活方式，比如农事、节庆、民艺等创意策划的系列文化休闲体验项目，如蔬果采摘、篝火晚会、垂钓露营，歌舞展演、体验乡村传统技艺（磨坊、豆腐坊、锦绣坊、陶艺坊等），让游客在体验中愉快地度过假期。

环境游憩主要依托村寨自然环境和山水田园风光所形成的诸如山地户外运动、垂钓、露营、溯溪、森林浴、研学旅行等活动，这是提高乡村旅游吸引力，延长游客停留时间的重要业态。此项内容已在 6.3.1 节中进行论述，故在此不再此赘述。

（5）“情”。乡村是一个承载家园梦想和追忆乡愁之地，乡村旅游经营观者应创意设计出以情感为纽带的乡村旅游业态，开启乡村情感旅游的新时代。情感业态创意关键要把握三点。

首先，以情动人。人是情感的动物，乡村情感业态应该善于挖掘乡村的情感故事，在情感故事中找到业态和市场的结合点，使业态打动人心、扣人心弦或震撼人心，让旅游者来了不走，走了还想来。

其次，以品留人。情感旅游的关键在于“情”，短时来看，乡村旅游“以情动人”可以在短时内获得较大的客流和资金流，但如果不注重品质的提升，时间长了会成为“道德绑架”，使人厌烦，这时，以“品”留人就成了乡村旅游情感业态永葆竞争力的重要条件。以品留人强调了乡村旅游情感业态的质量和品质，而不是粗制滥造，简单上马，它倾注了规划设计者和运营管理团队的智慧与心血。

最后，以景悦人。乡村情感旅游可以大致概括为“亲情、友情、爱情”三种基本动机。“亲情”主要表现在探亲寻祖忆乡愁，“友情”主要表现在访友寻踪忆往昔，“爱情”主要表现在怀旧纪念求浪漫。这种动机支配下的行为都需要在一定“场域”中完成。在乡村，这种“场域”是由不同的景物来构建的。如宗祠、老屋、小桥与流水唤醒了乡愁与记忆，桑麻、菊花、菜园与小酒彰显着重逢与别离，雨巷、丁香、油纸伞与玫瑰凝聚了愁怨与浪漫。在乡村情感旅游项目策划中要充分注重景物建构的文化意象，实现景与项目高度融合。

（6）“奇”。猎奇是人类的本性，乡村旅游经营管理者需要设计新奇项目以吸引更多的游客前往乡村，不断丰富乡村旅游业态，增强乡村旅游地的吸引力。探奇项目不仅需要依赖于乡村旅游地那些充满“秘密”感的资源，更需要策划者有一双善于发现的眼睛和猎奇感的创意。“探奇”乡村旅游业态类型如下。

第一，乡村探秘。利用乡村神秘天象、事件等资源，创意策划系列探索乡村旅游地的秘密，以满足人们好奇心的旅游项目。例如：天象探秘类（佛光探秘、云海探秘、海市蜃楼探秘等）、生物探秘类（森林探秘、草地探秘、花卉探秘、野生动物栖息地探秘等）、遗址遗迹探秘类（原始村落探秘、军事遗址探秘等）。

第二，乡村探险。乡村探险是指利用乡村旅游地人迹罕至或险象环生的特殊环境所开发的充满神秘感、危险性和刺激性的旅游项目。根据风险程度大小，可以将乡村探险项目分为硬探险项目和软探险项目。前者是指依托乡村危险之地开展的具有高危性和富有挑战性的项目，它对参与者的身体素质要求极高，比如速降、溯溪、洞穴探险、丛林穿越等。后者是指乡村旅游地针对初学者而设计的一种新奇探险旅游活动，此类活动一般都有专业人员提供指导，游客参与具有一定的被动性，风险系数较小，如森林徒步、峡谷漂流、山地自行车等。

6.4　洋洞村乡村旅游产品与产业要素创新样本*

洋洞村位于贵州省黔东南苗族侗族自治州黎平县东北部的尚重镇，共10个自然寨，是一个以侗族和苗族为主体的少数民族村寨，距离县城100多公里，拥有耕牛1000多头，风光优美，民风淳朴，至今仍然坚守着“日出而作，日落而息”的农耕文化。2012年，时任中共岩洞镇党委书记的杨正熙主动辞职，申请成为一名科技特派员，负责物种收集和保育项目。杨正熙辞职回乡的原因，是其发现外来的高产品种冲击着传统农业，加之乡村的衰落，许多珍贵的古老品种农作物已经不复存在，他希望“藏种于民”，借助商业和市场的力量去激活这些自然界赐予的古老种子，把自己的家乡洋洞村变成一个拯救水稻老品种的保育基地和生产基地。

在贵州省黔东南苗族侗族自治州的绝大部分苗乡侗寨，村民们充分利用山地，沿山开垦梯田，创立了“牛－稻－鱼－鸭”的山地稻作模式。① 杨正熙回乡后，带领乡亲们率先开展以净水土、净塑、净心为核心的“三净行动”，以确保全域种植的水土环境达标。2015年，他带领村民成立了贵州有牛复古农业专业合作社，全村1397户5326人以耕地、耕牛、牛棚等资源入股合作社，其中，入股的农业和林业用地共3.35万亩。同时，

---

* 资料来源：作者调研所得。

① 牛－稻－鱼－鸭水稻种植方式：在贵州省黔东南苗族侗族自治州的绝大部分苗乡侗寨，村民们充分利用山地，沿山开垦层层梯田，因梯田难以实现机械化，耕牛的作用往往超越一般家畜，成为山地村民最宝贵的生产资料和财富，他们将田埂上的草割来精心饲养耕牛，采用耕牛犁耙，插秧前在稻田中施牛草粪作为肥料，秧苗插好后再放养鱼鸭，鱼鸭不断在田里奔跑不断松土、除草、防治病虫害，并提供有机肥，形成了一套完整的山地有机稻作模式，这在洋洞村至今仍得以活态保存。2011年，中国从江（贵州省黔东南苗族侗族自治州下辖的一个县，北与黎平县毗邻）“稻鱼鸭复合系统”被联合国粮农组织（Food and Agriculture Organization of the United Nations，FAO）认定为全球重要农业文化遗产。

每9人组成一个小社，相互担保，通过侗寨特有的乡村传统治理方式制定了《守农有牛生产律》（现已更名为《守农有牛农法》），形成侗款[①]，严格禁止在水稻种植过程中使用除草剂、农药、化肥等，让社员们用传统的“牛－稻－鱼－鸭”方式来种植即将消失的胭脂紫米、小麻红米、香禾糯等83个古老稻谷品种。若发现违反者，将予以“300斤米、300斤酒和300斤肉”的处罚，并由当地资深的寨老来牵头和监督，破坏规矩者不仅要面临“3个300”的严重处罚，还会在村里名誉扫地。

在长期的实践中，洋洞村坚持“引种不如留种，认证不如见证”的理念，在2019年申报通过有机认证后，杨正熙认为，有机认证始终还是一个证书，还应该让城市居民到洋洞村来见证老品种“有牛米”种植的全过程。为此，洋洞村在梯田上利用原有饲养耕牛的牛棚，创新改造成藏于林下梯田之上的乡村旅游民宿——牛棚客栈。牛棚客栈以24节气命名，通过新房东计划，吸引城市人群参与到牛棚客栈的升级改造，前两年分润营业额的50%，后三年分润营业额30%，在各完整年度内，享有30天免费入住权和优先认领洋洞村有机农产品的权利，以此开启了“会员制的乡村旅游”发展模式。同时，洋洞村依托山地独特的自然地理环境和保存完好的农耕文化，创立了千牛同耕、梯田画展、骑行、徒步、农事体验等主题活动，培育创建了牛耕部落——洋洞有机小镇品牌，形成了乡村度假旅居＋田园健康生活的高质量乡村旅游产品与业态。

目前，全村拥有牛棚客栈40栋。2020年，牛耕部落品牌带动总收入4770万元。2021年，洋洞及其周边村寨发展种植有机稻谷种植8750亩，通过农文旅一体化模式实现乡村产业效益最大化，虽然受到疫情的影响，但是洋洞村乡村旅游发展成绩依然显著，全年实现乡村旅游收入860万元，惠及全村1397户，带领洋洞片区322户脱贫户，户均增收1.5万元。

---

① 侗款即侗族款约，徐业常和王瑞志在2022年8月29日《黔东南日报》（第5版）发表的《“侗款”——一部在侗乡流传千年的“民法典”》一文中认为：“侗款是侗族人民进行村民自治、民主管理、传承民族文化的一种有效方式……是侗族传统文化的核心内容，也是社会组织结构的一块活化石，它在构建侗族和谐社会中起到了教育的辅助作用，是侗族和谐文化代代传承的‘法律保障’。‘侗款’维系着整个侗族社会的稳定和发展，是一部在侗乡流传千年的‘民法典’”。

第7章　乡村旅游品牌建设与市场营销

7.1　品牌建设概论

随着旅游市场竞争的日趋激烈，无论是乡村旅游地还是乡村旅游企业都意识到品牌对自身的重要性。20世纪中期，大卫·麦肯兹·奥格威（David Mackenzie Ogilvy，1911～1999）率先提出了品牌的概念，并对各行各业产生了深远的影响，使品牌成为一门“显学”。

7.1.1　品牌内涵

“品牌”一词源于古斯堪的纳维亚语“brandr”，为“燃烧”之意，它曾经是现在依然是牲畜所有者用以识别其动物的工具，[①] 品牌定义诸家不一，尚未成定论，大致可归纳为符号说、综合说、关系说和资源说四大基本类型（余明阳等，2005）。

符号说的定义以品牌识别功能为着眼点，从品牌最直观和最外在的表现出发，把品牌看成一种标榜个性特征和具有区别功能的特殊符号。譬如，我们对某种品牌的认识最直接的方式是通过视觉来感知，只有当视觉

① ［美］凯文·莱恩·凯勒．战略品牌管理（第四版）［M］．吴水龙，何云 等，译．北京：中国人民大学出版社，2014：4.

获取某种愉悦后，我们才有可能对其功能、作用和使用价值等进行进一步的了解。产品品牌的设计、包装、外观等要素作为一种能激发人们视觉印象和想象的符号，如果能够对消费者产生视觉冲击力，它将会对消费者的购买行为产生积极的影响。菲利普·科特勒（Philip Kotler）认为："品牌就是一个名字、术语、标记、符号或设计，或是它们的组合运用，其目的是借以辨认某个销售者或某群销售者的产品或服务，并使之同竞争对手的产品和服务区别开来。"在实践中，一个完整的品牌确实具有明显的符号标识作用，拥有极为重要的识别和区分功能，但这仅仅是品牌的一项重要内容，而非品牌的全部。如果将品牌简单地看作一个区别于其他产品和服务的标志难免偏颇，品牌不仅包含可以作为识别一个品牌的依据或者符号，它还要反映了品牌所属企业的理念、文化、战略、目标与宗旨等。

综合说强调了品牌多维度的价值和功能。广泛意义上的品牌包括三个层面：第一，从法律意义上说，品牌是一种商标，强调了品牌的法律内涵；第二，从经济或市场意义说，品牌是一种牌子，是金字招牌，说明品牌代表着某种商品；第三，从文化或心理意义上说，品牌是一种口碑，一种品位，一种格调，这强调了品牌的档次、名声、声誉和给人的好感等（王海涛等，1999）。综合说着眼于品牌的信息整合功能，把品牌放置在营销乃至整合社会的大环境中来分析和定义，这种学说认为，品牌不仅包括品牌名称、包装、标志和价格等有形的东西，还拥有历史、声誉、法律、市场经济和社会文化心理等无形内容，这些无形的东西常常容易被人们忽视。然而，这些无形的东西又是客观存在的，甚至在一定程度上超越了品牌符号本身的价值。只有将这些隐形要素与符号系统地整合在一起，品牌才会完整。

关系说定义从品牌和消费者沟通的功能视角来进行阐释。此种学说认为，消费者决定着品牌的最终实现，品牌不是自我封号和自我加冕的，而是消费者或一些权威机构认定的一种价值倾向和社会评论的结果。消费者认同与品牌价值密不可分，当消费者愿意为某一品牌心甘情愿花费或者力挺时，品牌才能转化为一个企业、组织、机构以及一个国家或地区的品牌资产，从而体现出品牌所特有的价值和意义。反之，品牌就会面临危机。品牌是在产品生产销售、服务提供与消费者互动过程中逐渐形成的。产品与服务提供给消费者使用价值，消费者通过自己对产品和服务的感知产生情感。“关系说”从流通领域进行定义，而“符号说”和“综合说”则从生产的角度来认知。一个品牌从构建到完成均要经过生产和流通两大基本领域，消费者作为产品和服务的最终使用者，它们对产品和服务质量好坏具有切身体会。在消费者心中，一个企业一旦建立起品牌形象，意味着消费者不单是放心，而且他们会认为品牌就是利益的保证，而购买其他产品就会冒风险（年小山，2005）。如果产品与服务得不到消费者的认可，最终就会被市场所淘汰。从这种意义上讲，品牌不仅属于生产者，它更属于消费者。

资源说瞄准品牌所具有的价值，从经济学的视角对品牌的外延（如品牌资产）进行讨论，突出品牌作为一种无形资产给企业带来的财富和利润、给社会带来的文化和时尚以及作为一种特有的额外资产给个人带来的身份和地位等的价值意义。品牌在一定程度上是脱离产品或服务而存在的一种价值和资产，是一种动态的资产（叶茂中等，1998），具有特殊的获利能力。

品牌是一个完整的系统概念。对于企业而言，品牌是一种资产，而对消费者而言，品牌是一种价值认同、地位或者身份的象征。由此，我们可以这样认为：所谓品牌，是以消费者认同为根基，通过名称、术语、象征和记号等多种要素组合区别竞争对手，给产品生产者和服务提供者带来溢价、产生增值的一种动态无形资产。品牌的创立者和运营管理者需要把握品牌四种学说中的关键要义，通过实施品牌战略提升自身综合实力。

7.1.2　品牌资产

20世纪80年代，在营销研究和实践领域诞生了品牌资产（brand equity）的概念，它是指与品牌、品牌名称等相关且能够增加或减少产品和服务等给企业及顾客带来价值的资产或负债（David A. Aaker，1991；聂元昆等，2022），由品牌知名度、品质认知度、品牌忠诚度、品牌联想和其他独有的品牌资产所构成（见图7-1），它们分别从不同的角度创造价值（郑宗成等，2004）。一些学者将品牌资产理论应用到旅游地研究中，提出了旅游目的地品牌资产。旅游目的地品牌资产是一系列营销行为或活动整合的效果，能够让游客轻易识别、区分目的地，传达目的地差异化的体验价值，维持并加强游客与目的地之间的关系及情感，从而降低游客的搜寻成本及感知的风险（Blain et al.，2005；聂元昆等，2022）。

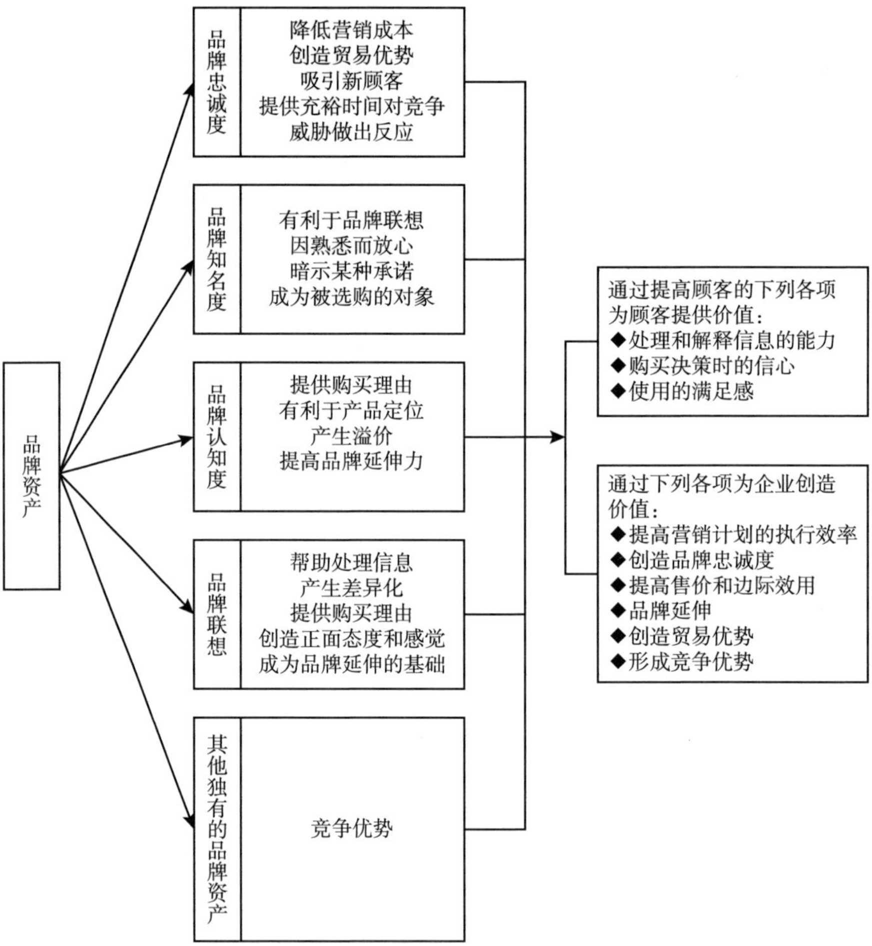

图 7-1　品牌资产的构成要素及创造的价值

资料来源：郑宗成，汪德宏，姚承纲．品牌知行——微观品牌管理和研究［M］．广州：中山大学出版社，2004：10.

7.1.3　乡村旅游品牌战略

乡村旅游市场群雄逐鹿，如果稍有不慎，就会遭到竞争者蚕食和吞并抑或被市场无情抛弃。实施乡村旅游品牌发展战略，树立起较好的乡村旅游品牌形象，赢得市场的认可与青睐，从而在旅游市场竞争中立于不败之地，这是乡村旅游发展的必由之路。

乡村旅游品牌战略是指乡村旅游地或乡村旅游企业将品牌作为核心竞争力使自己取得竞争优势，获得更多利益的长期性、根本性谋略，它表现为一个乡村旅游地或乡村旅游企业围绕所要实现的品牌目标所制订的关乎全局性的长远发展规划与行动方案。为了在激烈的市场竞争中立于不败之地，不同的乡村旅游地和乡村旅游企业因自身情况不同，在战略的制订上也应有所差异。从品牌战略的一般构成来看，乡村旅游品牌战略大致由品牌定位、品牌组合、品牌设计和品牌运营四大基本内容构成，具有长期性、全局性、引导性、系统性、创造性和在地性六个基本特征。

乡村旅游品牌塑造不是一蹴而就的，实施乡村旅游品牌战略是一项长期坚持的行动过程。它不在乎乡村旅游品牌经营短期内的利益得失，反而更加注重乡村旅游品牌长期的影响力和持续力。乡村旅游品牌战略不是落脚在当前，而是放眼更长的时期，具有相对的稳定性和持久性。

乡村旅游品牌战略是为乡村旅游地或乡村旅游企业创造和培育品牌资产，扩大市场影响力以及提高乡村旅游市场竞争力的根本性谋略。它需要解决关乎乡村旅游地与乡村旅游企业发展的全局性问题，而不是解决局部的、个别的和无关痛痒的问题。它要求乡村旅游决策者不能受制于局部和眼前利益，而要从全局出发，富有战略意识、战略思想和战略眼光，对关乎乡村旅游发展的各种因素和关系进行系统的综合考虑，注重乡村旅游地和乡村旅游企业发展的整体协调和控制，力求取得符合自身实际和市场规律的发展。

乡村旅游品牌战略的制订是从全局的角度出发，围绕品牌塑造的目标而制订。它对乡村旅游地的各种经营实体、管理部门以及乡村旅游企业下属部门的决策与行动均具有引导作用。在乡村旅游品牌塑造的过程中，相关机构和部门所有的决策与行动都要与所制订的品牌战略要求一致，一旦出现了背离，就必须及时对其进行修正和调整，确保品牌始终如一，彰显品牌所承诺的价值和精神。

从生命周期上看，乡村旅游品牌战略包括了品牌的创造、推广、发展、更新与撤退过程，并贯穿着相应的品牌保护。从构成内容上看，乡村旅游品牌战略包括了品牌定位、品牌组合、品牌设计和品牌运营四项基本内容，它不是一个独立存在的个体和静态之物，而是一个由诸多要素所构成的、有着成长特征的有机整体，具有系统性。乡村旅游品牌战略系统内部的各种构成要素和运行阶段相互联系、相互制约和相互影响，从而推动或制约乡村旅游地和乡村旅游企业的发展。

在乡村旅游品牌战略制订的过程中，每一个乡村旅游地和乡村旅游企业自身的条件都有所迥异，且所处的乡村旅游市场环境都不尽相同，必须在进行调查研究的基础上，充分发挥想象力和创造力，有针对性地制订适合自己的品牌发展战略，才能取得出奇制胜的效果。从品牌构想的提出到确立到市场认可，无一不体现人们的创造性思维。没有创造性，乡村旅游品牌就会丧失生命力、影响力和竞争力。乡村旅游品牌战略作为现代乡村旅游地和乡村旅游企业战略管理的核心，其价值就在于它创造了一个有别于他者的“独特性”，甚至是“唯一性”。如果仅仅跟着竞争对手进行简单的克隆和模仿，就不可能会得到乡村旅游市场的认可，更不可能在激烈的乡村旅游市场竞争中立于不败之地。

乡村旅游品牌战略的在地性有两个方面的含义。一是乡村旅游品牌战略必须凸显乡村旅游地的地方文化，彰显地方文化精神。从这一角度上讲，乡村旅游品牌需要根植乡村文化的沃土，拥有乡村优秀文化的灵魂内核。二是乡村旅游品牌战略的市场在地性，即它要与客源地的文化心理相契合，从而引起故乡与他乡的情感共鸣。

7.1.4　乡村旅游品牌定位

乡村旅游地和乡村旅游企业通过品牌定位为乡村旅游地或乡村旅游企

业寻找一个鲜明而持久的形象，在激烈的市场竞争中构建新秩序，培育新价值，以实现长远占领市场的宏伟目标。乡村旅游品牌定位（brand positioning of rural tourism）是指乡村旅游地或乡村旅游企业在乡村旅游市场定位和乡村旅游产品定位的基础上所做的品牌差异化市场营销决策，即为乡村旅游地或乡村旅游企业的品牌确定适当的市场位置，使乡村旅游地或乡村旅游企业的产品与服务在乡村旅游者心中占据一个特殊位置，进一步实现乡村旅游目标市场与乡村旅游品牌形象的有机互动。一旦旅游者的某种乡村旅游需求产生，他们就会随即想起相应的品牌。

乡村旅游品牌定位为乡村旅游地和乡村旅游企业指明了方向，在一定程度上引领乡村旅游地和乡村旅游企业的发展。从旅游目的地的角度看，乡村旅游地品牌具有极大的品牌张力，这是乡村旅游品牌的宏观方面，它为游客提供了一个心向往之的理由。一个有品牌影响力的乡村旅游地，一山一水和一草一木，哪怕是一座小桥、一座农舍、一缕炊烟……都是游客的诗与远方，都会诱发游客无尽的遐想，从而为乡村旅游地的经营户带来无限的商机。对乡村旅游地进行统一的品牌包装和运营极为重要。从经营者的角度看，乡村旅游品牌主要体现在乡村旅游企业所提供的产品和服务上，这是乡村旅游品牌的微观方面，它关系乡村旅游品牌的成败。乡村旅游产品和服务的提供者如果没有强烈的品牌定位意识，只是跟在别人的后面鹦鹉学舌，可能就会卷入市场竞争的“红海”之中。

乡村旅游品牌定位非常强调要从乡村旅游目标市场和乡村旅游竞争者的角度来思考和定位，这样才能实现差异化。认真分析了竞争对手，在市场细分的基础上确定了目标市场，拟定品牌名称、宣传口号，设计了标识，但这并不代表乡村旅游市场定位结束，还需要在日后的经营管理中兑现品牌承诺。同时，乡村旅游品牌定位不是向目标市场一次性传递信息就匆匆了事，而是一个长期不断的过程，且需要将现实而具体的乡村产品、乡村旅游服务与所确立的品牌和市场营销进行系统组合才能产生较好的效果。

乡村旅游品牌定位除了积累品牌资产、凝聚品牌核心价值和塑造品牌个性外，还需要唤起“主-客”共鸣，这是乡村旅游品牌定位的高级目标。

乡村旅游地与乡村旅游企业不约而同地花重金打造品牌，其原因是品牌作为一种无形资产，能带来更多超越本身价值的附加价值。从品牌资产的财务概念模型来看，品牌赋予了乡村旅游地和乡村旅游企业产品溢价的无形资产的作用。成功的品牌定位需要以扩大乡村旅游产品的销售规模、提高乡村旅游产品的附加值和乡村旅游市场占有率为目标。从品牌资产的品牌力概念模型来看，乡村旅游品牌与乡村旅游者的态度、品牌忠诚度、品牌认知度和乡村旅游者行为等紧密联系，乡村旅游品牌资产的实力主要体现在品牌自身的成长与扩张能力上，乡村旅游品牌定位不是着眼于短期利益，而是更加注重品牌给乡村旅游地和乡村旅游企业带来的长远发展潜力。从品牌资产的消费者概念模型来看，乡村旅游品牌定位的成功表明了该品牌下的乡村旅游产品在乡村旅游者心中占据了一定的地位，如果乡村旅游品牌定位对乡村旅游者而言没有实质上的意义，乡村旅游品牌资产就无从谈起，因此，乡村旅游品牌定位要使乡村旅游地或乡村旅游企业与乡村旅游者建立起有价值的联系，较好地满足乡村旅游者的某种需求，兑现品牌承诺，使乡村旅游者对乡村旅游品牌产生积极的印象和认知，最终与乡村旅游者建立某种情感连接，产生较好的品牌忠诚度和美誉度。

品牌核心价值是品牌的灵魂，为提高市场竞争力，找准自己的市场位置，每一个乡村旅游地和乡村企业在对自己的产品和服务进行品牌定位时，都需要找准和提炼出各自品牌的核心价值，通过品牌核心价值来应对和超越快速变化的外部环境，以对核心价值的永远追求来兑现品牌承诺，凸显品牌的延续性。

乡村旅游品牌个性是乡村旅游品牌核心价值的外在表现，那些个性特征鲜明的乡村旅游品牌最容易被乡村旅游者所识别和接受，独有的品牌个性则是登录乡村旅游者心灵大陆的密钥。具有个性的乡村旅游品牌可以触发乡村旅游者内心深处的自我体验，从而使乡村旅游者对乡村旅游地和乡村旅游企业的产品与服务产生认同。

绝大部分乡村旅游品牌定位均是从消费者、竞争者和品牌自身三个维度上去思考，更多地从市场角度关注品牌的战略定位问题，却忽视乡村旅游地与乡村旅游企业所提供的产品与服务来自于“乡土”，东道主（村民）是“乡土”的守护者和“乡土文化遗产”的创造者和拥有者，乡村旅游品牌定位需要充分考虑乡村的地域识别性和居民的社会文化心理，不得侵犯乡村居民的文化隐私与信仰，更不能与其社会文化心理相抵触。品牌定位不仅要考虑市场的影响力、生命力，还需要突出乡村特色和价值，在东道主（村民）和游客之间建立情感联系，唤起“主－客”共鸣。

7.1.5 乡村旅游地的品牌化

成功的品牌化不仅可以提高乡村旅游目的地的竞争力，还可以提高自身的生产力和差异度。20世纪90年代以来，随着旅游目的地之间的竞争日益加剧，以西班牙、澳大利亚、新西兰、瑞士等为代表的国家都在通过旅游目的地品牌化来形成新的竞争优势，旅游目的地品牌化（tourism destination branding）逐步成为旅游地营销的重心（吴小天，2014）。乡村旅游地品牌化是乡村旅游地的经营管理者在旅游市场分析研判的基础上，对乡村旅游地的所有特征属性进行高度提炼，将其整合在统一运营的概念主题之下，不断塑造区别于市场竞争者的独特身份和个性，以提高乡村旅游的知名度、美誉度和影响力的系列市场营销组合。

鲜明独特的品牌个性可以加深游客对某一乡村旅游地的识别和认可程度。在乡村旅游地品牌化的过程中，品牌运营管理者要善于挖掘和提炼出乡村旅游地的品牌个性，并将突出的品牌个性贯穿于乡村旅游地的产品建设、旅游形象传播与推广中，从而使乡村旅游的特色更加鲜明。

完成乡村旅游地品牌化的一个重要标志是这个乡村旅游地成功抢占了游客的心智资源。游客在众多的乡村旅游地中选择中，所选乡村旅游地有着其他乡村旅游地不可替代的价值和意义，哪怕多次到访非但不觉得厌倦，反而有着更多的欣喜和发现。从而实现乡村旅游地与游客的持久情感维系，这是乡村旅游地品牌化的最高目标。

7.2 贵州乡村旅游品牌建设与市场营销*

7.2.1 品牌形象定位——文化千岛·山水栖居

注重乡村旅游目的地品牌识别与传达系统建设，强化“文化千岛·山水栖居”支撑性乡村旅游产品建设，为游客提供物有所值和物超所值的感受与体验，促进情感消费，形成“文化千岛·山水栖居”的乡村旅游目的地品牌，助力“山地公园省·多彩贵州风”品牌建设。

7.2.2 构建“文化千岛·山水栖居”乡村旅游目的地品牌支撑体系

在“文化千岛·山水栖居”乡村旅游目的地主品牌下，协力打造“爽爽贵阳·乐活乡园”“真美山水·如画贵安”“醉美遵义·怡然乡居”“中国瀑乡·秀美安顺”“康养胜地·中国凉都”“洞天福地·花海毕节”“梵天净土·桃源铜仁”“心灵栖息地·锦绣黔东南”“自然本色·秘境之州（黔南州）”“山水长卷·悠然峰林（黔西南州）”十个知名的地区性乡村旅游子品牌，合力形成贵州乡村旅游“一大品牌，多元支撑”的格局，构筑特色化、多样化、内涵丰、形象明的贵州乡村旅游目的地品牌体系。

7.2.3 乡村旅游市场营销

1. 加强国内市场精准营销

精准定位目标市场。深入研究国内不同地区不同人群的旅游需求，精准对标避暑度假、保健疗养、健康养老、家庭亲子、研学旅行、文化体验、农事参与、户外运动以及环境游憩等乡村旅游需求，深耕目标市场。

---

* 资料来源：作者调研并撰写。

以省内及周边川渝滇桂湘五省（市、区）为一级市场，以珠三角城市群、长三角城市群、环渤海（主要是京津冀）城市群、长江中游城市群、闽台城市群五大城市群为二级市场，以除上述两级市场以外的国内其他城市为三级市场，开展国内市场精准营销。

做足一级市场。做足以黔中城市群和黔西南州、铜仁市和六盘水市中心城区（城镇）为核心的省内近程市场，切实做好周末乡村休闲经济和日常下班的城郊经济，确保乡村旅游基本收益。巩固以四川、重庆、湖南、广西和云南为核心的周边市场，做好以成渝城市群、长株潭城市群和南宁为核心的避暑休闲度假市场，完善和提升乡村避暑休闲度假设施，提高乡村避暑休闲度假服务水平和经营管理能力，确保避暑度假市场稳中有进。

拓展二级市场。积极融入珠江－西江经济带，全力开拓珠三角乡村休闲度假、文化体验、研学旅行、避暑度假和保健疗养等市场，使珠三角城市群成为全省乡村旅游的目标客源地。积极融入长江经济带，开拓长三角城市群和长江中游城市群的避暑度假、文化体验、研学旅行和康体养生等市场，使贵州乡村成为长三角城市和长江中游城市居民缓解压力、享受自然、认识自然，开展文化体验与文化探秘的重要旅游目的地。大力开发京津冀市场。

争取三级市场。通过一级市场和二级市场的营销，发挥旅行社、旅游电商平台和相关机构的作用，扩大贵州乡村旅游在三级市场的影响力，积极争取三级市场客源。

2. 有序开发入境旅游市场

突破入境旅游市场。积极发展一批自然生态良好、文化丰度高、服务品质优的国际乡村旅游产品和国际乡村旅游地，吸引外国旅黔市场和港澳台市场。依托国际山地旅游暨户外运动大会、中国—东盟自由贸易区文化和旅游周等国际交流平台，落实共建“一带一路”倡议，[①] 争取 144 小时过境免签政策落地，优化国际航线补贴政策，鼓励省内机场航班串飞，形

---

① 贵州省文化和旅游厅．贵州省“十四五”文化和旅游发展规划［A］．内部资料，2021：61.

成旅游环线。[①] 拓展跨境旅游合作领域，拓展日韩、东南亚、欧美等高端客源市场，努力培育印度、俄罗斯等新兴入境外国市场，[②] 促进乡村旅游入境市场持续稳定增长。

拓展入境市场营销路径。继续执行好与文化和旅游部部省对口合作计划，借助海外中国文化中心国家级外宣平台，加强海外营销中心布局。强化与入境旅游热点城市和旅行社合作，共同推出精品入境旅游线路。[③] 开通直销通道，指导有条件的地区和机构依法与境外主要客源市场旅游经销商建立直接联系，开展境外组团旅行社签约工作等。

3. 构筑旅游市场营销体系

创新传统营销方式。建立健全省、市（州）、县（市、区）三级宣传直报员机制，建立与报刊、电视台、网站、微信公众平台、手机客户端等省内外媒体联动机制。[④] 推出以贵州乡村旅游总体形象 + 10 个市（州、新区）的乡村旅游海报，实现在主流媒体、行业媒体及自媒体平台的覆盖推广。

突出新媒体营销。谋划贵州乡村旅游自由行主题产品和贵州乡村旅游全攻略等内容，加强微信、微博、抖音、快手等新媒体平台发布以及与携程、去哪儿、马蜂窝、驴妈妈等知名的 OTA 平台合作对接，鼓励乡村旅游区、乡村旅游村镇及其相关经营组织单位开展各类乡村旅游直播，讲好贵州乡村故事，培育网红爆点和消费热点。与三大通信运营商合作向省外游客发送进入贵州的乡村旅游欢迎短信，强化乡村旅游氛围营造，传播贵州乡村旅游品牌形象。

实施交通系统营销。充分发挥高铁对乡村旅游发展的带动作用，做好联程产品设计和乡村旅游氛围营造，着力打造 3 小时高铁乡村旅游圈，开展“高铁游贵州”“周末游贵州”等交旅一体化的乡村旅游产品。开展“自驾出行 · 乡约贵州”主题营销活动。继续推行旅游专列、旅游包机奖励政策，推出“航空 + 景区”“高铁 + 景区”的打包优惠和自驾游优惠政策，让立体交通网络转化成为乡村旅游发展红利。

---

①②③④ 中共贵州省委、省人民政府. 关于推动旅游业高质量发展加快旅游产业化建设多彩贵州旅游强省的意见［A］. 2020：3.

加强市场整合营销。统筹指导各市（州、新区）整合乡村民宿、特色餐饮、文化活动、周边旅游景区和度假区等形成乡村旅游产品包，突出“产品包”营销。指导各市（州、新区）针对中老年群体、自驾游客、研学培训等不同人群，制作个性化宣传手册及消费手册，提供一站式乡村旅游消费指南。加强对传统客源市场、东西部对口协作城市和新兴市场围绕全季节体验做好推介工作，打造全季乡村旅游目的地。持续开展客源地乡村旅游宣传进著名高校、进知名企业、进高端商场、进高档社区等“四进”活动，使贵州乡村旅游产品、宣传视频、图文等广告融入主要客源地市场百姓生活空间。

加大文化节庆活动营销。强化每年省级和各市（州）旅发大会平台牵引作用，推进乡村旅游区和乡村旅游村镇现场观摩、乡村旅游商品展、文化千岛·生态贵州美食汇等事宜。创新乡村文艺展演、非遗展示、旅游展销“三合一”推介模式，结合“多彩贵州艺术节”，创新乡村民俗文化旅游产品营销。依托各类特色节庆节事、展会论坛、推介会及热门体育赛事、影视节目等进行乡村旅游宣传。

4. 加强区域内外联动与协作

深化省内乡村旅游协作。探索建立乡村旅游一体化发展体制机制，着力加强重点乡村旅游区、特色乡村旅游区、乡村旅游村镇、10条乡村旅游带的合作发展、旅游产品和线路打造、客源整体互动、旅游市场监管等方面合作，积极推动建设跨行政区的乡村旅游市场营销联盟，实现产业布局一体化、市场营销一体化、服务体系一体化。

加强与周边省份的开放合作。充分发挥国际山地旅游联盟、长江旅游推广联盟、武陵山旅游联盟、藏羌彝文化产业走廊联盟和红色旅游联盟等跨区域合作平台优势，[①] 将乡村旅游融入区域性旅游圈或旅游带发展。联合重庆、四川，推动“西三角”乡村避暑休闲旅游带建设。依托渝贵铁路公交化运营，建设黔北渝南沿边乡村生态旅游度假带。融入粤港澳大湾区，深化泛珠三角区域合作，开通贵州与港澳间的旅游直通车，实现与广

---

① 贵州省文化和旅游厅．贵州省“十四五”文化和旅游发展规划［A］．内部资料，2021：63，64.

东、福建、云南、广西等省市互动。加强与云南省合作，推动两省经贸合作往来，承接欧美经泰国进入云南的国际游客，协同推进乌蒙山集中连片欠发达地区乡村振兴，促进乡村旅游发展。促进与湖南、湖北、重庆乡村旅游合作，共同谋划武陵山乡村旅游发展。积极对接京津冀协同发展，推动建立旅游合作长效机制，协作开拓康养旅游市场。

加强与“一带一路”的国际文化和旅游合作。积极对接《“一带一路”文化和旅游发展行动计划（2021—2025年）》，积极参与丝绸之路国际博物馆联盟、美术馆联盟、图书馆联盟、艺术节联盟、剧院联盟等联盟建设，创新乡村旅游国际合作交流渠道，争取利用驻外旅游办、中国文化中心等机构网站，加强海外宣传推广。积极吸引“一带一路”国际知名旅游企业落户贵州，[①] 力争乡村旅游合作发展有新突破。

7.3 桐梓县乡村避暑度假品牌培育样本

7.3.1 样本地概况

桐梓县地处贵州省北部，为遵义市所辖之县，北与重庆市南川区和万盛区接壤，南临遵义市汇川区和仁怀市，西连遵义市习水县和重庆市綦江区，东接遵义市绥阳县和正安县，位于北纬27°57′~28°54′，东经106°26′~107°17′之间，素有“川黔锁钥”和“黔北门户”之称。县境山原、中山、丘陵、盆地相间，喀斯特地貌广布，为南北狭长、东西狭窄的山区县。全县平均海拔1100米，国土总面积3207平方千米，占全省国土总面积的1.82%。全年年均气温14.6℃，最冷月（1月）温度-5℃，最热月（7月）温度24.5℃，年均降雨量1038.8毫米，夏季凉爽舒适。截至2021年年底，全县户籍人口75.14万人，森林覆盖率接近60%，城镇化率51.2%，国内生产总值176.98亿元。

① 贵州省文化和旅游厅．贵州省“十四五”文化和旅游发展规划［A］．内部资料，2021：63，64.

7.3.2　乡村旅游发展

2006 年夏季，随着西南出海大通道国家兰海高速（G75）崇遵段开通，一部分重庆人开始逃离“火炉”，前往桐梓寻找避暑之地。桐梓顺势而为，按照“政府引导、市场运作、农民主体、因地制宜”的原则，突出“休闲避暑、生态旅游”两大主题，不断完善避暑地的基础设施和旅游服务设施，创新运营管理模式，把山区变成景区，大力发展以避暑度假为主的乡村旅游，17 年来，桐梓县持续不断深耕重庆市场，从短期乡村避暑寄宿走向了避暑旅居康养，将“清凉桐梓”变成了区域知名的乡村避暑度假品牌，成为以避暑度假经济推进乡村振兴的典型样本。

（1）构建乡村旅游发展体制机制，协力打造乡村避暑度假品牌。历届党政高度重视乡村旅游，专门成立了由县长任组长、四大班子领导任副组长、各有关单位主要负责人为成员的旅游发展领导小组，统筹协调处理全县乡村旅游发展工作，形成部门协同、聚力发展的乡村旅游体制机制，为乡村避暑度假品牌建设提供高效的制度保障。2021 年，桐梓县旅游产业化专班办公室专门印发了加快旅游产业提质助推旅游产业高质量发展四个行动方案——《桐梓县大力实施旅游市场主体培育行动方案》《桐梓县大力实施旅游业态升级行动方案》《桐梓县旅游服务质量提升行动方案》《桐梓县大力实施盘活闲置低效旅游项目攻坚行动方案》，沿兰海高速、渝黔快铁、川黔铁路三条大通道，围绕大娄山国际旅游度假区组团、官仓田园综合体旅游度假区组团、小西湖抗战文化旅游度假区组团、狮溪山地户外运动旅游度假区组团、九坝大健康旅游度假区组团、黄莲生态休闲旅游度假区组团等六大组团进行旅游产业转型升级集聚区打造，重点在官仓、娄山关、茅石、九坝、楚米、大河、尧龙山等乡（镇、街道）提升发展乡村避暑旅居产业，形成纵贯县域南北的乡村避暑度假产业带。

（2）创新乡村旅游投融资体系，推进乡村避暑度假品牌建设。桐梓县乡村旅游投融资与全国很多县（市、区）有着很大的不同，财政主要对必要基础设施和公共服务设施进行投资，并对达标的乡村旅馆给予适当的奖励，但许多重大的乡村旅游项目以民营资本投资为主，主要由重庆投资商为重庆避暑旅居者量身定制，形成了以财政投资为引导，民营资本（含民营资本与国有资本组成的混合所有制）为主体，村民自筹相互配套的乡村旅游投融资体系，有效减轻了政府负担，降低了政府债务。譬如，由民营企业重庆枫丹实业有限责任公司投资打造的尧龙山天域极地、贵州广银地产有限公司倾力打造九坝生态度假区、混合所有制形式的国家4A级旅游景区杉坪景区等。

（3）推动乡村旅游标准化建设，夯实乡村避暑度假品牌之基。在十余年的乡村旅游发展探索中，桐梓县根据国家、地方和行业评定标准，经过充分调研和向乡村旅馆经营者、游客和村支两委等征求意见，专门出台了面向市场、根植地方的《桐梓县乡村旅馆星级评定标准》，逐步建立了乡村旅馆的星级评定体系，严格乡村旅馆准入门槛，切实提高管理服务水平。与此同时，积极参与国家、省、市相关质量标准评定，形成了一批等级乡村旅游村寨、乡村旅游重点村、星级乡村旅游民宿和上等级的乡村旅游经营户（农家乐）和一批A级乡村旅游景区。

7.3.3 乡村旅游避暑度假品牌成效

通过十余年的发展，全县乡村旅游避暑度假品牌成效显著。每年夏季，有10余万的重庆市民纷纷结伴前往桐梓乡村进行长达1~3个月（甚至更长时间）的中长期避暑，“回头客”超过70%，近7万重庆市民选择在桐梓县购房，桐梓成为重庆市名副其实的避暑后花园。截至2021年底，全县共有乡村旅游点34个，乡村旅馆2027家，总床位数90160张，共接待游客1107.17万人次，实现旅游综合收入116.65亿元。[①] 其中，乡村旅游游客接待量730.95万人次，占全县游客接待总量的66.02%，实现乡村旅游收入52.9亿元，占全县旅游综合收入的45.35%，乡村旅游接待总量及其收益均排名遵义市第一。[②]

---

① 桐梓县统计局．2021年桐梓县国民经济和社会发展统计公报［EB/OL］.（2022-04-02）［2022-06-26］. http：//www.gztongzi.gov.cn/zfsj/tjsj/202204/t20220402_73456379.html.

② 桐梓县文化和旅游局．桐梓县旅游产业化发展2021年度总结［EB/OL］.（2022-01-20）［2022-06-26］. http：//www.gztongzi.gov.cn/zfbm/xwtlyj_5652663/zfxxgk_5652670/fdzdgknr_5652673/whlycyfzjwwbh/202201/t20220126_72415682.html.

从乡村旅游点的发展来看，桐梓县中南部的九坝镇共有乡村旅馆 778 家，常住避暑度假游客 3.2 万余人，高峰期突破 5.3 万人，2021 年乡村避暑度假经济总收入 8.39 亿元。位于娄山关街道的杉坪村，因山高坡陡，土地贫瘠，曾经是国家扶贫开发二类重点贫困村，2014 年，全村按照“农旅相生、景田相依”的思路，引入民营资本参与发展，通过“支部 + 合作社 + 公司 + 农户”的组织方式，调整乡村产业结构，推动农旅融合，大力完善基础设施和旅游服务设施，引进映山红、四季樱花、薰衣草等时令花卉，规划建设“四季杉坪花海”，使得曾经的国家级二类贫困村变成 4A 级旅游景区，形成了农旅融合助推乡村振兴的“杉坪样本”。

第8章　文化生态与乡村人居环境营建

乡村旅游高质量发展需要高质量的乡村人居环境作为支撑。1978～2021年，我国农村人口从7.86亿人减少到4.98亿人，城镇化人口比重从19.4%提高到64.7%，城镇化取得了巨大成就。40多年来，我国国土空间发生了前所未有的改变，诞生了许多国内历史上从未有过的系列空间衍生物，乡村改造、迁村并点、城中村等成为这一时期较为常见的现象（周月麟，2015）。在城镇化的影响之下，城市“火柴盒”建筑风靡乡村，许多地区因缺乏对乡村文化的深入挖掘和对农村居民生产生活的合理安排，在效率的推进下，通过一张图纸把几千年来形成的多样化乡村民居变成整齐划一的建筑，乡土建筑遭受到极大的破坏和摧残，曾经很多具有“诗画田园”美学品位的乡村瞬间成为城镇化下的“异化人居”，田园风光丧失殆尽。乡村作为一种特殊的文化地景，承载着我们每个中国人的家园基因与文化记忆，是我们每个中国人的根与魂。在乡村人居环境营建过程中，要精心呵护每个乡村独有的自然和文化根脉，谨慎开展乡村人居环境营建。

8.1　文化生态与人居环境

20世纪30年代初，美国人类学家朱利安·斯图尔德（Juliar Haynes Steward，1902～1972）在对肖肖尼人进行人类学田野调查研究的基础上率先提出了文化生态学理论，并在1955年出版的《文化变迁理论》一书中系统阐述了人类文化、行为与生态环境的关系。朱利安·斯图尔德认为，不同文化之间明显的相似性能够被解释成为对结构上相似的自然环境的适应，文化生态学是对某一社会适应的过程的研究，其首要问题是判定这些适应措施是否引发了带来进化意义上变迁的社会内部转变。[①] 文化生态（cultural ecology）的提出对美国人类学产生了深远的影响，其观点成为连接弗朗兹·博厄斯（Franz Boas，1958～1942）和阿尔弗雷德·克罗伯（Alfred Kroeber，1876～1960）历史具体主义与莱斯利·怀特（Leslie White，1900～1975）文化进化论的纽带。文化生态引入国内以后，国内学界进行了系统研究，进一步丰富了文化生态的研究内容。文化生态不仅是某一个地区生活的群体与当地环境的适应，更是不同文化之间的交融与发展。文化的拥有者是"人"，人创造了文化，文化又对人的创造产生影响。从生态学的观点上，每个族群都有自身的文化，不同族群文化组合成了多样化的"文化生态群落"，形成了纷繁复杂的文化生态系统，如同大自然的生物一样，不同族群也拥有不同的"文化生态位"，他们在不断地交融与影响，文化生态系统在不断地演替和发展，从不平衡到寻求新的平衡，同时也会遭到破坏，导致文化荒漠化。

人居环境是一个地区（乡村）独特的文化生态系统的表征。生活在一定区域的人们利用当地的自然地理条件和业已形成的生产生活方式，根据自身的习惯、信仰与生产力条件不断想象和创造，营建起了丰富多样的居住环境。如：因居住地自然条件的不同，形成了山地型、河谷型、滨海型等城市、集镇或者乡村。对于一块紧邻城市的郊区土地，山水相伴，林木葱茏，可能会将其建设为供市民游憩的公园，可能会作为一个高品质的度假区来打造，亦有可能作为高端住宅小区来开发。人居环境是文化适应和文化创造的结果，大自然仅为人居环境的营建提供了条件，至于建设成一个什么样的人居环境，这取决于人们的思维和创造。究其根本，则为人们对自己权利（而这个权利通常是决定且有效的）所及的土地和环境利用的价值观念和价值判断。自然条件在很大程度上也影响了人居环境的形成和

---

① ［美］穆尔．人类学家的文化见解［M］．欧阳敏，邹乔，王晶晶．译．北京：商务印书馆，2009：216.

发展，造就不同的空间形态，譬如，河谷型的人居环境一般呈带状，平原型的人居环境呈面状展开，山地型的人居环境呈散点式分布。

8.2 贵州乡村人居环境文化生态阐释

贵州历史上是百越、氐羌、苗瑶、濮人四大族系的交汇之地和民族迁徙的大走廊，独特的山地环境条件使得贵州的生物多样性和文化多样性得以完好保存。长期以来，贵州各族人民充分利用当地自然条件，根据自身的信仰和风俗习惯，在云贵高原东部造就了多元化的山地人居环境体系，形成独有的山地文化生态系统。

8.2.1 以“山地”为建筑肌理

贵州乡村人居环境营建建立在山地自然生态基础之上，山地自然生态对贵州乡村人居环境营建起着决定性作用。因为山高谷深，石多土少，绝大部分村寨选址在山麓与坝地相结合的部位。在一些山区，很多村寨都建在山顶或半山腰，以村寨为核心，村民们沿山开垦土地，形成了壮观的梯田生态风景。山地成为贵州乡村营建的自然基础，开门见山和背亦倚山成为贵州村寨的一大特色，村寨像襁褓中的婴儿被莽莽苍苍的大山所包裹，村寨依托山地，村民以血缘、姓氏、民族为纽带不断在这片山地营建，形成了多样化的山地乡村聚落。

8.2.2 “天·地·人·神”四位一体的营建观

贵州传统乡村聚落因地域差异而类型多样，这是各民族长期以来与山地自然环境相适应的结果。山形不同，环境不同，民族不同，民居亦不同，村寨更会不同。多样化的山地自然环境和不同族群的居住传统，创造了和创造着多样化的山地民居和聚落。“高山苗、水仲家，仡佬族住在石旮旯”是对贵州少数民族真实居住习惯的写照。受风水观念的影响，无论是水边寨还是半坡村，其民居与村寨几乎都以“地理三纲五常”为基本原则进行营建。在村民的意识和想象中，山有山神，水有水神，多神护佑使得山民与土地达成了和谐一致的关系。于是，乡村人居环境的营建几乎都伴随着神圣的仪式过程。一栋乡村民居从新建到完工至少需要择日、奠基、伐木、驾马、上梁、入宅等诸多仪式。“觅龙”“点穴”“察砂”“理水”和“立向”成为山民们各自营建人居环境的第一要义，同时又因族群信仰的不同，衍生出了多样化的山地人居环境营建观。“象天法地，天人合一”，贵州人将山地人居环境的营建融入堪舆、地质、水文、气候、生态、景观、信仰、生产、生活等多种要素，建构了自己理想的居住空间，形成了人与自然高度和谐的山地乡村聚落文化风景。

8.2.3 “故乡”与“他乡”的适应与融合

民族迁徙与交融是贵州文化发展的重要特点。大部分贵州人现在居住的地方并不是其“祖居地”，因为祖先的迁徙，才使得他们与贵州发生了联系，民居的营建或多或少都带着祖居之地的记忆。如贵州屯堡民居建筑肇始于明代“调北征南”时期，屯堡村寨的选址，绝大部分为前有肥沃良田，背倚青山。民居建筑在充分考虑军事的屯戍攻防外，屯堡人结合江南建筑文化传统，根据黔中喀斯特山地的自然特点不断地营造，形成了进可攻、退可守的建筑体系。从某种意义上说，屯堡建筑文化是江南文化和军屯文化的山地化表现。

8.3 文化生态理念下的贵州美丽乡村营建

受城镇化建设的影响，贵州乡村人居环境受到前所未有的冲击。“乡村过度城市化”和“千村一面”是乡村人居环境营建过程中一大问题。一些地区用一张规划设计图纸快速推进乡村人居环境整治，直接摧毁了乡村人居环境的多样化。如前所述，贵州乡村具有独特的文化生态，其建设需要在尊重地方文化生态的前提下进行营建。乡村人居环境营建不是简单的“穿衣戴帽”和“环境综合整治”，而是乡村文化生态系统的再造、活化与系统化的文明提升和转型，最终形成山地如画的美丽乡村。

8.3.1 “四生”理念营造持续人居

“四生”即“生产、生活、生态、生命”的简称。乡村人居环境的营建要充分考虑乡村生产和生活方式，根据生产生活方式安排和配置科学的空间，构建功能配置合理的人居空间体系，以满足村民们不同的生产和生活方式。“生态”则要求乡村人居环境营建要划定村寨生产生活生态“三生”空间，切实应按照生态学基本原理，强调人居环境与自然和社会文化环境的和谐，彰显乡村环境的“生态”品质。“生命”则强调乡村人居环境的“永续”和“复兴”，这是乡村人居环境营造的终极价值目标。

8.3.2 “乡愁”气质凝聚人居灵魂

乡愁作为一种美学，它因“乡土”而生（黄万华，2007），很多乡村在急剧的社会发展过程中已经面目全非，既没有城市的现代化，又没有乡野的天然与质朴，半洋不土的营建吞噬乡村传统风貌，形成了一大批“异化人居”。乡村人居环境之所以区别于其他人居环境，其核心在于乡村透露出的“乡愁”气质。乡村人居环境营建始终需要保育和演绎“乡愁”，使其“望得见山，看得见水，记得住乡愁”。

8.3.3 “三度”空间营造彰显品质

乡村人居环境的“三度空间”是指“村寨”“庭院”和“阳台”，这是提升乡村人居环境（特别是乡村旅游人居环境）品质的重要手段。村寨与其所处的自然环境所建构的空间为“第一度空间”，即乡村人居环境的“宏观空间”，这种空间的营造应遵循村寨本身的文脉，保持乡村传统风貌，顺应大自然的肌理，切实做到“道法自然，天人合一”，第一度空间基本伴随了乡村人居环境营建的整个过程，许多村寨已经基本完成。第二度空间则为庭院空间。在乡村，庭院空间通常一般以户为单位，由几栋单体建筑围合形成，贵州一些地区的村民习惯将其称为“院坝”，这是乡村人居环境营建的“中观空间”。庭院空间对每家每户极为重要，它不仅是家庭成员日常休憩、待客和户外交流等的公共场所，还承担着重要的晾晒功能。当需要发展乡村旅游时，庭院除了承担上述功能，还要满足游客休闲之需，即庭院的功能要从以往的家庭“晾晒”之地转变为供游客“喝茶”“喝咖啡”等的休闲之地，庭院由此成为重要的乡村旅游生产力空间。要实现这种功能的转变，庭院美化就成为关键，需要有“花园”的理念，强调庭院美学、生态和休闲品质三位一体。第三度空间则为“阳台”，是乡村人居环境营建的“微观空间”。为集约用地，贵州乡村民居多为一到三层的建筑，在二楼及其以上的楼层需要留有较大的阳台，并与卧室、客厅或书房等连通，房间则通过宽大的落地窗将“乡村风景”引入房间，阳台作为建筑物室内延伸空间，它为旅居者提供“发呆”和“看风景”的场所。村寨、庭院与阳台是乡村人居环境营造不可或缺的三大功能空间，它不仅是国际度假酒店（度假村）建设成功经验和乡村人居环境提升的微实践，更是世界乡村旅游发达地区人居环境从村民简单“家居”到游客诗意“旅居”转变的秘诀。在乡村人居环境营建设过程中，要遵循“村寨如画美、庭院变花园，阳台变憩园”的原则，全面提高乡村人居环境品质。

8.3.4 “符号”元素利用传承文化

文化是人类一切生产和生活方式的总和，文化的核心是想象力和创造力。我们需要传承优秀传统文化所凝聚的文化精神和表现出来的经典符号系统，从而保证传统文化的延续性、发展性和创造性，促进人类社会的发展。在世界文化保护实践中，文化不仅需要保护，更需要与现代生产生活结合，让文化拥有者获得公平发展的机会，建立起“保护—利用—传承”的良性循环机制。作为乡村文化最直观载体之一的乡土建筑，它们是千百年来人与自然共同的结晶，建筑功能空间安排、仪式活动、建筑样式等均形成了一套完整的符号系统。如贵州黔东南苗族侗族自治州的侗寨就有“未建寨，先建鼓楼”之说，鼓楼是龙头，风雨桥是龙尾，鼓楼与风雨桥一定，村寨的大体格局基本上就定下来了，鼓楼与风雨桥就成了识别侗寨的重要文化符号。我们需要在深入挖掘传统建筑文化的基础上，深入提炼经典的地方建筑符号元素，再经过符合现代人生活方式创意设计，在传承中有所发展，而不是作为“文化尸体”消极保护，更不是抛弃！

综上，贵州乡村人居环境的营建，需要以地方性知识为依据，对乡村在地文化生态系统进行深入分析研究，在厘清每个乡村文化的生态特征的基础上，通过村寨文化符号元素的提取和创意利用，营造“乡愁”氛围，彰显乡村文化和生态内涵。同时，在“四生”理念的指导下，营造可持续的人居环境，使贵州乡村的居住系统、支撑系统、社会系统、自然系统和人类系统实现和谐共生。

8.4 洪江村艺术乡建样本*

洪江村位于贵州省黔南布依族苗族自治州荔波县朝阳镇中西部，与中国南方喀斯特世界自然遗产地重要组成部分小七孔景区毗邻，距离镇政府 8 千米，全村面积 27 平方千米，共 9 个自然寨，10 个村民小组 365 户 1487 人，以布依族为主体，兼有部分水族和苗族。全村曾经有 60% 以上的人外出务工，是一个极为典型的“空心村”和深度“贫困村”。

2016 年，为开展脱贫攻坚和推进乡村振兴，改变洪江村面貌，驻村第一书记马丽华女士将艺术与乡旅巧妙地结合起来，在洪江村开展了以艺术乡建为内核的乡村人居环境营建，形成了以“艺术乡建”助力乡村振兴的典型样本。

艺术乡建围绕“非遗洪江、艺术洪江、匠人洪江、生态洪江”的发展定位，吸引 100 多位艺术家入住洪江村，他们通过长租、流转、出让等方式获取村民破败闲置房屋后，在遵循村寨文脉和地脉的基础上，植入乡土艺术元素，予以修复，并赋予其文化内涵，形成了“土语南居”“雁西书

* 资料来源：作者调研并撰写。

院”与“拉岜公社”等多个文化主题鲜明的乡村艺术空间，使原来破败不堪的民居建筑摇身成为兼具艺术工坊和居室功能的“文创房”，让濒临消失的乡村传统文化再次焕发新的活力。

洪江村将村落艺术空间与乡村旅游业态紧密配合，积极发展高质量的乡村旅游。充分发挥艺术家资源和品牌，利用改造好的“文创房”，开设“艺术美育”精品研学课程，先后获得了“全国中小学生校外研学实践教育基地”和“黔南布依族苗族自治州中小学生研学旅行基地”。2020 年，洪江村被评为省级乡村旅游重点村。先后吸引国内外 150 余万名游客前来开展以研学旅行、文化体验、休闲度假为主题的乡村旅游，实现增收 1200 余万元，惠及群众 1200 余人，[①] 完成了从贫困村、空心村向艺术村、旅游地的蝶变，成功探索出了一条艺术乡建与乡村旅游融合发展助推乡村振兴战略实践的新路径，2021 年，洪江村艺旅融合探索新路径入选《2021 世界旅游联盟——旅游助力乡村振兴案例》。

① 赵林. 荔波县洪江村，艺旅融合助力乡村振兴［N］. 贵州日报，2022－05－06（07）.

第 9 章　乡村旅游社区发展与现代治理

9.1　乡村旅游社区发展

9.1.1　社区与乡村旅游社区

社区一词属于舶来品，其概念源于欧洲，德语为“gemeinschaft”，最早由德国著名社会学家斐迪南·滕尼斯（Ferdinand Tonnies，1855～1936）提出。1887 年，斐迪南·滕尼斯出版了 *Gemeinschaft Und Gesellschaft* 一书，英语译本为 *Community and Society*，翻译成中文为《社区与社会》。斐迪南·滕尼斯在书中认为，社区是在亲缘关系上结成的社会联合，在这种社会联合中，权威的和自然的意志占据优势，个体或个人的意志被感情的和共同的意志所抑制（贾敬敦等，2013）。

社区作为人类社会生活的一种形态，一般是指生活在一定地域空间的社会群体。社区伴随着人类群居而诞生，历史悠久。在同一个村落里，人们共同定居生活，为抵御各种自然与人为灾难，大家团结在一起。于是，村落逐渐萌发了群体意识和共同体意识，产生了社区认同感，形成了村落社区特有的生产生活方式、风俗习惯、制度与管理体系。随着社会生产力的提高，人类从传统的农业社会迈向了现代工业社会，高度发达的城市文明与传统的乡村文明不断向前演进，社会结构发生了深刻变化，传统社会不断解体和重构，社会学家和人类学家开始关注这种解构和重组带来的一系列社会问题，人类何去何从？社区发展日益成为社会各界关注的重要话题。

一战后，资本主义制度下的工业化和城市化得以迅速发展，但社会人际关系却日渐淡漠，新的社会问题凸显出来，人们开始对斐迪南·滕尼斯提出的“社区”概念产生了兴趣。美国密歇根大学社会学教授查尔斯·鲁米斯（Charles P. Loomis，1905～1955）将斐迪南·滕尼斯的“gemeinschaft”译成了英文“community”，《牛津大辞典》将其解释为：生活在特定地区、乡村的人群。

中文“社区”一词由“community”翻译而来。1933年，费孝通等一批燕京大学青年学生在翻译美国学者罗伯特·E. 派克（Robert Ezra Park，1864～1994）的一篇原著时，首次将“community”翻译为“社区”，社区概念由此引入中国，并一直沿用至今，不仅成为中国社区理论研究的发源，还成为中国社会科学的一个通用术语。不仅如此，社区还成为国内许多地区重要的行政管理单元。

乡村旅游社区（rural tourism community）受相应的行政区的管辖，但它是功能性社区，而非行政管理意义上的社区，是指乡村旅游地的社会共同体。与行政管理意义上的乡村社区有着本质上的不同，乡村旅游社区的人群以从事乡村旅游为主，其他乡村社区以从事农业生产的相关活动为主。在乡村旅游社区，东道主（村民）和游客构成了乡村旅游社区的两大基本群体，他们来自不同的地区，拥有不同的文化背景和心理认同。乡村旅游社区与其他社区相比，具有如下基本特征。

（1）社群的二元性。在乡村旅游社区，东道主（村民）作为乡村旅游社区的内部主人，承载着乡村旅游社区的文化，担负着乡村旅游社区的旅游服务、经营与管理，是乡村旅游社区的主要人群。同时，社区内部有可能还存在着相关的组织或机构，乃至外来的商家或者其他群体，他们共同构成了乡村旅游地最广泛的“东道主群体”。此外，乡村旅游社区还拥有来自不同地区，不同的文化背景和心理认同的游客，他们的价值观念或多或少也对东道主产生影响。东道主和游客在乡村旅游社区进行跨文化交流，使乡村旅游社区呈现出社群二元性特征。

（2）功能的集成性。乡村旅游社区功能是集成化的，它不同于传统的以农业生产为基础的乡村社区、随着乡村旅游的发展，乡村旅游社区将会形成以旅游产业发展为先导、相关产业不断进行支撑和配套的多产融合发展格局。农业生产功能、旅游服务功能和其他相关的功能将会在乡村旅游社区内部不断集成，从而使乡村旅游社区业态更加丰富，人群关系更加复杂。

一个成熟的乡村旅游社区除了具备一般社区的构成外，还应具备旅游吸引物、旅游服务和游客。旅游吸引物是指那些对游客具有吸引力的各种事物和因素，这是乡村社区成为乡村旅游社区的重要条件之一。乡村旅游吸引物外延广泛，可以表现为乡村自然山水和田园风光，也可以是乡村美食、好客氛围、节庆节事和避寒避暑气候等。乡村旅游吸引物为人们前往乡村提供了某种理由。满足游客需求所带来的利益是乡村旅游社区旅游发展的不竭动力，游客是乡村旅游社区重要的服务对象，乡村旅游社区要充分研究游客的行为与心理，才能更好地为其提供更高质量的旅游服务。判断一个乡村社区是否是乡村旅游社区，一个最重要的标志就是它是否围绕游客的“行、游、住、食、购、娱”和“商、养、学、闲、情、奇”等诸多要素开展旅游服务，它可以是其中的一个要素，也是多个和全部要素。乡村旅游社区的旅游服务体系越齐全，旅游服务质量越高，乡村旅游社区就越成熟和越发达。

9.1.2 社区发展

1915 年，美国社会学家弗兰克·法灵顿（Frank Farrington，1872 ~ 1955）率先提出了社区发展（community development）概念，40 年后，联合国发布了《通过社区发展促进社会进步》（*Social Progress Through Community*）专题报告，报告明确指出，社区发展的目的是动员和教育社区内居民积极参与社会和国家建设，充分发挥创造性，与政府一起大力改变贫穷落后的状况，促进经济增长和社会全面进步（徐永祥，2001）。在联合国大力推广下，社区发展在 20 世纪 60 年代成为一种国际性的社会运动，为发展中国家的经济发展和社会进步提供许多帮助，成效显著（杨勋，2000）。社区发展包括经济发展、社会发展、政治发展、文化发展和可持续发展五项基本内容。

（1）社区经济发展。经济发展不仅仅是数量的增长，而应该是数量和质量相统一的高质量发展。如果仅依靠 GDP 多寡来衡量经济发展，是极不全面的，因为经济发展还涉及公平和效率以及人类福祉等问题。社区经济发展的目标是增加社区居民的收入，减少社区贫困，提高社区居民的获得感和幸福感。

（2）社区社会发展。在马克思的社会发展观中，人的发展问题得到了非常多的重视，马克思指出，未来社会是"以每个人的全面自由的发展为基本原则的社会形式"。在社区发展中，应将"以人为本"作为社区社会发展的核心，重视社区居民能力提升，强化和谐社区建设，坚持以人民为中心的发展思想，不断促进社区居民的全面发展和共同富裕。

（3）社区政治发展。社区政治发展要根据国家现行体制、法律和法规的要求，构建与之相适应的社区治理体系。对社区居民进行适当的增权和赋权，让社区居民真正享有参与权、知情权、监督权、管理权等权利，使他们积极参与社区综合治理的过程，探索形成符合社区实际的民主决策机制，充分调动社区居民的积极性和创造性。

（4）社区文化发展。社区文化发展关乎其他各项发展，构建积极健康的社区文化是增强社区文化软实力的重要途径。社区应该注重社区居民教育，以社会主义核心价值观统领社区文化建设，建设学习型社区，倡导积极健康的生产生活方式，为社区发展提供强大的精神动力和智力支撑。

（5）社区可持续发展。根据全球 193 个国家（含中国和美国）在纽约联合总部共同签署的《改变我们的未来：2030 可持续发展议程》，社区可持续发展主要包括社会可持续、经济可持续和环境可持续三项基本内容。

在社区社会可持续方面，强调要消除社区一切形式的贫困，确保社区健康生活方式，增进社区各年龄段人群的福祉。确保社区包容和公平的优质教育，让社区全体居民终身享有学习机会。实现性别平等，增强妇女和儿童的权能，创建和谐、包容的社区，组建有效、负责和包容的社区机构，建设法治社区，促进社区可持续发展。

在社区经济可持续方面，社区要积极采用可持续的生产消费模式，大力发展公平与环境友好型产业经济，使社区能实现充分的生产性就业，让社区全体居民获得体面工作，促进社区持久、包容和可持续经济增长，改善营养状况和发展可持续农业。

在社区环境可持续方面，要为社区全体居民提供水和环境卫生服务，并对其进行可持续管理。确保社区全体居民获得负担得起的、可靠的和可持续的现代能源，减少碳排放，积极应对气候变化及其影响。保护和可持续利用社区一切自然资源，保护、恢复和促进可持续利用陆地生态系统，可持续管理森林，防止荒漠化，制止和扭转土地退化，遏制生物多样性的丧失，促进社区环境可持续。

9.1.3 乡村旅游社区参与

乡村旅游社区发展离不开社区参与。20 世纪 80 年代中期，墨菲（P. E. Murphy）在出版的《旅游：社区工作方法》（*Tourism：A Community Approach*）一书中将社区参与引入旅游研究中，从新的视角来讨论旅游业的发展问题。此后，乡村旅游的社区参与日益成为人们关注的重要话题，学者们对社区参与乡村旅游发展的途径、模式、影响和体制机制等方面进行深入的研究，并在很多地区展开了积极实践，取得了丰硕的理论成果，积累了一系列宝贵经验。

乡村旅游的社区参与是指在乡村旅游发展过程中，社区居民作为推动社区发展的重要力量参与乡村旅游发展，在确保乡村旅游可持续发展和社区全面发展前提下从中获取相应利益的系列行为，文化归属、利益分配、效益认同、组织需求、政策支持、参与能力六个因素是居民社区参与的主要影响因素（路幸福等，2011）。乡村旅游的社区参与作为社区居民的一种行为，涉及乡村旅游发展的全过程和相关层面，包括参与乡村旅游社区的规划、决策、监督、管理、评估、经营等。在开展乡村旅游社区参与工作时，要特别关注社区的弱势群体，积极为他们创造更多的参与机会，拓展参与的范围，增加参与渠道，使社区参与主体更加全面和广泛，惠及更多的社区居民。同时，提升自身的自主发展能力，分享发展成果。乡村旅游社区参与具有以下 3 个基本特点。

（1）参与主体的广泛性。在开展乡村旅游社区参与之前，负责实施社区参与的组织、机构或部门必须要对乡村旅游社区的居民构成情况进行深入系统的调查研究，充分了解乡村旅游社区居民的民族、年龄、性别、姓氏、家族、家庭、职业、收入、技能、技艺与劳动力等情况，使参与主体基本能全面覆盖社区中不同民族、不同家族和不同家庭，让参与主体具有广泛性，最大限度减少参与不公带来的种种社区矛盾和隐患。

（2）参与方式的多样性。在乡村旅游社区参与主体中，各参与主体具体条件是有所不同的。作为乡村旅游社区参与制度与实践的设计者，要充分考虑社区参与主体的实际，善于采取不同的参与方式，使广泛的参与主体都能通过不同的参与方式分享到乡村旅游带来的利益。例如，对于手工艺人，可以采用劳务参与的形式，对于有余钱的社区居民，可以采用投资或入股参与的形式，而对那些无钱无技能的群体，可以采用培训再参与的方式。如此，乡村旅游社区参与方式就不是一种方式包揽天下，而是多种方式并存，从而呈现出多样性。

（3）参与内容的过程性。乡村旅游社区参与的过程性主要是指乡村旅游社区参与涵盖了乡村社区旅游发展从规划到建设再到运营整个过程。在规划阶段，规划者要善于运用田野调查的工作方法，让社区居民参与到规划中来，充分吸纳广大社区居民的意见，让规划者从乡村旅游社区发展的角度来规划，使社区居民的相关意见和想法反映在规划中，进一步减少居民对发展乡村旅游的反感情绪和冲突，以便规划实施（孙九霞等，2006）。在建设阶段，通过多社区居民参与，减少征占所带来的种种建设阻力，同时也使社区居民在参与建设中获得相应的经济收益。在运营阶段，让社区居民参与运营的相关决策、监督、管理和评估，提高运营管理透明度，增强社区居民的主人翁意识和自豪感。

乡村旅游社区参与实践表明，乡村旅游社区参与路径只有落实到利益的分配上来，才能有效。为了更好地实现乡村旅游利益分配，就必须协调好乡村旅游社区相关利益主体关系，设计好适宜社区实际的参与路径。乡村旅游社区居民的参与路径可以大致概括为劳务型参与、资产型参与和经营型参与三大基本路径。

劳务型参与是指社区居民通过向社区经营实体提供劳务按期获取劳动

报酬的一种方式。这种模式比较适合于贫困地区乡村旅游发展的初期。由于乡村社区居民缺乏资金、必要的服务技能和意识，一般由企业来投资开发，企业通过优先雇用社区居民，对其进行相应的服务技能培训后上岗，使他们凭自己所提供的劳务来获得相应的经济收益和福利，这是参与乡村旅游社区并获取收益最为普遍的一种路径。

资产型参与是指社区居民通过自己的资产，如现金，或将自己的技术、技艺、土地、山林、宅基地和住房等资产依法折价入股到社区的投资经营实体中，实行风险共担、按股分红的一种形式。应该说，资产型参与是乡村旅游社区参与最为公平和获益相对较大的一种路径。乡村旅游社区的村落民居、田园、菜园、果园等要素所构建起来的“乡境场域”作为核心的乡村旅游吸引物、乡村旅游活动的载体和物质空间，是社区居民世世代代不断营造的结果，理应视为全体居民所共有的资产，通过对这些资产的估价入股，让社区居民获得资产性收益，这是乡村旅游社区参与中的重要路径。

经营型参与是指社区居民自己投资作为一个独立经营主体参与社区的乡村经营活动，以获得相关经济收益的一种方式。它比较适合那些较为富裕的乡村社区和乡村社区中比较富裕的农户，同时也是乡村社区旅游发展到一定阶段后可采取的一种社区参与路径。这种经营型参与路径通常还与资产型参与和劳务型参与两条路径相结合，形成以股份经营型、经营雇佣型和股份经营雇佣型为代表的复合型乡村旅游社区参与路径。如在乡村旅游社区参与中，几个农户通过不同形式出资组建起股份有限公司或合作社，雇用社区居民作为管家，在社区从事民宿经营活动。

9.2　新时代乡村旅游治理体系

受乡村社会历史和经济文化发展特点的影响，中国传统乡村治理是以地缘关系与亲缘关系为主要特征、以宗族伦理为准则的村民治理，乡村旅游发展打破了乡村的地缘关系与亲缘关系，让乡村从封闭走向开放（郭凌，2008），乡村利益关系更加复杂，这就迫切需要在现行制度、法律和政策框架下，探索形成有效的乡村旅游治理体系，构建和谐社区，为乡村旅游高质量发展提供良好环境。

关于乡村旅游治理，国内诸多学者进行了有益的探索和研究。唐献龄（2020）从共生理论的角度分析了地方政府、旅游企业、当地村民三大共生主体彼此之间以及村民之间的利益冲突，提出了由沟通机制、参与机制、分配机制和保障机制相结合的乡村旅游利益冲突的治理机制。黄鑫、邹统钎和储德平（2020）通过对陕西袁家村 1949 ~ 2019 年纵向案例的研究，提出旅游乡村治理需要构建“集体共治”模式和动态开放的治理系统，注重社区精神的约束力。这些研究对如何开展乡村旅游治理提供重要的参考和依据。

现代乡村旅游治理需要坚定不移走中国特色社会主义乡村旅游善治之路。一是以自治增活力、以法治强保障、以德治扬正气，形成党组织领导的自治、法治和德治相结合的现代乡村旅游治理体系和共建共治共享的乡村旅游治理格局，不断增强广大农民的获得感、幸福感和安全感。二是建立健全党委领导、政府负责、社会协同、公众参与、行业自律、法治保障、科技支撑的现代乡村旅游治理体制，从单个部门治理向联合治理和全社会共同治理转变。三是实施乡风文明培育行动。以社会主义核心价值观为引领，强化村民思想道德建设，挖掘乡村优秀的传统文化，推进乡村社会公德、职业道德、家庭美德和个人品德建设，大力弘扬民族精神和时代精神，建设充满活力、和谐有序的乡村旅游社区。四是发挥村民、乡贤、新村民、新农人、专家学者、协会、商会、政府等的力量，探索多元共治和开放治理新路径。五是强化乡村旅游社区参与，通过劳务型参与、资产型参与和经营型参与等多渠道、多类型的社区参与方式，推进乡村旅游社区村民自主发展和乡村旅游社区综合发展，形成“产业兴旺、生态宜居、乡风文明、治理有效”的社区发展新局面，为乡村旅游发展提供和谐稳定的社区环境。六是充分利用互联网、大数据、云计算等现代技术，推动乡村旅游治理体系和治理能力现代化建设，不断提升现代乡村旅游治理的智慧化水平。

9.3 贵州乡村旅游社区营造

9.3.1 乡村旅游社区营造的内容

乡村旅游社区营造是一个长期的系统工程，由乡村旅游社区的“硬件子系统”和“软件子系统”所构成（见图9－1），硬件子系统可以在短期内快速完成，但软件子系统更为复杂，其营造需要一个长期的过程。

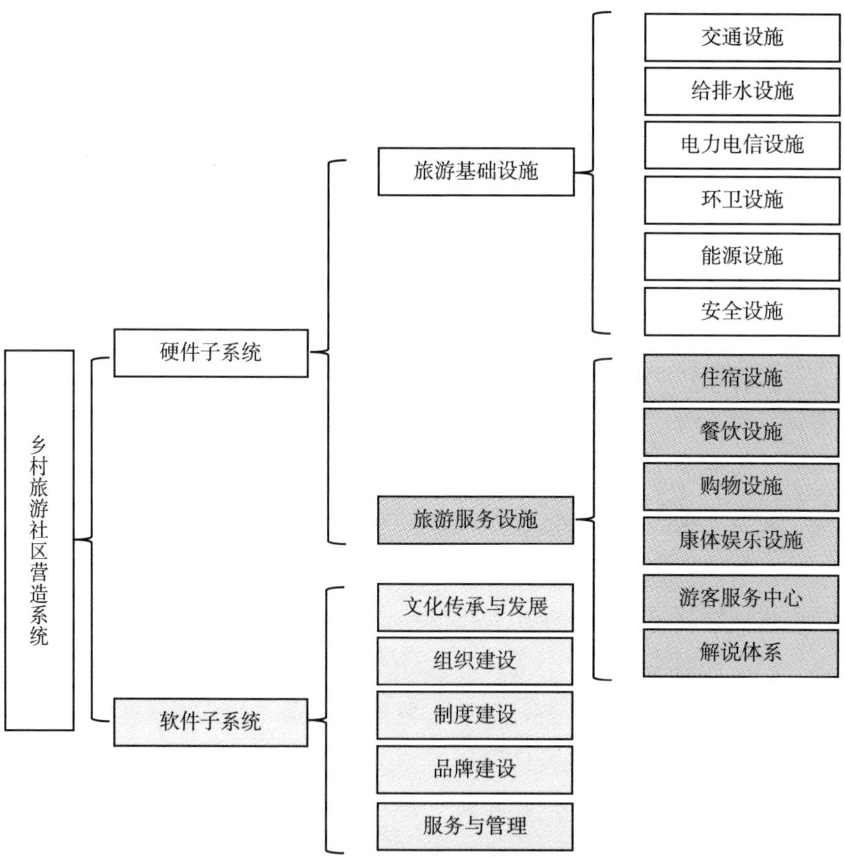

图9－1 乡村旅游社区营造系统

1. "硬件"子系统

社区营造的硬件系统主要是指以物质形态存在的相关内容，一般包括乡村旅游社区的基础设施和旅游服务设施。乡村旅游社区的基础设施由交通设施、给排水设施、电力电信设施、环境卫生设施、能源设施和安全设施六项基本内容构成。旅游服务设施包括住宿设施、餐饮设施、购物设施、康体娱乐设施、游客接待中心和旅游解说系统。

（1）旅游基础设施。

道路交通设施。道路交通设施关乎乡村旅游社区的可进入性问题，由乡村旅游社区的外部交通和内部交通所构成，外部交通是指直接进入乡村旅游社区的交通系统，需要最大限度解决乡村旅游社区的"快进"问题，在交通方式上主要由航空、铁路、公路和水运系统进行构建。内部交通是指乡村旅游社区内部串联各景点和相关功能区的各类交通体系，例如电瓶车道、索道、畜力交通等。内部交通建设主要解决乡村旅游社区的"慢游"问题，通过多种多样的内部交通方式，形成多样化的体验型交通旅游产品，最大限度延长游客停留时间。乡村旅游社区内部道路是"向心"型道路，即要吸引游客在社区最大限度地驻足停留。因此，要在保证安全的前提下，与地形地貌相适应，与周围环境相协调，切实做到道路交通的生态化、景观化和体验化。

给排水设施。乡村旅游社区的给排水设施要在科学测定用水需求的前提下进行建设。用水量预测应该包含乡村旅游社区的居民和运营管理者的用水、高峰期的游客用水以及农业生产、绿化与景观等的用水，用水定额可以参照相关标准进行测算。进一步结合乡村旅游社区实际，确定相应的供水方式、排水体制和污水处理措施。

电力电信设施。乡村旅游社区电力电信设施建设应在社区供电及电信现状进行分析和预测的基础进行，并符合如下规定：一是在乡村旅游社区内原则上不得安排高压电缆和架空电线穿过；二是在乡村旅游社区内不得布置大型的供电设施；三是主要供电设施宜布置在乡村旅游社区及其附近。电信设施建设应结合乡村旅游社区具体实际进行建设，并符合以下规定：一是乡村旅游社区应配备能与国内外联系的现代化通信设施；二是在乡村旅游社区范围内，原则上亦不得安排架空电缆穿过，宜采用隐蔽工程。

环卫设施。环卫设施在建设之前，需要科学测定乡村旅游社区的固体废弃物产量，分析其组成和发展趋势，提出污染控制的目标。制订符合乡村旅游社区具体实际的固体废弃物收运或处置方案。在乡村旅游社区的环卫设施建设中，要特别重视旅游厕所的建设，建设水准至少达到《旅游厕所质量等级的划分与评定》（GB/T 18973—2016）中的 A 级标准。

能源设施。能源设施主要是指供热和供气设施。要根据乡村社区的实际，对所需规模进行预测后才能进行建设。此外，乡村旅游社区应积极采用清洁能源，减少碳排放。

安全设施。乡村旅游社区安全设施建设是提高社区安全防护能力的重要举措，需要在对乡村旅游社区安全风险源进行系统排查的基础上进行有针对性的建设。一般而言，乡村旅游社区安全设施主要有防洪、抗震、消防、生命线系统等内容。乡村旅游安全设施要与乡村旅游社区安全设施一起进行同步规划同步建设。同时，在乡村旅游社区发展过程中要及时发现社区可能存在的安全风险，积极完善和建设相应的安全设施，切实做到未雨绸缪和有备无患。

（2）旅游服务设施。

住宿设施。乡村旅游社区住宿设施建设需要在科学测算床位数量的基础上，根据乡村旅游社区的具体实际进行规划建设。具体测算公式如下。

$$B = \frac{TP}{DN} - B_0$$

式中，

B——乡村旅游社区规划建设床位数；

T——游客平均停留天数；

P——年住宿人数；

D——年旅游天数；

B_0——现有床位数。

乡村旅游社区住宿设施可以大致分为标准型的住宿设施和非标型住宿设施。标准型住宿设施主要是依据国家（国际）、行业和地方某一住宿标准而建设达标的住宿设施，如甲级民宿。非标型住宿设施是指尚未达到某一住宿标准的住宿设施，如村民依托自有住宅改建形成的尚未达标的家庭旅馆。需要说明的是，非标型住宿设施并不是所有的内容都不达标，而是特指此类住宿设施尚未达到某一住宿标准，一些强制性的内容，如消防、卫生等是必须要满足要求的。乡村旅游社区住宿设施不仅是设施，还是乡村旅游社区的旅游吸引物和旅游产品，在建设过程中，应强调休闲度假品位和文化气质，为游客提供舒适的住宿体验。

餐饮设施。餐饮设施建设应该与乡村旅游社区游客接待规模相匹配，亦要对餐位数进行科学测算后进行建设。餐位测算公式如下：

$$C = K \cdot \frac{ZD + FN}{YT} - C_0$$

式中，

C——乡村旅游社区规划建设餐位数；

K——游客集中指数，该指数随着乡村旅游社区发展而逐渐减小，各期参考指数为1.6、1.4和1.2；

Z——年住宿游客量；

D——游客平均住宿天数；

F——非住宿游客量；

N——餐饮率，非住宿游客中留在乡村旅游社区进行餐饮的人数与非住宿游客的比率；

Y——乡村旅游社区全年适游天数；

T——餐位周转率；

C_0——乡村旅游社区现有餐位数。

乡村旅游社区餐饮设施建设应坚持标准化、特色化、多样化和主题化的原则进行建设，在达标的前提下，尽量体现乡村旅游社区特色。既有普通的农家乐，也有野奢品质的户外餐饮，既有饕餮乡景餐厅，也有歌舞主题宴饮，既有快捷餐饮，也有慢享餐食。食材切实做到本地化和绿色化，并向有机目标迈进，真正为游客提供健康食材。菜品在凸显社区饮食文化的基础上应注重创新，为游客提供品质餐饮。

购物设施。乡村旅游社区购物设施应布局在游客的出入口区域，或与餐饮设施、康体娱乐设施和游客中心相配套，积极运用电子商务手段进行线上经营。同时，配备便捷的物流配送服务。

康体娱乐设施。康体娱乐设施建设可以提高乡村旅游社区的吸引力，增强乡村旅游社区的体验感，延长游客停留时间，增加旅游消费，从而为乡村旅游社区创造更高的经济收益。乡村旅游社区康体娱乐设施建设需要充分挖掘社区文化，通过系统创意策划和科学论证后进行建设。从功能上划分，乡村旅游社区康体娱乐设施大致可以分为：歌舞类，如篝火晚会广场、芦笙场等；体育健身类，如游泳池、骑行绿道、滑草场、滑雪场等；游戏类，如赛马场、斗茶馆、棋牌室等；文娱类，如垂钓区、采摘园、民艺坊等。

游客中心。游客接待中心通常位于乡村旅游社区的出入口区域，同时，需要根据乡村旅游社区大小在重要的节点区设置次级的游客服务站点。游客服务中心主要为游客旅游资讯、宣传、展示、票务、导游、集散、休息、购物、餐饮、医疗救护等服务。乡村旅游社区游客中心的建设，应根据游客中心的性质、等级标准、技术经济条件、社区自然地理条件和文化特征做恰当的艺术处理，不能盲目抄袭和贪大求全，要积极创新，创造出既具有时代感又不失地方特色的建筑，打造乡村旅游社区标志性的功能复合型景观建筑。

解说体系。乡村旅游社区的解说体系主要是对乡村旅游社区景区（点）进行讲解和介绍的体系，由解说主体、解说客体和解说内容所构成。解说体系作为游客了解乡村旅游社区的工具和渠道，可以将其分为向导式解说和自导式解说。乡村旅游社区解说体系的建设主要是对自导式解说的建设。在建设过程中，要切实注意以下四点：第一，标识标牌要选用经久耐用的材料，进行统一的规范化设计后方可建设，不可凌乱；第二，标识标牌文字要清楚醒目，既要专业，又要通俗易懂，至少要中英文对照；第三，标识标牌制作美观，并与社区环境相协调；第四，积极采用运用先进科技，形成智慧化的解说系统。

2. 软件子系统

软件子系统主要是指以非物形态存在的相关内容，主要包括乡村旅游社区文化的传承与发展、组织建设与振兴、制度建设与完善、品牌建设与运营以及旅游服务与管理五项内容。

（1）文化传承与发展。文化是旅游发展的灵魂，但文化不是一成不变的，它需要不断发展，从而推动人类文明的进步。乡村旅游社区经过长期的历史沉淀，业已形成独有的文化传统、风俗与技艺。乡村旅游社区在发展旅游的过程中，一方面要传承发展优秀文化，大胆扬弃糟粕；另一方面要紧跟时代步伐，不断通过创新活化传统优秀文化，推动乡村旅游社区文化不断进步和发展，使乡村旅游社区既承袭优秀传统文化之精华，又充满新时代气息。

（2）组织建设与振兴。为维护乡村旅游社区共同利益，促进乡村旅游社区发展，必须要加强乡村基层党组织领导下的乡村旅游社区组织建设。乡村旅游社区组织包含正式组织和非正式组织，但无论哪一种组织，都应以解决乡村旅游社区发展的共同问题和实现共同目标为基本宗旨。通过乡村旅游社区组织建设，规范和引导乡村旅游社区居民的行为，团结社区居民，营造和谐公平发展的社区环境。在乡村旅游社区组织建设中，要善于从乡村旅游社区的实际出发，引导居民建立起互助合作的相关的组织，如乡村旅游合作社、旅游发展公司、乡村旅游协会等，提高社区自我管理能力和自主发展能力。

（3）制度建设与完善。乡村旅游社区制度建设是为了维护乡村旅游社区正常的生产生活秩序，保障国家各项政策的顺利执行和各项工作的正常开展和形成文明乡风，依照国家相关法律法规、政策和社区文化传统制订系列约束力和指导性应用文。乡村旅游社区的制度建设是国家法律、法规和政策在某一乡村社区的具体化，是乡村旅游社区行动的准则和依据，对促进乡村旅游社区建设和发展具有重要的价值和意义。乡村旅游社区制度一经颁布，就会对乡村旅游社区的每一个人产生约束力，它规定了社区里的人们可以做什么和不能做什么以及违背了会受到什么样的惩罚，实现了从“人治”向“制治”的转变，从而形成规范有效的乡村旅游社区治理体系。

（4）品牌建设与运营。品牌是乡村旅游社区的无形资产，它可以提高乡村旅游社区的市场竞争力，为乡村旅游社区带来源源不断的收益。在乡村旅游社区建设过程中，要善于运用品牌思维去建好和运营好社区的每一项乡村旅游产品。同时，也可引进国内外知名的品牌入驻乡村旅游社区，或者通过贴牌的方式迅速树立起社区乡村旅游品牌，提高乡村旅游社区的知名度和美誉度。

（5）旅游服务与管理。旅游服务与管理是乡村旅游社区软件建设的核心。就乡村旅游社区而言，服务作为一种极具价值的无形活动，它给乡村旅游者带来满足感直接对乡村旅游满意度产生影响，而管理则是乡村旅游社区的管理者通过实施计划、组织、领导、协调和控制等职能来实现既定目标的过程。乡村旅游社区的管理能力影响着乡村旅游社区的服务水平，乡村旅游社区的服务水平直接反映了乡村旅游社区管理水平的高低。作为乡村旅游社区上级主管部门和相关职能部门，应制订乡村旅游社区服务与管理水平提升计划，不断加强社区居民的培训和再培训，不断革新乡村旅游社区居民的服务理念，增强乡村旅游社区居民的服务意识，提升乡村旅游社区居民的服务技能，进而促进乡村旅游社区运营管理水平的提升。

9.3.2 构筑“四生”融合发展体系

在乡村旅游社区营造中，“四生”体系是指围绕“生产、生活、生命与生态”四个方面建构而成的系统化乡村旅游发展体系。乡村旅游社区的生产、生活、生命与生态是一个有机整体，不可偏废，共同支撑乡村旅游社区发展。

（1）生产。乡村旅游社区的旅游发展不能脱离其他产业而孤立存在，如果没有其他相关产业的支撑，社区旅游产业不可能做大做强。旅游业不仅是乡村旅游社区产业发展的催化剂，还是乡村旅游社区整个产业体系中的纽带产业。乡村旅游社区旅游发展应该实施产业融合发展战略，通过“+旅游”和“旅游+”多产融合方式来促进乡村旅游社区产业的发展。农业产业可围绕着旅游提升，通过调整农业产业结构，实施农旅一体化，从“农业景观”到“游客镜头”，从“农产品”到“餐桌”等方面有效升级产业，提高产业附加值，将农业产业发展成为支撑乡村旅游社区旅游发展的重要产业。

（2）生活。乡村社区生活是游客的诗和远方。营造“乡愁”，变乡村生活为旅游活动，形成系列化的参与型旅游产品，让游客在参与中充分体验乡村生活。对乡村旅游社区的耕作、丰收、节庆和娱乐等活动进行主题包装、策划和创意，使之变得更加生活化、情趣化和品质化，以美好的乡村生活不断激发城镇居民的旅游动机，形成城乡互动发展的新格局。

(3) 生命。生命包含两层含义。一是乡村旅游社区的旅游产品要全方位关爱游客生命健康，使其游得尽兴，住得舒心，吃得健康，购得放心，娱得开心，不断为游客创造健康新生活。二是要善于把握乡村旅游社区产品生命周期，瞄准市场需求，及时革新和升级旅游产品。

(4) 生态。乡村社区旅游发展根植社区，紧盯市场。需要以系统化的产业生态观，按照高质量发展的要求，坚持把生态做成产业，把产业做生态，努力构建起绿色、低碳、循环和可持续的产业体系。同时，积极营造利于乡村旅游社区旅游发展的产业环境，以生态系统观来构建乡村旅游社区的产业体系，实现多产融合共生，形成良好的产业生态链，不断增强乡村旅游区的可持续发展力。

9.3.3　培育乡村旅游社区自主发展能力

自主发展能力是指地区、组织或个人面对既定的自然、经济和社会环境，在权利、资源和机会等占有量有限的约束下，将自己内在的各方面素质与外部的各种发展环境和发展机会相结合，自由地开拓发展空间，从而不断提高自身价值的能力（李芸霞，2014）。通过不断培育乡村旅游社区自主发展能力，不断增强乡村旅游内生发展动力。

(1) 构建良好的体制机制。在乡村旅游社区自主发展能力培育的过程中，乡村旅游社区管理者要依据国家的有关政策和法律法规，积极探索和创新乡村旅游社区自主发展能力培育的体制机制，并使体制机制能够运行有效和保障有力，这是实现乡村旅游社区自主发展能力培育的基本前提。体制机制不仅要切合社区具体实际，而且还要简单易行，能充分涵盖乡村旅游社区自主发展能力培育的计划、组织、领导、控制和协调等职能。

(2) 强化乡村旅游社区居民培训。乡村旅游社区自主发展能力很大程度上不是受制于资金，而是受制于社区居民缺乏相应的自主发展意识和素能。乡村旅游社区要根据现实和未来的发展需要，有针对性地制订专门的自主发展能力培育计划，不断对乡村旅游社区居民进行各类培训，切实提高乡村旅游社区居民的综合素质，使其从传统的农业生产者转变成为现代旅游的服务者和管理者。

（3）促进乡村旅游社区赋权发展。世界银行在《赋权与减贫：资料手册》中指出，赋权（empowerment）是指资产的扩大，穷人参与、谈判、影响、控制以及掌握影响他们生活机构的能力。要成功地为穷人赋权，增加他们在不同情况下选择和行动的自由，通常需要具备信息获取、包容与参与、问责、地方组织能力四个基本要素。这一术语在不同的社会文化和政治背景下有着不同的内涵，不能随便地将其翻译成为所有的语言。对与赋权有联系的本土术语探讨一直是全世界积极讨论的话题，它包含着自强、控制、自力、自力更生、自我选择和遵循个人价值观的生活，能够为自己的权利、独立、自主、自由、觉醒和能力而奋斗之意，这些内涵被植入本土价值和信念体系中（Narayan D，2002）。在乡村旅游社区发展中，要通过适当赋权，增加公平发展机会，特别是对社区的弱势群体和穷人，最终实现共同富裕。

（4）积极建设和谐社区。追求幸福是人类奋斗和发展的不竭动力，和谐社区是和谐社会的重要体现和组成单元。在乡村旅游社区自主发展能力的培育中，和谐社区将会为村民的自主发展能力提供良好的环境。人类的幸福与福利密不可分，和谐社区建设不仅要充分体现社会主义和谐社会“民主法治、公平正义、诚信友爱、充满活力、安定有序以及人与自然和谐相处”的总要求，还应将乡村旅游社区的福利体系建设作为核心，不断改善乡村旅游社区的生活环境和居民生活质量，增进乡村旅游社区福祉。

9.4 百里杜鹃管理区乡村旅游社区发展与现代治理样本*

9.4.1 样本地概况

百里杜鹃管理区地处贵州省毕节市中部，其所辖区域曾经分属毕节市大方县和黔西市两地，总面积697.17平方千米，现辖7个民族乡、1个街

* 资料来源：作者调研并撰写。

道、1 个乡级管理区和 71 个村（社区）。区内居住着汉、彝、苗、白、满、布依、仡佬、蒙古和侗等 21 个民族，常住人口 10.29 万人。全区旅游资源富集，拥有世界面积最大、种类最多、保存最完好、绵延 125.8 平方千米的原始杜鹃林带，囊括了全世界杜鹃花全部 5 个亚属 40 余个品种。区内分布景区（点）40 余个，其中，国家 5A 级和 4A 级旅游景区各 1 个、3A 级旅游景区 5 个。年均气温 14.8℃，夏季平均气温 19℃，年降雨量 1150.4 毫米，紫外线强度低，森林覆盖率为 70%，空气负氧离子含量高达 1.6 万个/立方米，是春季踏青赏花、夏季避暑度假的首选地。

9.4.2　主要做法

（1）构建高效的管理体制机制。为解决大方和黔西两地资源争端、属地分治、多头管理和条块分割的弊端，贵州省、毕节市于 2007 年将涉及杜鹃花资源的区域单独划出，成立了百里杜鹃党工委和管理委员会，正式成为毕节市委、市政府的正县级派出机构，对百里杜鹃进行“既管资源保护利用，又管经济社会发展”的大景区综合管理体制机制改革，经过 16 年的发展，百里杜鹃管理区形成了“统一保护、统一管理、统一规划、统一开发、统一建设和统一营销”的发展格局，为全区乡村旅游高质量发展提供了有力的组织和制度保障。

（2）注重乡村旅游社区营造。按照“山产变特产、山民变商民、农舍变民宿、农民变店主、村庄变景区”的思路，以“一村一景”“一村一特”为基本原则，通过创建国家全域旅游示范区，整合多方资源，聚指成拳，发挥村民、投资商、管委会等多方力量，在适合发展乡村旅游的村寨开展乡村旅游社区营造，不断提升乡村旅游吸引力和公共服务水平，创建 2 个省级乡村旅游重点乡、6 个省级乡村旅游重点村、4 个甲级乡村旅游村寨、28 个乙级乡村旅游村寨和 4 个标准级乡村旅游村寨。通过“游客之家”“最美小院”评选机制，在全区 571 家住宿、461 家餐饮和 15 家娱乐场所中授予 36 家经营主体“游客之家”称号，7 家经营主体被评为“最美小院”，让游客在乡村留下来、住下来、乐起来，探索形成景村共生型发展模式。

（3）强化乡村旅游现代治理。一是建立基层党组织领导下的乡村旅游现代治理体系。甲级乡村旅游村寨颖川村充分发挥村党支部作用，通过持续开展法治宣传、民情走访、问题排查、矛盾调处和环境整治等五项活动，积极引导乡村旅游从业主体建立“旅游联盟”，实现抱团发展，防止恶性竞争和社区矛盾。二是推进乡村旅游治理现代化。全国乡村旅游重点村鹏程街道大水社区，将村民家庭基本情况数据化，生成“码上知道”楼栋明白卡，推进楼宇管理信息化，同时，组建村务微信群，搭建线上治理平台，形成了“大数据＋治理”模式。三是积极创建“一中心一张网十联户”的基层治理工作机制。[①] 省级乡村旅游重点村朝门村专门建设了基层综治中心，将全村划分为 1 个大网络和 9 个小网格，通过配备网格员和联户长，形成“党小组＋网格员＋联户长”三位一体的治理体系。

① 村（社区）是基层治理的关键一环，网格是基层治理的“神经末梢”，网格员是最贴近百姓、最贴近基层的群体。为打通服务群众“最后一公里”，贵州结合省情，不断加强基层组织、基础工作、基本能力建设，创新推进“一中心一张网十联户”机制建设。“一中心”指县乡村综合治理中心，“一张网”指城乡社区网格，“十联户”是按照“住户相邻、邻里守望”的原则，将相对集中居住的村（居）民按照十户左右标准划分联防联治服务单元。——贵州日报．贵州省“一中心一张网十联户”机制打通基层治理“神经末梢”［EB/OL］.（2022－10－24）［2022－10－26］. http：//www. guizhou. gov. cn/home/gzyw/202210/t20221024_76832530. html.

第 10 章　乡村旅游运营管理

乡村旅游运营管理根植于乡村，贯穿于乡村旅游企业和乡村旅游地建设与发展的全过程。从乡村旅游长远发展的角度看，乡村旅游运营管理比乡村旅游企业的组建和乡村旅游地的规划建设还要重要。组建好的乡村旅游企业和一个规划建设完毕的乡村旅游地仅仅是乡村旅游“生”的问题。然而，要使其“活”下来，并且要“活”得更长久，就不那么轻而易举，而“活下来”的关键，则在于对乡村旅游的运营管理。

10.1　运营管理概述

10.1.1　运营管理的产生

运营管理（operations management）是对生产管理的进一步发展，是现代管理学思想的重大变革。在机械化大生产时代，人们非常关心如何提高工厂的生产力问题，生产管理自弗雷德里克·温斯洛·泰勒（Frederick Winslow Taylor，1856～1915）的科学管理起受到广泛重视。随着生产的扩大化，产品日益丰富，且产品的可替代性在不断增强，人们发现，产品不仅仅是生产那么简单，还包含着投产前的市场研判、产品的研发和售后服务等诸多问题，生产管理已经难以覆盖一个产品从研发到生产到使用到消亡的全过程。于是，运营管理思想逐渐替代了传统的生产管理观。

10.1.2 运营管理的内涵

李·克拉耶夫斯基（Lee J. Krajewski）和拉里·里茨曼（Larry P. Ritzman）从流程和价值链的角度讨论了运营管理，他们认为，运营管理是指对流程进行系统化设计、指挥和控制，使这些流程把输入要素有效转化为提供给内部顾客和外部顾客的服务或产品。在运营管理活动中，每一个企业及其具体部门都有相应的业务流程或技术流程，这个流程维持着企业运转，使企业成为一个有机体，不断创造着价值。在李·克拉耶夫斯基和拉里·里茨曼运营管理思想中，涉及三个关键的概念：一是顾客－供应商关系；二是流程；三是价值链。运营管理的流程设计以满足顾客需要为前提，通过与供应商的协同（即供应链管理），不断创造价值并使企业资产得以升值，以此提高企业的市场竞争力和可持续发展力，而流程的累积和运行则构建了企业完整的价值链。

运营管理作为对企业运营过程的计划、领导、组织和控制，与企业产品的生产和服务密切有关。从广义上讲，每一个企业及其下属的各个部门都有自己相对完整的一套运营管理体系。有人认为，运营管理好比企业的发动机，是一个企业的心脏和中枢神经。运营管理者必须要清楚自己运营管理的对象为何物，才能更好地实施相匹配的管理职责。

从系统论的角度来看，运营管理的对象是运营系统，它是企业通过各种运营资源将投入转化为产出的系统（见图10－1）。这个运营系统会因企业经营业务的不同而有着极大的差异，即使是有着同一业务的企业，其运营系统也不会百分之百相同，因为它还与企业实际情况密不可分。譬如，同样是经营旅行社业务的企业，国内社和国际社的运营系统差别就很大。

我们知道，企业以生产和服务的获利来使自己得以生存。企业生产和服务的对象是市场，而生产和服务的形成有赖于企业自身的供给，如果盲目扩大生产规模，供给就有可能超过市场需求，势必会产生产能过剩。如果供给能力不够，企业生产的产品和提供的服务就有可能不能满足市场，同样也会错失良机。为此，企业的运营管理系统就需要围绕市场需求前端和供给能力末端来设计，从而实现供需匹配。

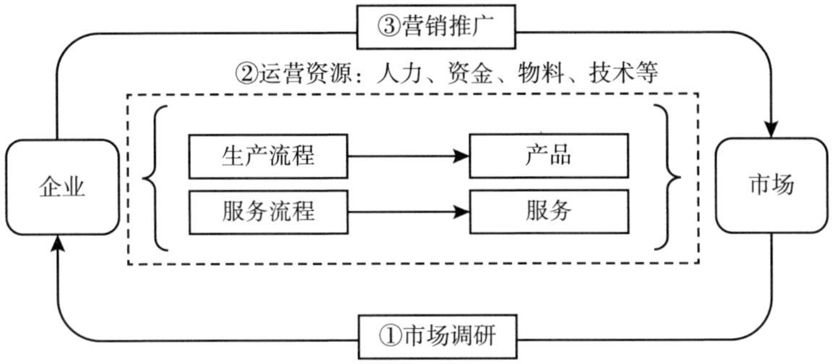

图 10－1　企业运营管理系统

针对市场需求，企业有市场营销体系；针对供给能力，企业有生产和服务体系。在运营管理过程中，企业生产和服务体系构建是重中之重，它作为企业内部支持运营活动的资源，包括一系列的人、财、物和技术等条件，也是最为系统和复杂的。企业财务部门或风控部门根据市场部门提供的市场研究情报资料对新产品和新服务可行性进行评估后，决定投资意向和投资规模。生产与服务部门根据确定投资意向和规模来组织生产和服务。人力资源部门负责所需人才的招募和调配，将其充实到企业相关部门，为各个部门提供坚实的智力支撑和保障。如此，企业各个部门密切配合，利用运营资源把投入转化为产出。

10.1.3　运营管理的特点

信息技术、人工智能和全球竞争正对运营管理产生着巨大的影响，互联网已经渗透到社会生产和人们生活的方方面面，企业的运营管理必须要善于运用这些新兴技术，积极应对信息化时代产生的各种新风险，迅速形成切合时代的运营管理方法和模式，提高自身的市场竞争力。当今运营管理正呈现出智能化、精准化和开放性三大基本特点。

(1) 智能化。从“市场研判→新产品/新服务的创意→流程设计→生产→投放市场”，几乎都可以运用相关的技术来实现。企业可以通过顾客购买行为的大数据分析，可以更加系统和全面地掌握市场需求。新产品和新服务的创意也可以辅助现代设计体系，通过虚拟仿真呈现出新产品和新服务的形态。在流程设计上，通过计算机分析，可以实现流程优化。在生产过程中，通过人机一体化的智能系统，可以实现智能制造、智能生产和智能服务。

（2）精准化。运营管理的精准化依赖对大量数据收集、分析和处理。没有科学数据作为基础，运营管理决策是没有依据的。在传统阶段，科学的数据收集极为困难，不但成本高，而且所需的时间较长，很不利于运营管理者及时做出决策，随着大数据技术的发展，科学数据的收集就变得更加容易。例如，人们在使用网络的过程中，都会留下相应的痕迹，企业可以通过对这些痕迹特征的提取和分析，掌握相关群体的行为习惯，洞察其心理需求，从而提供更加符合目标市场需求的产品和服务，使得运营管理更加有效。

（3）开放性。运营管理系统深受市场需求、政治法律、企业变化等内外因素的影响，人力、资金、物料和技术等运营资源将会因之发生变化，企业运营管理者在保持企业生产流程或服务流程相对稳定的前提下，要主动适应内外因素的变化，对相应的流程进行不断的优化和调整，使运营管理在开放中实现流程价值的最大化。

10.2 乡村旅游地的运营管理模式

乡村旅游地的运营管理模式是指乡村旅游地在特定条件下乡村旅游产业发展的经验总结与高度概括。在长期的乡村旅游运营管理实践中，各地根据自身条件，不断创新发展思路，形成了若干具有代表性的乡村旅游运营管理模式，有力地促进了乡村旅游的蓬勃发展。根据国内乡村旅游地运营管理实践，可以大致分为政府主导、企业主导、自主型、股份制和复合型五种模式。

（1）政府主导。政府主导模式一般是指由各级政府部门（或政府平台公司）根据市场需求，选择有条件的地区通过编制相关规划有计划地发动村民发展乡村旅游的模式。在发展初期，一般由政府部门、政府平台公司投资建设必要的基础设施和旅游服务设施，通过示范带动和重点突破，鼓励和引导村民参与乡村旅游经营过程，同时给予必要的指导。此种模式下的乡村旅游发展，可以迅速整合和调集相关资源在短期内见到成效，但如果不重视乡村社区参与和公平发展问题，这种模式下的乡村旅游隐藏着潜在危机。

（2）企业主导。企业主导模式特指由企业进驻乡村投资开发乡村旅游的一种模式。企业根据投资开发区的上位规划和相关规划编制完成相应的乡村旅游规划，经依法审批后，完成整个乡村旅游区的开发建设，并对所开发建设的乡村旅游区进行统一的经营和管理。企业以市场需求为导向，开发设计乡村旅游产品和进行运营管理，市场契合度较高，但因资本的逐利性，社区参与性可能较差，村民和企业之间容易产生利益纠纷。

（3）自主型。自主型发展模式是由乡村旅游地村民以自身运营管理资源为基础进行自我运营管理的一种模式。例如，在 20 世纪 80 年代初期，贵州省黔东南苗族侗族自治州雷山县上郎德创造性地运用人民公社化时期“工分制”的生产与分配制度，形成了以“工分制”为核心的乡村旅游自主性运营管理模式。

（4）股份制。乡村旅游投资的产权可以大致分为国家产权、投资商产权、村集体产权、村民小组产权和村民个人产权五种类型。在乡村旅游发展过程中，可对这五种不同产权进行整合，组建起股份制乡村旅游企业，形成乡村旅游股份制发展模式。这种模式通过对股权进行优化，充分整合各路资金、资源和资产，明确各利益主体的责权利，让当地农户成为合法股东参与到乡村旅游经营管理中，有利于调动各方的积极性，分担风险，确保乡村旅游的良性发展。

（5）复合型。复合型模式也称“＋”模式，是指在乡村旅游发展过程中，通过各相关利益主体的衔接，形成共同推动当地乡村旅游发展的一种模式。乡村旅游利益主体大致可以划分为政府、外来投资公司（简称外来公司）、村办企业（合作社）、协会、农户、旅行社等利益主体。在乡村旅游发展实践中，这些利益主体的不同组合可以形成若干类型的乡村旅游复合型发展模式，如外来公司＋村办企业（合作社）、外来公司＋合作社＋农户、村办企业＋旅行社、政府＋村办企业＋农户。

10.3 贵州乡村旅游运营管理探讨

对参与乡村旅游发展的各类生产资料产权进行科学界定、管理和制度设计是乡村旅游运营管理的重要前提。从产权属性上看，绝大部分乡村旅游生产资料产权均具有“共有”和“个有”的双重特点。譬如，村落景观遗产是全体村民世世代代共同创造的结果，理应由全体村民所“共有”，村落景观遗产由不同村民的房屋建筑所组成，各家的房屋建筑理应由各自所“个有”。如果没有“个有”的创造和支持，全体村民所“共有”的整体村落景观遗产则将不复存在。

在乡村经济发展中，因对产权性质的理解不同，存在两种典型的集体和集体主义，即公有集体（主义）和共有集体（主义），在公有产权概念下，村集体由其代理人代表集体来行事，当代理人异化、贪污腐败或假公济私，这种公有势必带来少数人的私有（张小军，2015）。“共有”则不一样，它强调了村民“人人共同占有”，在“共有产权”之下，代理人的权利被限制，他们仅仅是为所有村民服务的职能代理人，没有特权，更不能通过集体公权将公有变成自己所有。

1867 年，马克思在《资本论》中批评了资本主义占有方式，提出“在协作和对土地及靠劳动本身生产的生产资料的共同占有的基础上，重新建立个人所有制，”[①] 马克思所期望的在生产资料共同占有基础上的“个人所有制”是指在通过协作劳动、使用共同占有的生产资料的基础上，社会或共同体的全部财富归全体人民或共同体成员共享，所创造的社会财富归每个社会个人公平分享的所有制（张小军，2016）。共有基础之上的个人所有制不仅是马克思主义政治经济学的重要观点，它还凝聚乡村长期存在的共有文化，具有较好的社会实践基础。它不仅确保了村民共同利益，进一步避免“吃公”和“公地悲剧”，还能充分调动村民个人的积极性，实现个人利益与集体利益高度统一，为乡村共享发展提供了重要理论

① ［德］卡尔·马克思．资本论（第1卷）［M］．北京：人民出版社，1975：832.

依据。

以“共有基础之上的个人所有制”为指引，逐步探索切合各村实际的乡村旅游运营管理模式，保障集体经济组织和村民、承包经营户、联户或者合伙的合法财产权和其他合法权益，壮大社会主义劳动群众集体所有制经济，增进乡村民生福祉，让乡村旅游高质量发展成果更多更公平惠及全体村民。按照专业分工要求，形成产品建设、市场营销、物流配送和监管服务等相互协作的体制机制，提高乡村旅游的自组织化程度。推动乡村旅游地或乡村旅游村寨与涉农企业（合作社）、旅行社、电商平台、民宿品牌、酒店集团、康养机构、运动俱乐部、文化创意企业、研学旅行机构、保险业等进行跨行业、跨区域合作，形成较好的乡村旅游产业生境。鼓励乡村旅游地和相关组织机构通过联盟、会员、连锁等多种方式整合行业资源和服务资源，为乡村旅游者提供一站式服务，实现资源互享、线路互通、游客互送和市场互利。丰富乡村旅游业态、扩大客源群体、做大市场蛋糕，提高乡村旅游投入产出效益。建立乡村旅游地村民增收的长效机制和利益保障机制，鼓励乡村旅游地和乡村旅游村寨引入专业管理团队或聘请职业经理人，创新探索整体、整村运营，提升乡村旅游运营管理水平。

10.4　水东乡舍运营管理样本*

水东乡舍位于贵阳市开阳县西南部南江布依族苗族乡的龙广村，是结合水东①文化和山地田园风光在开阳十里画廊景区打造的品牌乡村旅游项

* 资料来源：作者调研并撰写。

① 历史上的“水西”与“水东”是以乌江上游鸭池河为界，鸭池河以东一片谓之“水东”，鸭池河以西广大地区则谓之“水西”。安氏世居水西，率彝族四十八部，其地在今毕节、大方、水城、纳雍、织金、黔西、金沙等地。安氏势力强大以后，越出鸭池河、三岔河向外扩展，遂有“水外六目之地”，即今修文、息烽、清镇、平坝、普定等地。水东宋氏世居贵州（今贵阳）城侧，亲领“洪边十二马头”，管水东、贵竹等十二长官司，其地域在今贵阳、开阳、龙里、贵定等地，有些长官司插入“水外六目之地”，与安氏属地交错。——《贵州通识》编委会．贵州通史（第 2 卷）［M］．北京：当代中国出版社，2002：52.

目。从唐初至明末，开阳为水东宋氏土司治下之地，水东乡舍之名充分体现了这一在地历史文化。

龙广村是开阳乡村旅游品牌青龙河“十里画廊”的重要组成部分，现被列为全国首批少数民族特色村寨、国家级美丽乡村建设示范点、全国乡村旅游重点村。过去，龙广村生活条件艰苦，村民们仅靠一亩三分地过着穷日子，不少村民外出务工挣钱补贴家用。龙广村距离省会贵阳中心城区近，亦有不少村民选择进城发展，曾经一度成为“空心村”，同时也产生不少的闲置房屋。

为发展高质量乡村旅游，推动乡村振兴，龙广村开始盘活闲置资源，从探索宅基地“三权”分置着手，依法将农户闲置房屋的20年使用权进行流转，吸引有认同有情怀有能力的市民前来投资，由平台公司（贵州水东乡舍旅游发展有限公司）通过“三改一留”（闲置农房改经营房、自留地改农耕体验地、老百姓改服务员，保青山留乡愁）打造成十里画廊富有特色和品质的乡村旅游民宿和精品乡宿，并进行统一的运营管理。经营后，市民股东获得20年经营使用权，享有一间长住房，其他房间经营收益按市民股东60%、入股农户20%和公司20%的比例进行分配，其中，公司收入的10%分配给村集体，由此形成“622+1”的利益联结机制。“622+1”不仅有效解决了乡村旅游投资短缺的问题，还使村民、市民、村集体和平台公司成为紧密联系的乡村旅游利益共同体。

此外，水东乡舍旅游发展有限公司还专门搭建了水东乡舍“村村”数字乡村app运营管理平台。入股村民可通过农户端实时查看经营状况，实时提现收益分红，还可通过此端口上载农副土特产品、文创产品、餐饮产品等至平台的“寻物寻味板块”，进行线上销售。市民股东可通过平台“我要投资”功能，自主选择投资，并在市民股东端口实时查看经营状况，实时提现收益分红。游客则可通过游客端口的“发现”功能查看相关旅游信息，实现实时预订。

“622+1”利益联结机制创立了“市民+平台公司+农户+集体”的运营管理管理模式，有效促进了城乡要素资源双向流动，唤醒了乡村“沉睡”资源，繁荣了乡村社会经济与文化，有效推动了巩固拓展脱贫攻坚成果和乡村振兴的有效衔接。截至2022年上半年，水东乡舍项目已完成投资 1.5 亿元，入股农户累计 110 余户，累计吸引 70 余个市民入股，吸纳社会入股资金 2800 余万元，带动 160 余名村民和建档立卡贫困户 131 户，且运营情况良好，入股农户收益超过 1.2 万元/年，就业农户收入超过 2.5 万元/年。[①]

① 开阳县融媒体中心．开阳县水东乡舍“622”模式走进贵阳宣传推介会举行［EB/OL］.（2022－08－15）［2022－08－30］. https：//mp. weixin. qq. com/.

第11章　乡村振兴战略下的乡村旅游高质量发展评价

11.1　评价指标

11.1.1　构建原则

（1）科学系统。乡村旅游高质量发展评价结果依赖于评价指标，指标选择应当充分反映乡村旅游高质量发展的内涵特征、乡村旅游对乡村振兴的贡献程度、乡村振兴对乡村旅游高质量发展的支撑等内容，最终形成与乡村振兴战略实践和我国社会主要矛盾解决相契合的高质量发展体系。因此，乡村旅游高质量发展的评价指标不能通过人为的简单主观判断来确定，而要经过认真研究，充分借鉴学者们的研究成果，从多个维度进行选择，从而形成能进行科学评价的指标体系。

（2）典型代表。乡村旅游高质量发展与乡村经济、社会、文化、环境等密切相关，需要从诸多方面对乡村旅游高质量发展进行评价，所选的评价指标要能相对准确、直观地反映所评价的对象和目标，能充分体现评价指标的典型性和代表性。

（3）可以操作。在乡村旅游高质量评价指标选择的过程中，要充分考虑所选的评价指标是否能量测，其数据是否能获取，同时，数据获取的难度也不宜过大，如此，乡村旅游高质量发展的评价指标才具有可操作性。

11.1.2　基本遵循

乡村旅游作为根植于乡村的复合型产业，其高质量发展必须以乡村振兴战略总要求为基本遵循，在推进农业农村现代化中发挥独特的功能和作用，促进乡村实现共同富裕。

11.1.3　指标构建

在评价体系构建原则与基本遵循的基础上，结合乡村旅游高质量发展效益好、增长稳、三精化、创新强、有内涵、可持续的六大基本特征，运用层次分析法，探索构建集“目标层（A）→准则层（B）→指标层（C）”为一体的乡村旅游高质量发展评价指标体系。本指标体系的目标层为乡村旅游高质量发展（A）、准则层则以乡村振兴“产业兴旺（B_1）”“生态宜居（B_2）”“乡风文明（B_3）”“治理有效（B_4）”和“生活富裕（B_5）”五项总体要求构成，每个准则层由若干的指标来进行测定，从而形成基于乡村振兴战略实践的乡村旅游高质量发展评价指标体系（见表 11－1）。

表 11－1　基于乡村振兴战略实践的贵州乡村旅游高质量发展评价指标体系

目标层（A）	准则层（B）	指标层（C）		指标性质
		名称	单位	
乡村旅游高质量发展（A）	产业兴旺（B_1）	乡村旅游总收入（C_1）	亿元	+
		省级及以上乡村旅游重点村镇数量（C_2）	个	+
		乡村旅游人均消费（C_3）	元	+
		地区生产总值（GDP）（C_4）	亿元	+
		油菜、茶园和水果产量（C_5）	万吨	+
		乡村从业人数（C_6）	人	+

续表

目标层（A）	准则层（B）	指标层（C）		指标性质
		名称	单位	
乡村旅游高质量发展（A）	生态宜居（B_2）	森林覆盖率（C_7）	%	+
		节能环保公共预算支出（C_8）	亿元	+
		耕地面积（C_9）	万亩	+
		公路密度（C_{10}）	千米/平方千米	+
		农用化肥施用量（C_{11}）	吨	−
		单位地区生产总值能耗（C_{12}）	吨标准煤/万元	−
		游客与村民对乡村整体人居环境满意率（C_{13}）	%	+
	乡风文明（B_3）	游客对村民好客与友好程度的评价得分（C_{14}）	百分制	+
		村民家庭教育文化娱乐人均支出（C_{15}）	元	+
		国家级文明村镇数量（C_{16}）	个	+
	治理有效（B_4）	乡村旅游游客满意度（C_{17}）	%	+
		乡村旅游村民满意度（C_{18}）	%	+
		村民对平安乡村建设的满意率（C_{19}）	%	+
		村民对乡村干部廉政与作为的满意率（C_{20}）	%	+
	生活富裕（B_5）	人均乡村旅游收入（C_{21}）	元	+
		乡村常住居民人均可支配收入（C_{22}）	元	+
		村民家庭恩格尔系数（C_{23}）	%	−
		乡村居民人均住房面积（C_{24}）	平方米	+
		乡村每百户家庭拥有家用汽车的数量（C_{25}）	辆	+
		乡村每千人拥有乡村医生和卫生员数量（C_{26}）	人	+

（1）产业兴旺。产业兴旺是乡村振兴的经济基础，也是促进乡村发展的首要任务（马瑛等，2021），它与乡村旅游高质量发展效益好、增长稳这两个特征有着紧密关系。由此，在产业兴旺准则层由乡村旅游总收入（C_1）、省级及以上乡村旅游重点村镇数量（C_2）、乡村旅游人均消费（C_3）、地区生产总值（GDP）（C_4）、油菜、茶园和水果产量（C_5）、乡村从业人数（C_6）6个指标来测定，其中，C_1 和 C_2 主要反映乡村旅游产

业规模大小，C_3 主要反映乡村旅游质量和效益，C_4 至 C_6 主要反映地区相关产业对乡村旅游高质量发展的支撑。

（2）生态宜居。生态宜居是乡村振兴的关键和乡村可持续发展的基本前提，它为乡村振兴和乡村旅游高质量发展提供重要的环境支持。乡村旅游地不仅是村民生产生活的基本场所，还是游客开展旅游活动的重要空间，与此同时，良好的生态环境往往还是乡村地区的重要旅游吸引物。乡村旅游高质量发展必须严守生态和发展两条底线，构建人与自然和谐的乡村旅游发展体系，不断增强乡村地区的可持续发展力。生态宜居准则层由森林覆盖率（C_7）、节能环保公共预算支出（C_8）、耕地面积（C_9）、公路密度（C_{10}）、农用化肥施用量（C_{11}）、单位地区生产总值能耗（C_{12}）、游客与村民对乡村整体人居环境的满意率（C_{13}）7 项指标构成，其中，游客与村民对乡村整体人居环境的满意率（C_{13}）为抽样调查的满意人数与调查总人数的比例，耕地面积（C_9）用来衡量乡村农业产业发展的潜力。

（3）乡风文明。乡风文明是乡村振兴之魂，它为乡村旅游高质量发展不断注入文化力量，作为乡村的软环境，它让乡村旅游更有特色、更有内涵。乡村旅游本质上属于文化产业，必须坚持以文塑旅、以旅彰文，充分挖掘在地文化，促进乡村文化遗产传承、保护和科学利用。乡风文明准则层由游客对村民好客与友好程度的评分（C_{14}）、村民家庭教育文化娱乐人均支出（C_{15}）、国家级文明村镇所占比例（C_{16}）3 项指标测定，其中，C_{14}评分采用百分制，通过抽样调查获取后，取其平均值。

（4）治理有效。治理有效为乡村振兴相关目标的实现提供重要保障。发展乡村旅游使相对封闭的乡村逐步走向开放，有效推动了信息、资本、人才等发展要素不断向乡村聚集，有利于加速了乡村现代化。治理有效准则层由乡村旅游游客满意度（C_{17}）、乡村旅游村民满意度（C_{18}）、村民对平安乡村建设的满意率（C_{19}）、村民对乡村干部廉政与作为的满意率（C_{20}）4 项指标构成，其中，C_{17}和 C_{18}采用问卷抽样调查的方式进行，通过游客和东道主（村民）的角度去衡量乡村治理是否有效，其满意率为抽样调查样本满意人数与样本总人数之比。

（5）生活富裕。生活富裕是乡村振兴和乡村旅游高质量发展核心目标。高质量的乡村旅游为村民提供在地就业机会，增加村民收入，获得与外界公平发展的机会，不断缩小城乡差距，增进乡村福祉。生活富裕准则层由人均乡村旅游收入（C_{21}）、乡村常住居民人均可支配收入（C_{22}）、村民家庭恩格尔系数（C_{23}）、乡村居民人均住房面积（C_{24}）、乡村每百户家庭拥有家用汽车的数量（C_{25}）和乡村每千人拥有乡村医生和卫生员数量（C_{26}）6 项指标测定。

11.2 权重探讨

指标权重是指一项指标在某一指标集合中的重要程度。与评价指标系统对应的权重系统是由若干权重集合构成的，这些权重集合通过某种隶属度或法则建起相互联系、彼此影响和不可分割的整体。确定权重集合的方法可大致归纳为两类：一类是经验判断法，它是利用相关评价专家的经验、知识和能力，通过直观感觉设计权重集合的方法，各类专家咨询法就属于这一类；另一类是数学方法，一般是运用数理统计或模糊数学设计权重集合的方法，模糊矩阵就属于这一类（梅婷，2011）。在实践中，人们常常将这两类方法集合起来使用。虽然经验判断法方便易行，但却不严密，有较大的随意性。

层次分析法（AHP）是一种多目标多准则的决策方法，20 世纪 80 年代由中山大学保继刚教授引入旅游资源定量评价中，[①] 作了非常有益的尝试。该方法通过相关领域的专家对评价指标进行两两比较之后，再通过相应的数据处理后得到各指标的权重，但这种比较是人们主观比较评判的结果，客观性相对较差。

本研究运用王思秀与潘岩（2022）的方法——AHP－熵值法来确定各指标权重。[②] 在熵值法中，权重计算完全基于客观数据本身，可以较好地

① 保继刚．旅游资源定量评价初探［J］．干旱区地理，1988（3）：60－63.

② 王思秀，潘岩．乡村旅游高质量发展评价体系构建研究——基于新发展理念视角［J］．河南科技学院学报，2022，42（7）：9－17.

保障评价的客观性。因此，将熵值法与 AHP 法相结合起来使用，可进一步规避 AHP 法中主观性过重导致的客观性不足问题。计算公式为：

$$\lambda_i = \frac{w_j u_j}{\sum_{j=1}^{n} w_j u_j} \tag{11-1}$$

公式（11－1）中，λ_i 为 AHP－熵值法下最终确定的权重，w_i 为层次分析法（AHP）下的指标权重，u_i 为熵值法下的指标权重。

11.2.1　以层次分析法（AHP）计算权重

1. 构造判断矩阵

假设在一个乡村旅游高质量发展评价指标系统中，评价目标层（A）的下游指标集合为 $\{B_1, B_2, B_3, \cdots, B_n\}$，如图 11－1 所示。

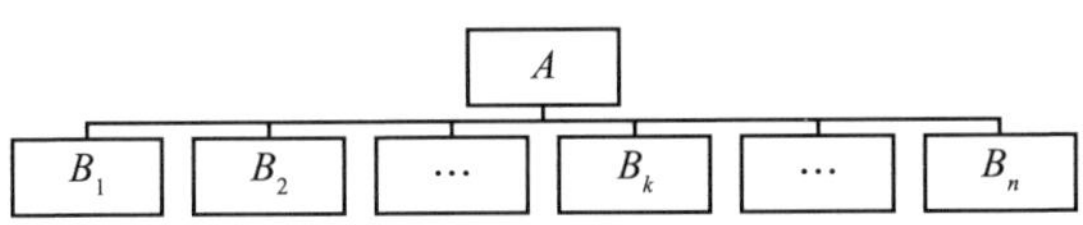

图 11－1　评价指标的逻辑关系

通过指标之间的两两比较，即可形成表 11－2 的判别矩阵。

表 11－2　指标权重判别矩阵

A	B_1	B_2	…	B_k	…	B_n
B_1	1	B_1/B_2	…	B_1/B_k	…	B_1/B_n
B_2	B_2/B_1	1	…	B_2/B_k	…	B_2/B_n
…	…	…	…	…		…
B_k	B_k/B_1	B_k/B_2	…	1	…	B_k/B_n
…	…	…	…	…		…
B_n	B_n/B_1	B_n/B_2	…	B_n/B_k	…	1

采用“1－9标度法”[①] 对A层级下的指标 B_1，B_2，…，B_k，…，B_n 进行两两比较，其结果形成判别矩阵 A。本研究邀请了旅游管理、人文地理、经济学、农林经济管理、社会学五个专业领域的专家通过专家咨询会的方式进行比较讨论，得出了目标层（A）和准则层（B）的判别矩阵（见表11－3至表11－8）。

表11－3　目标层（A）判别矩阵

A	B_1	B_2	B_3	B_4	B_5
B_1	1	2	3	5	7
B_2	1/2	1	2	3	5
B_3	1/3	1/2	1	2	3
B_4	1/5	1/3	1/2	1	4
B_5	1/7	1/5	1/3	1/4	1

表11－4　产业兴旺（B_1）判别矩阵

B_1	C_1	C_2	C_3	C_4	C_5	C_6
C_1	1	1/3	1/2	2	3	5
C_2	3	1	2	5	9	7
C_3	2	1/2	1	4	6	9
C_4	1/2	1/5	1/4	1	2	3
C_5	1/3	1/9	1/6	1/2	1	2
C_6	1/5	1/7	1/9	1/3	1/2	1

表11－5　生态宜居（B_2）判别矩阵

B_2	C_7	C_8	C_9	C_{10}	C_{11}	C_{12}	C_{13}
C_7	1	6	2	7	5	4	3
C_8	1/6	1	1/3	2	6	3	1/2

① 陶长琪．决策理论与方法［M］．北京：中国人民大学出版社，2010：114－122.

续表

B_2	C_7	C_8	C_9	C_{10}	C_{11}	C_{12}	C_{13}
C_9	1/2	3	1	8	5	4	2
C_{10}	1/7	1/2	1/8	1	1/3	1/4	1/6
C_{11}	1/5	1/6	1/5	3	1	1/2	1/3
C_{12}	1/4	1/3	1/4	4	2	1	1/4
C_{13}	1/3	2	1/2	6	3	4	1

表 11-6　　乡风文明（B_3）判别矩阵

B_3	C_{14}	C_{15}	C_{16}
C_{14}	1	1/2	1/3
C_{15}	2	1	1/2
C_{16}	3	2	1

表 11-7　　治理有效（B_4）判别矩阵

B_4	C_{17}	C_{18}	C_{19}	C_{20}
C_{17}	1	3	2	5
C_{18}	1/3	1	1/2	2
C_{19}	1/2	2	1	3
C_{20}	1/5	1/2	1/3	1

表 11-8　　生活富裕（B_5）判别矩阵

B_5	C_{21}	C_{22}	C_{23}	C_{24}	C_{25}	C_{26}
C_{21}	1	1/5	1/4	1/3	1/2	2
C_{22}	5	1	2	3	4	9
C_{23}	4	1/2	1	4	2	8
C_{24}	3	1/3	1/4	1	2	6
C_{25}	2	1/4	1/2	1/2	1	4
C_{26}	1/2	1/9	1/8	1/6	1/4	1

2. 层次单排序及其一致性检验

首先，计算一致性指标 CI，公式如下：

$$CI = \frac{\lambda_{max} - n}{n - 1} \tag{11-2}$$

在公式（11 -2）中，λ_{max}为判断矩阵最大特征值，n 为阶数，判断矩阵的 CI 随阶数 n 增加而明显增加。为解决此问题，引入平均随机一致性指标 RI，一般地，判断矩阵阶数越高，一致性随机偏离现象发生的概率就会越大，其关系如表 11 -9 所示。

表 11 -9　　随机一致性指标 *RI* 数值

n	1	2	3	4	5	6	7	8	9	10	11
RI	0. 00	0. 00	0. 52	0. 90	1. 12	1. 24	1. 32	1. 41	1. 45	1. 49	1. 51

一致性偏离现象的产生也可能由随机原因导致，因此，在对判断矩阵进行一致性检验时，还需将一致性指标 CI 与随机一致性指标 RI 进行比较，得到一致性比率 CR，其计算公式如下：

$$CR = \frac{CI}{RI} \tag{11-3}$$

其次，根据公式（11 -2）和公式（11 -3）对各判别矩阵（见表 11 -3 至表 11 -8）进行一致性检验，当 $CR<0.1$ 时，则判别矩阵基本满足完全一致性；当 $CR \geqslant 0.1$ 时，则需对判别矩阵元素的赋值重新处理，直至 $CR<0.1$。笔者利用 Python 软件进行程序设计来计算各判断矩阵最大特征值和特征向量，并进行一致性检验。检验结果见表 11 -10。

表 11 -10　　各判断矩阵一致性检验计算结果

判别矩阵	λ_{max}	CI	RI	CR	一致性检验结果
目标层下的判别矩阵（A）	5. 1381	0. 0345	1. 12	0. 0308	通过
产业兴旺准则层下的矩阵（B_1）	6. 1108	0. 0222	1. 51	0. 0176	通过
生态宜居准则层下的矩阵（B_2）	7. 6375	0. 1062	1. 45	0. 0781	通过

续表

判别矩阵	λ_{max}	CI	RI	CR	一致性检验结果
乡风文明准则层下的矩阵（B_3）	3.0092	0.0046	1.12	0.0089	通过
治理有效准则层下的矩阵（B_4）	4.0145	0.0048	1.45	0.0054	通过
生活富裕准则层下的矩阵（B_5）	6.2194	0.0439	1.24	0.0348	通过

根据上述方法，得出准则权重（见表 11 - 11 第 3 列）和各指标的权重（见表 11 - 11 第 5 列）。

如表 11 - 10 所示，各判断矩阵均通过一致性检验，权重系数分配均合理。

表 11 - 11　层次分析法（AHP）计算的乡村旅游高质量发展评价体系指标权重

目标层 A	准则层 B	准则权重	指标	权重	综合权重
乡村旅游高质量发展	产业兴旺（B_1）	0.4378	乡村旅游总收入（C_1）	0.1488	0.0651
			省级及以上乡村旅游重点村镇数量（C_2）	0.4046	0.1771
			乡村旅游人均消费（C_3）	0.2792	0.1222
			地区生产总值（GDP）（C_4）	0.0838	0.0367
			油菜、茶园和水果产量（C_5）	0.0495	0.0217
			乡村从业人数（C_6）	0.0341	0.0149
	生态宜居（B_2）	0.2547	森林覆盖率（C_7）	0.3433	0.0874
			节能环保公共预算支出（C_8）	0.1140	0.0290
			耕地面积（C_9）	0.2353	0.0599
			公路密度（C_{10}）	0.0296	0.0075
			农用化肥施用量（C_{11}）	0.0504	0.0128
			单位地区生产总值能耗（C_{12}）	0.0702	0.0179
			游客与村民对乡村整体人居环境满意率（C_{13}）	0.1572	0.0400
	乡风文明（B_3）	0.1503	游客对村民好客与友好程度的评价得分（C_{14}）	0.1638	0.0246
			村民家庭教育文化和娱乐人均支出（C_{15}）	0.2973	0.0447
			国家级文明村镇所占比例（C_{16}）	0.5390	0.0810

续表

目标层 A	准则层 B	准则权重	指标	权重	综合权重
乡村旅游高质量发展	治理有效（B_4）	0.1073	乡村旅游游客满意度（C_{17}）	0.4824	0.0518
			乡村旅游村民满意度（C_{18}）	0.1575	0.0169
			村民对平安乡村建设的满意率（C_{19}）	0.2718	0.0292
			村民对乡村干部廉政与作为的满意率（C_{20}）	0.0883	0.0095
	生活富裕（B_5）	0.0472	人均乡村旅游收入（C_{21}）	0.0606	0.0029
			乡村常住居民人均可支配收入（C_{22}）	0.3781	0.0178
			村民家庭恩格尔系数（C_{23}）	0.2709	0.0128
			乡村居民人均住房面积（C_{24}）	0.1516	0.0072
			乡村每百户居民家庭拥有家用汽车数量（C_{25}）	0.1077	0.0051
			乡村每千人拥有乡村医生和卫生员数量（C_{26}）	0.0311	0.0015

3. 权重计算结果

将各准则层（B）下的各指标权重与所属准则层的权重相乘，最终计算出层次分析法下乡村旅游高质量发展评价体系各指标权重（见表11－11第6列综合权重）。

11.2.2 以熵值法计算权重

熵值法完全取决于各指标的观察值样本，指数不受人为因素的干扰，可以根据一个客观的现实对系统进行公平的评估。

1. 数据预处理

为使不同领域、范围的指标之间可以相互比较，在此选用极差标准化法对数据进行无量纲化处理。公式为：

$$y_{ij}=\frac{x_{ij}-\min(x_j)}{\max(x_j)-\min(x_j)}+0.01 \tag{11-4}$$

若评价指标为负向指标时，标准化公式为：

$$y_{ij}=\frac{\max(x_j)-x_{ij}}{\max(x_j)-\min(x_j)}+0.01 \tag{11-5}$$

在公式（11－4）和公式（11－5）中，y_{ij}为经过标准化处理的第 i 个样本中的第 j 项指标值，x_{ij}为第 i 个样本中第 j 项指标数据原始值，$\min(x_j)$为所有样本中第 j 项指标的最小值，$\max(x_j)$为所有样本中第 j 项指标的最大值。在公式（11－4）和公式（11－5）后整体加上 0.01 可防止出现零或负数的情况（姚旻等，2019）。

据此，笔者将自己所搜集整理的贵州省 9 个市（州）原始数据（见表 11－12）进行处理后得到表 11－13。

2. 权重计算

运用处理后的 n 个样本 m 个评价指标的面板数据，计算第 j 项指标下第 i 个指标值所占比重，公式如下：

$$P_{ij} = \frac{y_{ij}}{\sum_{i=1}^{n} y_{ij}} \ (i=1, \cdots, n; j=1, \cdots, m) \qquad (11-6)$$

根据公式（11－6），得出表 11－14。

由公式（11－6）所得 P_{ij}的值（见表 11－14）计算第 j 项指标的熵值 e_j，公式如下：

$$e_j = -\frac{1}{\ln(n)} \sum_{i=1}^{n} p_{ij} \ln p_{ij} \ (j=1, \cdots, m) \qquad (11-7)$$

由公式（11－7）所得熵值 e_j 计算各项指标的差异系数 d_j，公式如下：

$$d_j = 1 - e_j \qquad (11-8)$$

由公式（11－8）所得差异系数 d_j 计算各项指标权重 u_j：

$$u_j = \frac{d_j}{\sum_{j=1}^{m} d_j} \ (j=1, \cdots, m) \qquad (11-9)$$

根据上述方法步骤和公式（11－6）、公式（11－7）、公式（11－8）和公式（11－9），最终计算出熵值法下基于乡村振兴战略背景的乡村旅游高质量发展评价体系各指标权重，如表 11－15 所示。

表 11－12　　贵州省乡村旅游高质量评价指标原始数据（2019 年）

指标（j） 样本（i）	C_1	C_2	C_3	C_4	C_5	C_6	C_7	C_8	C_9	C_{10}	C_{11}	C_{12}	C_{13}
	亿元	个	元/人	亿元	万吨	万人	%	亿元	万亩	千米/平方千米	万吨	吨标准煤/万元	%
R_1	180	9	207	4039.60	39.20	105.67	53.81	19.00	286.51	1.28	47965	0.61	80
R_2	112.14	7	530	3483.32	29.99	130.56	61.51	22.96	370.54	1.48	56146	1.36	75
R_3	724.78	12	754	1266.97	87.07	395.60	61.22	22.62	952.01	1.28	170922	0.55	87
R_4	485.58	6	980	923.94	45.53	147.04	59.03	9.88	353.74	1.50	63840	0.67	79
R_5	215.34	8	665	1901.36	62.94	369.95	56.45	30.26	1221.08	1.23	184992	0.68	70
R_6	220.66	7	481	1249.16	63.60	158.59	66.2	16.29	536.58	1.45	83070	0.62	85
R_7	295.17	6	874	1272.80	44.41	174.36	61.17	16.48	463.89	1.06	65422	0.66	86
R_8	634.18	10	966	1123.04	63.14	233.16	67.98	13.98	494.66	0.98	68972	0.82	91
R_9	289.36	8	454	1518.04	103.13	213.99	65.82	20.66	529.92	0.75	90509	0.63	83

续表

指标（j） 样本（i）	C_{14}	C_{15}	C_{16}	C_{17}	C_{18}	C_{19}	C_{20}	C_{21}	C_{22}	C_{23}	C_{24}	C_{25}	C_{26}
	百分制	元/人	个	%	%	%	%	元	元/人	%	平方米	辆	人
R_1	78	1206	33	87	85	81	80	15168	17275	35.0	54.56	46.8	1.3
R_2	80	1129	16	85	87	83	79	7235	11043	35.9	40.85	29.1	1.6
R_3	85	1704	45	89	90	88	90	25330	13565	36.1	45.1	24.3	1.8
R_4	75	1010	26	88	83	78	76	36675	10896	36.5	40.78	23.8	1.3
R_5	76	1394	24	80	86	80	78	3851	10364	37.3	39.05	18	1.4
R_6	86	912	27	90	88	90	82	12411	10259	39.1	44.84	0.05	2.5
R_7	87	1433	22	92	90	91	85	13133	10532	36.7	38.0	26.0	1.0
R_8	90	949	35	95	92	93	86	19804	10233	37.8	40.34	19	1.4
R_9	88	1389	28	91	91	90	81	17083	11911	35.7	56.8	32.0	1.3

注：R_1：贵阳市；R_2：六盘水市；R_3：遵义市；R_4：安顺市；R_5：毕节市；R_6：铜仁市；R_7：黔西南布依族苗族自治州；R_8：黔东南苗族侗族自治州；R_9：黔南布依族苗族自治州。数据主要来源于《贵州统计年鉴（2020）》、各市（州）统计年鉴、国民经济与社会发展统计公报和官方发布的相关数据。其中，指标 C_{13}、C_{14}、C_{17} 至 C_{20} 为抽样调查所得。

表 11－13　　采用公式（11－4）和公式（11－5）计算得到的数据

指标（j）/样本（i）	C_1	C_2	C_3	C_4	C_5	C_6	C_7	C_8	C_9	C_{10}	C_{11}	C_{12}	C_{13}
R_1	0. 12077	0. 51000	0. 01000	1. 01000	0. 13592	0. 01000	0. 01000	0. 45750	0. 01000	0. 71667	1. 01000	0. 93593	0. 48619
R_2	0. 01000	0. 17667	0. 42785	0. 83146	0. 01000	0. 09585	0. 55340	0. 65181	0. 09991	0. 98333	0. 95030	0. 01000	0. 24810
R_3	1. 01000	1. 01000	0. 71763	0. 12010	0. 79042	1. 01000	0. 53294	0. 63512	0. 72209	0. 71667	0. 11268	1. 01000	0. 81952
R_4	0. 61956	0. 01000	1. 01000	0. 01000	0. 22247	0. 15269	0. 37838	0. 01000	0. 08194	1. 01000	0. 89415	0. 86185	0. 43857
R_5	0. 17845	0. 34333	0. 60250	0. 32371	0. 46051	0. 92153	0. 19631	1. 01000	1. 01000	0. 65000	0. 01000	0. 84951	0. 01000
R_6	0. 18714	0. 17667	0. 36446	0. 11438	0. 46953	0. 19253	0. 88438	0. 32452	0. 27758	0. 94333	0. 75381	0. 92358	0. 72429
R_7	0. 30876	0. 01000	0. 87287	0. 12197	0. 20716	0. 24692	0. 52941	0. 33385	0. 19980	0. 42333	0. 88260	0. 87420	0. 77190
R_8	0. 86212	0. 67667	0. 99189	0. 07390	0. 46324	0. 44973	1. 01000	0. 21118	0. 23272	0. 31667	0. 85669	0. 67667	1. 01000
R_9	0. 29927	0. 34333	0. 32953	0. 20068	1. 01000	0. 38361	0. 85757	0. 53895	0. 27045	0. 01000	0. 69952	0. 91123	0. 62905

指标（j）/样本（i）	C_{14}	C_{15}	C_{16}	C_{17}	C_{18}	C_{19}	C_{20}	C_{21}	C_{22}	C_{23}	C_{24}	C_{25}	C_{26}
R_1	0. 21000	0. 38121	0. 59621	0. 47667	0. 23222	0. 21000	0. 29571	0. 35478	1. 01000	1. 01000	0. 89085	1. 01000	0. 21000
R_2	0. 34333	0. 28399	0. 01000	0. 34333	0. 45444	0. 34333	0. 22429	0. 11310	0. 12502	0. 79049	0. 16160	0. 63139	0. 41000
R_3	0. 67667	1. 01000	1. 01000	0. 61000	0. 78778	0. 67667	1. 01000	0. 66437	0. 48316	0. 74171	0. 38766	0. 52872	0. 54333
R_4	0. 01000	0. 13374	0. 35483	0. 54333	0. 01000	0. 01000	0. 01000	1. 01000	0. 10415	0. 64415	0. 15787	0. 51802	0. 21000
R_5	0. 07667	0. 61859	0. 28586	0. 01000	0. 34333	0. 14333	0. 15286	0. 01000	0. 02860	0. 44902	0. 06585	0. 39396	0. 27667
R_6	0. 74333	0. 01000	0. 38931	0. 67667	0. 56556	0. 81000	0. 43857	0. 27078	0. 01369	0. 01000	0. 37383	0. 01000	1. 01000
R_7	0. 81000	0. 66783	0. 21690	0. 81000	0. 78778	0. 87667	0. 65286	0. 29278	0. 05246	0. 59537	0. 01000	0. 56508	0. 01000
R_8	1. 01000	0. 05672	0. 66517	1. 01000	1. 01000	1. 01000	0. 72429	0. 49602	0. 01000	0. 32707	0. 13447	0. 41535	0. 27667
R_9	0. 87667	0. 61227	0. 42379	0. 74333	0. 89889	0. 81000	0. 36714	0. 41312	0. 24828	0. 83927	1. 01000	0. 69342	0. 21000

注：R_1：贵阳市；R_2：六盘水市；R_3：遵义市；R_4：安顺市；R_5：毕节市；R_6：铜仁市；R_7：黔西南布依族苗族自治州；R_8：黔东南苗族侗族自治州；R_9：黔南布依族苗族自治州。数据主要来源于《贵州统计年鉴（2020）》、各市（州）统计年鉴、国民经济与社会发展统计公报和官方发布的相关数据。其中，指标 C_{13}、C_{14}、C_{17} 至 C_{20} 为抽样调查所得。

表 11－14　　采用公式（11－6）对表 11－13 数据处理后得到的数据（P_{ij}）

样本（i） \ 指标（j）	C_1	C_2	C_3	C_4	C_5	C_6	C_7	C_8	C_9	C_{10}	C_{11}	C_{12}	C_{13}
R_1	0. 03358	0. 156602	0. 00188	0. 35992	0. 03606	0. 00289	0. 00202	0. 10963	0. 00344	0. 12421	0. 16370	0. 13270	0. 09463
R_2	0. 00278	0. 054248	0. 08032	0. 29629	0. 00265	0. 02768	0. 11174	0. 15620	0. 03440	0. 17042	0. 15403	0. 00142	0. 04829
R_3	0. 28086	0. 310133	0. 13472	0. 04280	0. 20970	0. 29167	0. 10761	0. 15220	0. 24861	0. 12421	0. 01826	0. 14320	0. 15951
R_4	0. 17229	0. 003071	0. 18961	0. 00356	0. 05902	0. 04409	0. 07640	0. 00240	0. 02821	0. 17504	0. 14492	0. 12220	0. 08536
R_5	0. 04962	0. 105425	0. 11311	0. 11536	0. 12217	0. 26612	0. 03964	0. 24204	0. 34774	0. 11265	0. 00162	0. 12045	0. 00195
R_6	0. 05204	0. 054248	0. 06842	0. 04076	0. 12457	0. 05560	0. 17858	0. 07777	0. 09557	0. 16349	0. 12218	0. 13095	0. 14098
R_7	0. 08586	0. 003071	0. 16387	0. 04346	0. 05496	0. 07131	0. 10690	0. 08000	0. 06879	0. 07337	0. 14305	0. 12395	0. 15025
R_8	0. 23974	0. 207779	0. 18621	0. 02634	0. 12290	0. 12987	0. 20394	0. 05061	0. 08013	0. 05488	0. 13885	0. 09594	0. 19659
R_9	0. 08322	0. 105425	0. 06186	0. 07151	0. 26796	0. 11078	0. 17316	0. 12915	0. 09311	0. 00173	0. 11338	0. 12920	0. 12244

样本（i） \ 指标（j）	C_{14}	C_{15}	C_{16}	C_{17}	C_{18}	C_{19}	C_{20}	C_{21}	C_{22}	C_{23}	C_{24}	C_{25}	C_{26}
R_1	0. 04415	0. 10100	0. 15086	0. 09126	0. 04562	0. 04294	0. 07630	0. 09787	0. 48666	0. 18679	0. 27908	0. 21192	0. 06653
R_2	0. 07218	0. 07524	0. 00253	0. 06573	0. 08928	0. 07021	0. 05787	0. 03120	0. 06024	0. 14620	0. 05062	0. 13248	0. 12988
R_3	0. 14226	0. 26760	0. 25556	0. 11678	0. 15477	0. 13838	0. 26060	0. 18328	0. 23281	0. 13717	0. 12144	0. 11094	0. 17212
R_4	0. 00210	0. 03543	0. 08978	0. 10402	0. 00196	0. 00204	0. 00258	0. 27863	0. 05018	0. 11913	0. 04946	0. 10869	0. 06653
R_5	0. 01612	0. 16389	0. 07233	0. 00191	0. 06745	0. 02931	0. 03944	0. 00276	0. 01378	0. 08304	0. 02063	0. 08266	0. 08765
R_6	0. 15627	0. 00265	0. 09851	0. 12955	0. 11111	0. 16564	0. 11316	0. 07470	0. 00660	0. 00185	0. 11711	0. 00210	0. 31996
R_7	0. 17029	0. 17694	0. 05488	0. 15507	0. 15477	0. 17928	0. 16845	0. 08077	0. 02528	0. 11011	0. 00313	0. 11857	0. 00317
R_8	0. 21233	0. 01503	0. 16831	0. 19336	0. 19843	0. 20654	0. 18688	0. 13683	0. 00482	0. 06049	0. 04212	0. 08715	0. 08765
R_9	0. 18430	0. 16222	0. 10723	0. 14231	0. 17660	0. 16564	0. 09473	0. 11397	0. 11963	0. 15522	0. 31640	0. 14550	0. 06653

注：R_1：贵阳市；R_2：六盘水市；R_3：遵义市；R_4：安顺市；R_5：毕节市；R_6：铜仁市；R_7：黔西南布依族苗族自治州；R_8：黔东南苗族侗族自治州；R_9：黔南布依族苗族自治州。数据主要来源于《贵州统计年鉴（2020）》、各市（州）统计年鉴、国民经济与社会发展统计公报和官方发布的相关数据。其中，指标 C_{13}、C_{14}、C_{17} 至 C_{20} 为抽样调查所得。

表 11－15　基于乡村振兴战略背景的乡村旅游高质量发展评价体系各（二级）指标权重

一级指标（A_j）	二级指标（C_j）	熵值（e_j）	无差系数（d_j）	权重（u_j）
产业兴旺（A_1）	乡村旅游总收入（C_1）	0.8433	0.1567	0.0474
	省级及以上乡村旅游重点村镇数量（C_2）	0.8220	0.1781	0.0539
	乡村旅游人均消费（C_3）	0.9154	0.0847	0.0256
	地区生产总值（GDP）（C_4）	0.7662	0.2338	0.0708
	油菜、茶园和水果产量（C_5）	0.8722	0.1278	0.0387
	乡村从业人数（C_6）	0.8298	0.1702	0.0515
生态宜居（A_2）	森林覆盖率（C_7）	0.9086	0.0915	0.0277
	节能环保公共预算支出（C_8）	0.9069	0.0931	0.0282
	耕地面积（C_9）	0.8107	0.1893	0.0573
	公路密度（C_{10}）	0.9233	0.0767	0.0232
	农用化肥施用量（C_{11}）	0.9120	0.0880	0.0267
	单位地区生产总值能源费耗（C_{12}）	0.9474	0.0526	0.0159
	游客与村民对乡村整体人居环境满意率（C_{13}）	0.9204	0.0796	0.0241
乡风文明（A_3）	游客对村民好客与友好程度的评价得分（C_{14}）	0.8723	0.1277	0.0387
	村民家庭教育文化娱乐人均支出（C_{15}）	0.8529	0.1471	0.0445
	国家级文明村镇数量（C_{16}）	0.9023	0.0977	0.0296
治理有效（A_4）	乡村旅游游客满意度（C_{17}）	0.9305	0.0695	0.0210
	乡村旅游村民满意度（C_{18}）	0.9100	0.0900	0.0273
	村民对平安乡村建设的满意率（C_{19}）	0.8834	0.1166	0.0353
生活富裕（A_5）	村民对乡村干部廉政与作为的满意率（C_{20}）	0.8820	0.1180	0.0357
	人均乡村旅游收入（C_{21}）	0.8809	0.1191	0.0361
	乡村常住居民人均可支配收入（C_{22}）	0.6709	0.3291	0.0996
	村民家庭恩格尔系数（C_{23}）	0.9287	0.0713	0.0216
	乡村居民人均住房面积（C_{24}）	0.8004	0.1996	0.0604
	乡村每百户居民家庭拥有家用汽车数量（C_{25}）	0.9315	0.0685	0.0207
	乡村每千人拥有乡村医生和卫生员数量（C_{26}）	0.8731	0.1269	0.0384

11.2.3　以 AHP－熵值法进行组合权重的测定

分别采用层次分析法、熵值法对乡村旅游高质量发展评价指标权重进行测定后，再运用 AHP－熵值法，即根据公式（11－1）进行组合权重的计算，最终得到 AHP－熵值法下乡村旅游高质量发展评价体系综合指标权重，计算结果如表 11－16 所示。

表 11－16　AHP－熵值法下贵州省乡村旅游高质量发展评价体系综合指标权重

目标层（A）	准则层（B）	指标（C）	AHP 权重（w_i）	熵值法权重（u_i）	综合权重（λ_i）
乡村旅游高质量发展（A）	产业兴旺（B_1）	乡村旅游总收入（C_1）	0.0651	0.0474	0.0783
		省级及以上乡村旅游重点村镇数量（C_2）	0.1771	0.0539	0.2422
		乡村旅游人均消费（C_3）	0.1222	0.0256	0.0795
		地区生产总值（GDP）（C_4）	0.0367	0.0708	0.0659
		油菜、茶园和水果产量（C_5）	0.0217	0.0387	0.0213
		乡村从业人数（C_6）	0.0149	0.0515	0.0195
	生态宜居（B_2）	森林覆盖率（C_7）	0.0874	0.0277	0.0614
		节能环保公共预算支出（C_8）	0.0290	0.0282	0.0207
		耕地面积（C_9）	0.0599	0.0573	0.0871
		公路密度（C_{10}）	0.0075	0.0232	0.0044
		农用化肥施用量（C_{11}）	0.0128	0.0267	0.0087
		单位地区生产总值能源费耗（C_{12}）	0.0179	0.0159	0.0072
		游客与村民对乡村整体人居环境满意率（C_{13}）	0.0400	0.0241	0.0244
	乡风文明（B_3）	游客对村民好客与友好程度的评价得分（C_{14}）	0.0246	0.0387	0.0241
		村民家庭教育文化娱乐人均支出（C_{15}）	0.0447	0.0445	0.0505
		国家级文明村镇数量（C_{16}）	0.0810	0.0296	0.0608

续表

目标层（A）	准则层（B）	指标（C）	AHP权重（w_i）	熵值法权重（u_i）	综合权重（λ_i）
乡村旅游高质量发展（A）	治理有效（B_4）	乡村旅游游客满意度（C_{17}）	0.0518	0.0210	0.0276
		乡村旅游村民满意度（C_{18}）	0.0169	0.0273	0.0117
		村民对平安乡村建设的满意率（C_{19}）	0.0292	0.0353	0.0262
		村民对乡村干部廉政与作为的满意率（C_{20}）	0.0095	0.0357	0.0086
	生活富裕（B_5）	人均乡村旅游收入（C_{21}）	0.0029	0.0361	0.0027
		乡村常住居民人均可支配收入（C_{22}）	0.0178	0.0996	0.0450
		村民家庭恩格尔系数（C_{23}）	0.0128	0.0216	0.0070
		乡村居民人均住房面积（C_{24}）	0.0072	0.0604	0.0110
		乡村每百户居民家庭拥有家用汽车数量（C_{25}）	0.0051	0.0207	0.0027
		乡村每千人拥有乡村医生和卫生员数量（C_{26}）	0.0015	0.0384	0.0015

11.3 实证检验

在构建乡村旅游高质量评价指标体系基础上，进行实证分析与检验。

11.3.1 发展指数

AHP－熵值法对各个评价指标的权重确定后，利用以下公式计算贵州省9个市（州）乡村旅游高质量发展指数 Y_i。

$$Y_i = \sum_{j=1}^{n} Z_{ij}\lambda_j \tag{11-10}$$

在公式（11－10）中，Z_{ij} 为第 i 个地区的第 j 项指标值，λ_j 为第 j 项指标所对应的综合权重，由于第11项、第12项和第23项指标为负向指标，故 λ_{11}、λ_{12} 和 λ_{23} 取负值，为避免计量单位不同可能导致较大误差，运用极差标准化对贵州省9个市州的各指标进行无量纲化处理，公式如下：

$$Z_{ij} = \frac{x_{ij} - \min(x_j)}{\max(x_j) - \min(x_j)} \quad (11-11)$$

根据公式（11－10）和公式（11－11），计算出贵州省9个市（州）乡村旅游高质量发展指数（Y_i），见表11－17中的第2列。

表11－17　贵州省9个市（州）基于乡村振兴的乡村旅游高质量发展指数及排名（2019年）

市（州）	乡村旅游高质量发展指数（Y_i）	发展水平	排名
贵阳市	0.3558	中等水平	5
六盘水市	0.2370	较低水平	8
遵义市	0.7456	高水平	1
安顺市	0.2239	较低水平	9
毕节市	0.3588	中等水平	4
铜仁市	0.3015	中等水平	7
黔西南布依族苗族自治州	0.3062	中等水平	6
黔东南苗族侗族自治州	0.5756	高水平	2
黔南布依族苗族自治州	0.4176	较高水平	3

11.3.2　等级划分

$Y_i \in (0, 1)$，可将乡村振兴战略背景下的乡村旅游高质量发展水平划为五个等级（见表11－18）。

表11－18　等级划分

指数（Y_i）区间	$0.5 < Y_i < 1$	$0.4 < Y_i \leq 0.5$	$0.3 < Y_i \leq 0.4$	$0.2 < Y_i \leq 0.3$	$0 < Y_i \leq 0.2$
等级	高水平	较高水平	中等水平	较低水平	低水平

11.3.3　结果分析

根据评价等级划分标准，结合表11－22中各市州乡村旅游的发展指数（Y_i），2019 年，全省乡村旅游高水平的市州有 2 个，分别是遵义市和黔东南苗族侗族自治州，较高水平的市州有 1 个，为黔南布依族苗族自治州，处于中等水平的市州有 4 个，依次是毕节市、贵阳市、铜仁市和黔西南布依族苗族自治州，较低水平的有 2 个，依次是六盘水市和安顺市（见表 11－17 中的第 3 列）。

从 AHP－熵值法计算的综合指标权重看，准则层 4 项指标中的产业兴旺 > 生态宜居 > 乡风文明 > 治理有效 > 生活富裕。在 26 项末级评价指标中，对乡村旅游高质量发展水平影响较大的指标（权重排名前 10）权重累计达 0.7983，依次为省级及以上乡村旅游重点村镇数量（C_2）、耕地面积（C_9）、乡村旅游人均消费（C_3）、乡村旅游总收入（C_1）、地区生产总值（C_4）、森林覆盖率（C_7）、国家级文明村镇数量（C_{16}）、村民家庭教育文化娱乐人均支出（C_{15}）、乡村常住居民人均可支配收入（C_{22}）和游客满意度（C_{17}），均涉及准则层 5 个指标。其余 16 个指标权重累计达 0.2017，虽然影响较小，但也是乡村旅游高质量发展过程中不容忽视的指标。

产业兴旺方面，AHP－熵值法计算的综合指标权重累计达 0.5067，这充分反映了产业兴旺在乡村振兴中的基础地位。乡村旅游作为推动乡村旅游产业的催化剂和黏合剂，可以更好地促进乡村三次产业深度融合，延长乡村产业链和扩充价值链。乡村旅游总收入（C_1）不仅反映了乡村旅游产业规模，还反映了乡村旅游产业质量，是整个产业兴旺中重要指标，乡村旅游人均消费（C_3）高低直接决定乡村旅游产业发展的质量和效益，而省级及以上乡村旅游重点村镇（C_{16}）则是一个地区乡村旅游的品牌和标杆，也体现着乡村发展的质量。乡村旅游作为一个国家和地区国民经济和社会发展的重要组成部分，相关产业的发展也会对乡村旅游高质量发展有着重要的支撑作用，支撑作用的大小在一定程度上可以用地区生产总值（C_4）指标来进行评估。在 2 个高水平的市（州）中，遵义市文化底蕴深厚，是贵州发展水平靠前的地区和规模化的茶叶种植区，农业基础好，最早在全省掀起了“四在农家·美丽乡村”建设，为乡村旅游高质量发展奠定了坚实基础。长期以来，遵义市凭借相对凉爽的气候和良好的区位优势，不断深耕重庆市场，现已成为重庆市民（特别是中老年群体）重要的乡村避暑目的地，全市乡村避暑产业蓬勃发展，是贵州省乡村旅游高质量发展和乡村振兴战略实践相互支撑的样本。黔东南苗族侗族自治州民族文化多姿多彩，生态环境良好，是全省乡村传统文化、民族文化活态保存最好和最早发展乡村旅游的地区之一，全州境内90%以上的旅游业态为乡村旅游，通过农文旅一体化发展模式，走出一条集文化传承保护、乡村振兴和人类发展三位一体的高质量发展之路，成为民族地区乡村旅游高质量发展的样本。

生态宜居方面，AHP－熵值法计算的综合指标权重累计为0.2139，是仅次于产业兴旺的重要指标。生态宜居是乡村振兴战略实践和乡村旅游高质量发展的前提。乡村旅游高质量发展需要深入贯彻落实习近平同志“绿水青山就是金山银山”的两山理念，守住发展和生态两条底线，以东道主（村民）和游客为服务对象，将村民生产生活环境需求和游客旅居环境需求紧密结合，营造高质量的人居环境。逐步建立绿色低碳的产业体系，促进乡村资源永续利用，提高乡村旅游可持续发展力。衡量生态宜居的指标以耕地面积（C_9）的权重最大，其次为森林覆盖率（C_7），再次为游客与村民对乡村整体人居环境满意率（C_{13}），三个指标的综合权重分别为0.0871、0.0614和0.0244，权重累计占生态宜居指标总权重的80.83%。党的十八大以来，习近平同志多次对耕地保护工作作出重要指示和批示，耕地是我们能否把饭碗端在自己手里的前提，耕地及其人均耕地面积的多寡在很大程度上决定着一个国家和地区的可持续发展。乡村旅游是在乡村农业产业基础上的进一步拓展和延伸，不能因为发展乡村旅游而随意侵占耕地。根据第三次全国土地调查数据公报，全省耕地面积最多的是毕节市，为1221.08万亩，其次是遵义市，为952.01万亩，再次是铜仁市，为536.58万亩，贵阳市最少，耕地面积仅为286.51万亩。森林覆盖率（C_7）在很大程度反映了一个地区生态环境质量的优劣。截至2019年，贵州9个市（州）森林覆盖率超过65%的有3个，依次是黔东南苗族侗族自治州（67.98%）、铜仁市（66.20%）和黔南布依族苗族自治州（65.82%）。经过对各市（州）游客与村民对乡村整体人居环境满意度的抽样调查，游客与村民对乡村整体人居环境满意率（C_{13}）最高的是黔东南苗族侗族自治州（91%），其次为遵义市（87%），最低为毕节市

(70%)。在2个高水平、1个较高水平和1个中等水平的市（州）中，耕地面积（C_9）、森林覆盖率（C_7）、游客与村民对乡村整体人居环境满意率（C_{13}）这三个指标都比较高。

乡风文明方面，AHP－熵值法计算的综合指标权重累计为0.0741，在五个准则层指标中排名第三。如前所述，乡风文明作为乡村振兴和乡村旅游的软环境，体现了乡村旅游产业高质量发展重要文化属性、价值和意义。在所测度的3个指标中，综合权重从高到低依次是国家级文明村镇数量（C_{16}）、村民家庭教育文化娱乐人均支出（C_{15}）和游客对村民好客与友好程度的评价得分（C_{14}）。从三个指标的原始数据看，在国家级文明村镇数量（C_{16}）上，遵义市最多（45个），六盘水市最少（16个）；在村民家庭教育文化娱乐人均支出（C_{15}）上，遵义市最多（1704元），铜仁市最少（913元）；在游客对村民好客与友好程度的评价得分（C_{14}）上，黔东南苗族侗族自治州最高（90分），安顺市最低（75分）。

治理有效方面。推进乡村旅游现代治理和治理能力现代化，是乡村振兴和乡村旅游高质量发展的重要要求，高质量的乡村旅游需要有高质量的治理体系来支撑和保障，客观评价其治理是否有效，则需要从游客和东道主（村民）的角度去认知。在所测度的四个指标中，综合权重从大到小依次为乡村旅游游客满意度（$C_{17}=0.0276$）、村民对平安乡村建设的满意率（$C_{19}=0.0353$）、乡村旅游村民满意度（$C_{18}=0.0117$）和村民对乡村干部廉政与作为的满意率（$C_{20}=0.0117$）。这四个指标值主要通过问卷调查法获取。在乡村旅游游客满意度（C_{17}）上，黔东南苗族侗族自治州乡村旅游游客满意度最高（95%），毕节市最低（80%）；在乡村旅游村民满意度（C_{18}）上，黔东南苗族侗族自治州最高（91%），安顺市最低（83%）；在村民对平安乡村建设的满意率（C_{19}），黔东南苗族侗族自治州最高（93%），安顺市最低（78%）；在村民对乡村干部廉政与作为的满意率（C_{20}）上，遵义市最高（90%），安顺市最低（76%）。黔东南苗族侗族自治州乡村旅游高水平的发展，与其乡村旅游的游客满意度、乡村旅游村民满意度均最高有着重要关系。

生活富裕方面，AHP－熵值法计算的综合指标权重累计为0.0699，排名第五。尽管其权重不高，但却是乡村振兴和乡村旅游高质量发展主要目标。在所测度的 6 个指标中，综合权重从高到低依次是乡村常住居民人均可支配收入（C_{22}）、乡村居民人均住房面积（C_{24}）、村民家庭恩格尔系数（C_{23}）、人均乡村旅游收入（C_{21}）、乡村每百户居民家庭拥有家用汽车（C_{25}）、乡村每千人拥有乡村医生和卫生员数量（C_{26}），其中，排名前三的指标综合权重累计占该层级指标权重的 90.13%。从前三项贡献度最大的指标看，在乡村常住居民人均可支配收入（C_{22}）上，贵阳市最高（17275 元），黔东南苗族侗族自治州最低（10233 元）；在乡村居民人均住房面积（C_{24}）上，黔南布依族苗族自治州最高（56.8 平方米），黔西南布依族苗族自治州最低（38.0 平方米）；在村民家庭恩格尔系数（C_{23}）上，铜仁市最高（39.1），贵阳市最低（35.0）。

本研究构建的乡村旅游高质量发展评价体系是在乡村振兴战略实践背景下进行的，为未来乡村旅游高质量发展评价工作提供了参考和借鉴。乡村振兴和乡村旅游高质量发展是一项复杂的系统工程，所测度的指标原始数据获取具有较大的难度，同时需要根据不同发展阶段和地区发展实际，不断对评价指标做适当的补充和调整，从而使评价更加科学，更能够真实地反映一个地区乡村旅游高质量发展和乡村振兴战略实践的互动，进而不断提升乡村旅游发展的质量和效益，更好地提高乡村旅游对乡村振兴贡献度，建设宜居宜业和美乡村，满足东道主（村民）和游客对美好生活的需求，促进共同富裕。

第 12 章　结论与建议

12.1　结　论

乡村旅游是根植于乡村文化生态系统和面向现代旅游市场需求的乡村文化经济，在乡村振兴战略实践中推动乡村旅游高质量发展，同时又以高质量的乡村旅游推动高质量的乡村振兴，有助于实现乡村旅游高质量发展与乡村振兴战略实践的良性互动。

（1）乡村旅游高质量发展以多样化的村落、文化遗产、自然环境和农林牧副渔业为核心资源依托。

村落，特别是传统村落和少数民族特色村寨，是最有特色和文化内涵的乡村旅游资源和乡村旅游核心吸引物，是承载“乡愁”“诗和远方”的核心载体。文化遗产包括物质文化遗产、非物质与口头文化遗产，其中，非物质文化遗产是乡村旅游资源中最核心、最重要、最珍贵的资源，它们使村落更加灵动。自然环境不仅是指由村落独特地质地貌、气候水文、土壤植被等要素建构起来的、多样化的、中小尺度自然环境，还指村落所在大区域内整体的自然环境，它满足了城市居民对乡村生活的兴趣和他们对乡村美丽风景、优雅宁静环境的向往与陶醉。农林牧副渔业资源不仅是乡村农业生产形态，还是乡村旅游高质量发展所依赖的重要产业资源。此外，村民热情、善良、淳朴、好客所形成的“亲和力”和相对安全的环境让上述资源更有温度。

（2）多样化的乡村旅游资源和客源市场需求，决定了高质量的乡村旅游产品是多层次、复合型的产品体系，供需匹配是乡村旅游高质量发展的重要前提和必由路径。

乡村文化与自然具有多样化的特点，资源之间相互联系，是一个完整的有机整体。人的旅游需求亦是多样化的，不同年龄阶段、不同阶层人群、不同职业群体等所表现的旅游需求亦不尽一样，随着社会的进步发展和环境变化，人们的需求亦会不断发生变化，这就决定了高质量的乡村旅游产品是以市场需求为导向的、多样化资源组合为基础的多层次、复合型产品体系。各地区需要在细分市场的基础上，精准定位目标市场，以中高端市场为引领，形成与市场需求相匹配的高质量乡村旅游产品，唯有如此，才能确保乡村旅游产生好效益。

（3）乡村旅游高质量发展是东道主（村民）和游客之间的跨文化交往活动，追求深度体验是乡村旅游高质量发展的必然要求。

村民作为乡村旅游的东道主，他们不仅是文化的主要载体和地方性知识的拥有者，还是受教育程度相对较低的群体。乡村旅游市场主要面对层次多样化和需求多样化的城市人群，其旅游活动是在村落环境中通过与东道主（村民）的互动来完成的，不仅是体验东道主（村民）生产生活方式，分享乡村文化的过程，还是乡村文明和城市文明不断交融和发展的过程。因此，乡村旅游高质量发展要非常强调在地文化的挖掘、传承和创新利用，更加注重旅游活动的场景体验化设计。

（4）乡村旅游高质量发展的核心是“人”，必须坚持以人民为中心的发展思想。

“以人民为中心”思想是党的十八大以来逐步提出并深入发展的（张富文，2017）。人民是推动发展的根本力量，实现好、维护好、发展好最广大人民根本利益是发展的根本目的，必须坚持以人民为中心的发展思想，把增进人民福祉、促进人的全面发展作为发展的出发点和落脚点。[①] 进入新发展阶段，许多地区（特别是我国西部）乡村旅游高质量发展是在

① 中共中央．关于制定国民经济和社会发展第十三个五年规划的建议［EB/OL］.（2015－11－03）［2022－06－26］. http：//www. gov. cn/xinwen/2015－11/03/content_5004093. htm.

巩固脱贫攻坚成果同乡村振兴相衔接的历史条件下进行的，乡村旅游高质量发展的在地人才支撑不足，村民现代服务管理意识和技能缺乏直接制约了乡村旅游的高质量发展，推进乡村人才振兴成为解决乡村旅游高质量发展的重要途径。游客需求涵盖了文化体验、寻根问祖、避暑、避寒、康养、亲子、研学等诸多内容，村民需求包括经济、文化和环境等诸多方面，需要将二者更好地结合起来。乡村旅游服务和管理主体在农村，受益者在农村，需要更加注重乡村旅游社区参与，更加注重需求侧的研究和管理，不断满足东道主（村民）和游客美好生活的需要。

（5）乡村旅游高质量发展必须立足新发展阶段，完整、准确、全面贯彻新发展理念，融入新发展格局。

在全面建成小康社会，实现第一个百年奋斗目标之后，我国开启了全面建设社会主义现代国家的新征程，这是一个新的发展阶段（孙文营，2022），国际环境面临百年未有之大变局，不确定性和不稳定因素不断增多，乡村旅游高质量发展需要完整、准确、全面贯彻新发展理念，融入以国内大循环为主体、国内国际双循环相互促进的新发展格局。

*因地制宜，创新发展。*不是所有村落都适合发展乡村旅游，更不是所有的村落都发展同一种乡村旅游。乡村旅游高质量发展要根植在具体村落的地脉和文脉中，通过构建适宜的“商脉”，发掘在地文化，突出特色，不断丰富乡村旅游生态和文化内涵，通过模式创新、业态创新、产品创新、体制机制创新和营销创新等，有效满足多样化的现代旅游消费需求，全面构建充满活力的乡村旅游高质量发展体系。同时，要不断强化 5G、大数据和人工智能等技术与乡村旅游融合，全面提升乡村旅游现代化水平。

*加强统筹，协调发展。*统筹乡村振兴、农业农村、住房城乡、发展改革、自然资源、交通运输、林草、环境保护、文化和旅游、民族宗教、体育、水利、财政、人力资源和社会保障等相关行政部门，建立部门协调、聚力发展的体制机制，形成工作链。在乡村振兴战略实践中，统筹乡村三次产业融合发展，构建现代乡村旅游产业体系，延伸产业链，提升价值链。统筹城乡基础设施和公共服务，提升乡村旅游地的生产生活品质。强化城乡统筹和区域协调，推进乡村统筹规划、合理布局、服务提质和旅游

系统营销，营造良好的乡村旅游环境，促进乡村宜居宜业宜游。

生态优先，绿色发展。良好的生态环境是乡村旅游高质量发展的基础，生态宜居作为乡村振兴的总要求之一，推进乡村生态振兴刻不容缓。发展中稍有不慎，极易发生环境污染、水土流失、生物多样性锐减等生态环境问题。乡村旅游高质量发展必须深入践行绿水青山就是金山银山的“两山”理念，守好发展和生态两条底线，尊重自然、顺应自然和保护自然，给生态留白，给大自然种绿，把生态文明建设融入乡村旅游高质量发展的各方面和全过程，形成高质量的乡村旅游绿色发展体系。

合作共赢，开放发展。加强国际合作、东中西部合作以及区内协作，发展更高层次的开放型乡村旅游经济，构建广泛乡村旅游利益共同体。完善法治化、国际化和便利化的营商环境，提供“贵人”服务。加大乡村旅游产业融合开放力度，提升乡村旅游的科技水平、文化品位和绿色含量。坚持需求牵引，创新发展乡村旅游融合业态，提供精细化、差异化和富有国际品质的乡村旅游产品和更加舒心、放心的乡村旅游服务，切实提高乡村旅游满意度。

坚持共建，共享发展。整合资源，部门联动，统筹推进，加快乡村旅游与农林牧渔业、研学教培、科技、体育、健康、养老、文化创意与文物保护等领域深度融合，推进乡村三次产业融合发展，实现农业增效、农民增收和农村增美。吸引优秀人才下乡和返乡，培育一批“新农人”，推动乡村旅游高质量发展，共同助力乡村振兴。深刻把握我国社会主要矛盾的变化，坚持村民主体地位，完善乡村旅游利益联结机制，保障村民能持续获益。推进巩固拓展脱贫攻坚成果同乡村振兴有效衔接，使村民在共建共享发展中有更多获得感、幸福感和安全感，不断增强乡村内生发展动力，使乡村朝着共同富裕方向稳步前进。

12.2　建　　议

进入新发展阶段，在以国内大循环为主体、国内国际双循环相互促进的新发展格局中推进乡村旅游高质量发展，实现乡村旅游与乡村振兴良性互动，亟须在政策组织、人才支撑、旅游安全、智慧建设和运营管理五个方面构建起较为完善的支撑保障体系。

12.2.1 构建完善的组织政策体系

（1）建立高效的乡村旅游与乡村振兴协同体制机制。按照“省负总责，市县乡抓落实”的工作机制，① 有条件的地区可分别在省、市、县三级建立由主要领导任组长，文化和旅游、乡村振兴、农业农村、住房城乡、自然资源、交通、林草、水利等有关职能部门协同的体制机制，形成乡村旅游与乡村振兴相互促进的工作体系，高效解决乡村旅游高质量发展工作中遇到的困难和问题。

（2）加大“三变”② 在乡村旅游组织经营中的改革创新。在有条件的地区，引导和鼓励村民、村集体将土地经营权、集体荒山、经营性建设用地等依法依规入股经营主体，探索“龙头企业 + 合作社 + 农户”的经营模式，让农民以股东身份参与乡村旅游发展，不断构建“联股联业、联股联心、联股联责”的乡村旅游经营机制，激活内生发展动力。推进乡村旅游村（镇）资源、资金和人才整合，通过龙头企业促进乡村旅游链条化、组织化和市场化发展。支持乡村旅游龙头企业与合作社创新发展、做大做强，带动村民在乡村旅游产业发展中通过股权深度参与，分享产业增值带来的收益，探索先富带后富、最终实现共同富裕的科学路径。完善农银企产业共同体（SPV）发展等模式，通过适当的财政投入撬动社会资本投入乡村旅游。

（3）推进乡村旅游标准化建设。以高质量发展为目标，完善乡村旅游标准体系，持续推进乡村旅游民宿、乡村旅游村寨、乡村旅游经营户（农

① 2021 年 4 月 29 日，第十三届全国人民代表大会常务委员会第二十八次会议通过了《中华人民共和国乡村振兴促进法》，本法第九条规定：“国家建立健全中央统筹、省负总责、市县乡抓落实的乡村振兴工作机制。”

② “三变”发源于贵州省六盘水市，即“资源变资产、资金变股金、农民变股东”。此改革经验被写入 2017 年、2018 年、2019 年中共中央一号文件和国家《乡村振兴战略规划（2018—2022)》，目前已经在全国推广。

家乐）、乡村旅游度假区等的评定工作。探索建立乡村旅游达标经营许可制度，将乡村旅游达标纳入经营许可管理范围，严禁未达标经营户开展乡村旅游经营。支持鼓励乡村旅游经营户、乡村旅游区和乡村旅游村（镇）参加相应的国际国内标准认证。

（4）完善乡村旅游投融资服务。贯彻落实《政府投资条例》[①] 和各地政府投资项目管理办法，优化乡村旅游营商环境。深化乡村旅游与金融合作，鼓励金融机构开发适合乡村旅游发展特点的金融产品和服务。利用好中央财政资金、国债、专债和各地有关基金等，按照“政府引导，市场运作”原则，加建立以政府投入为引导、社会资金为主体，依靠市场机制筹措资金的多元化乡村旅游投融资体系。通过企业债、公司债、中小企业私募债、中小企业集合票据等债务融资工具，加大债券市场对乡村旅游企业的支持力度。加大“金融 + 乡村旅游”和“金融 + 乡村振兴”工作力度，提高金融机构、政府基金和各类融资平台对乡村旅游和乡村振兴项目建设的支持力度，鼓励风险投资基金、私募股权基金等积极参与重大乡村旅游和乡村振兴项目开发建设。落实无还本续贷、尽职免责等监管政策，在风险总体可控的前提下加大对符合条件的小微乡村文化和旅游企业（合作社）续贷支持力度。

12.2.2　强化乡村旅游人才支撑

（1）加强党对乡村旅游人才工作的领导。围绕乡村“人才振兴”，把乡村旅游人才培养和引进纳入党委人才工作总体部署，健全适合乡村特点的人才培养和引进机制，强化人才服务乡村旅游高质量发展和乡村振兴战略实践的激励和约束机制。实施“高层次人才引进计划”，引进一批乡村旅游和乡村振兴领军人才、创新创业人才，推进产业导师培训工作。持续开展“专家服务基层”活动，助推乡村旅游高质量发展和乡村振兴。实施向基层一线倾斜的人事政策，引导人才向乡村流动。

---

① 《政府投资条例》于 2018 年 12 月 5 日通过，2019 年 4 月 14 日由中华人民共和国国务院令（第 712 号）公布，自 2019 年 7 月 1 日起施行。

（2）完善乡村旅游人才教育培训体系。创新乡村旅游人才教育培训工作机制，逐步探索建立乡村旅游经营许可、服务质量等级评定与乡村旅游从业人员培训挂钩制度。开发乡村旅游培训课程，建设乡村旅游教育培训师资队伍，建立省、市、县相结合的三级培训体系，充分利用现代教育技术，实现线上线下全覆盖。实施乡村旅游培训再培训计划，持续开展乡村旅游从业人员轮训，全面提高乡村旅游从业人员的服务技能和经营管理水平，造就一支“有技能、善经营、会管理”的乡村旅游人才队伍。推动乡村旅游纳入高职院校旅游管理、酒店管理等相关专业的课程体系建设，提高旅游及相关专业学生的职业能力。实施乡村旅游行政人才培训计划，全面提高各级各部门乡村旅游行政管理人才的综合行政能力。加强乡村旅游致富带头人、致富能人和其他在地乡村旅游企业的引导和支持，选树一批优秀乡村文化和旅游企业家（能人），着力造就一支乡村旅游企业家（能人）队伍。围绕乡村旅游服务技能、市场营销、美学修养、文化传承、环境保护、菜品饮食、应急管理等方面进行培训，提高一线乡村旅游从业人员的服务水平和经营管理水平。实施乡村旅游培训培训者计划，依托省、市、县三级乡村旅游培训体系，培训一批本地化的乡村旅游培训教师，充实乡村旅游培训师资队伍。探索实施乡村旅游人才顶岗培训计划，选派旅游管理、酒店管理及相关专业的优秀大中专学生到基层乡村旅游企事业单位（合作社）顶岗实习，通过岗位暂时顶替，集中乡村旅游企事业单位（合作社）职工（成员）分批进行轮训，增强旅游管理、酒店管理及相关专业大中专毕业生的专业实践能力，提高企业事业单位职工的继续教育培训质量和水平。

（3）充实乡村旅游人才队伍。用好东西部协作政策，加强东部协作结对城市在乡村旅游管理、服务、技术、资金、人才和市场等方面的协作。实施乡村旅游就业创业促进行动、青春助力乡村振兴专项行动，引导农民工、大中专毕业生、退役军人、科技人员等返乡入乡开展乡村旅游创新创业，完善高校毕业生到乡村就业创业政策，加快建设融创新创业成果转化、科技指导、金融服务等多种功能于一体的乡村创客基地，培育一批新农人，充实乡村旅游人才队伍。建立新型主体带头人名录，加强乡村文化和旅游企业家（能人）、能工巧匠等的选塑和培养。

12.2.3 强化乡村旅游安全管理

（1）构建现代乡村旅游安全体系。构建乡村公共安全生产、自然灾害、公共卫生、社会安全防治体系，推进应急物资保障和救援能力建设。依托“雪亮工程”建设，构建以现代信息技术为支撑的乡村旅游安全应急救援体系。依托已有的省（市、区）级文化和旅游平台或通过搭建新型智慧化安全监控与预警平台，及时进行乡村旅游安全监控与预警。不断完善智慧化乡村旅游安全组织体系、管理制度、业务平台、培训计划、数据平台和宣传渠道，加快形成现代乡村旅游安全管理体系。

（2）强化乡村旅游安全监管。开展乡村旅游包车、旅游客运索道、游乐设施及乡村型景区（点）和乡村旅游村寨地质灾害等重点领域的隐患排查和联合整治。加强乡村旅游节庆活动安全管理，切实做到活动方案和应急预案同时报批，应急预案责任落实、人员落实、措施落实，开展乡村型景区（点）和乡村旅游村寨最大承载量管控和专项检查。推动乡村旅游场所消防基础设施建设，落实消防安全主体责任，强化高风险乡村旅游项目安全管理。

（3）建立乡村旅游安全救援体系。坚持“党政同责、一岗双责、齐抓共管、失职追责”的方针，积极构建“党委政府统一领导、部门依法监管、企业落实主体责任、群众参与监督和全社会广泛支持”的乡村旅游大安全格局，建立起行之有效的乡村旅游安全监管体系，加大乡村旅游安全监管力度，促进乡村旅游安全发展。加强乡村旅游安全救援设施和救援队伍建设，鼓励有条件的乡村型旅游景区（点）和乡村旅游村寨建立专兼职相结合的安全救援队伍。推动建立政府救助与商业救援相结合的乡村旅游安全救援体系。

（4）完善乡村旅游保险体系。把乡村旅游安全纳入保险体系，推广乡村自驾游、乡村背包游、乡村特种旅游和乡村研学旅行保险等。在旅游集散中心、交通站点等游客集中区域设立乡村旅游保险销售点。推动乡村旅游住宿、乡村旅游餐饮、乡村旅游购物、乡村旅游交通和高风险乡村旅游项目等经营者实施责任保险制度。深化“旅保合作”机制，推动保险机构完善乡村旅游保险产品和服务。研究出台“乡旅险”，推行乡村旅游政策保险，提高乡村旅游抵御风险的能力。

（5）不断加强乡村安全教育。将乡村旅游安全教育全面落实到乡村旅游景区（点）、乡村旅游村（镇）和乡村旅游经营户，切实把乡村旅游安全作为乡村旅游发展的底线，不断提高乡村旅游管理者、经营者和一线从业人员的安全意识。积极通过各类乡村旅游安全培训、应急救援演练，提高乡村旅游从业人员的安全管理和安全服务技能。加强对乡村旅游者的安全教育，提升游客的自我安全保护意识和安全自救能力。

12.2.4 推进乡村旅游智慧发展

充分利用大数据、云计算、区块链、人工智能、物联网、5G 等新技术，加强乡村旅游信息资源的汇聚和整合，以数字化赋能乡村旅游产品建设、管理、服务、营销和运营各环节，线上线下相融合，实现乡村旅游服务方式和管理模式创新，打造游前、游中和游后服务体验闭环（符茂正，2021），提升乡村旅游智慧化水平。

（1）开发数字化乡村旅游产品。集成利用 3S 技术、VR 技术、三维数字化技术等现代信息技术，开发建设一批数字化、体验型乡村旅游产品，丰富提升乡村旅游业态。

（2）搭建智慧化营销体系。鼓励乡村旅游景区（点）、乡村旅游村（镇）和乡村旅游经营单位积极搭建携程、马蜂窝、驴妈妈、飞猪等各大在线旅游产品发布平台，逐步建立智慧营销体系。

（3）建设乡村旅游大数据管理平台。以省（市、区）为单位，建设兼具管理服务、统计分析和营销推广功能，面向行政主管部门、乡村旅游企业（合作社）和乡村旅游经营户的乡村旅游大数据管理平台，逐步将省（市、区）所属乡村旅游景区（点）、乡村旅游村（镇）、乡村旅游企业（合作社）、乡村旅游经营户纳入平台管理，实现省（市、区）乡村旅游信息综合查询和统计分析，满足各级文化和旅游部门行政管理需求，为乡村旅游高质量发展提供及时、科学的决策依据。

参考文献

［1］柴本源，黄祥康，方芳．旅游地理学［M］．上海：上海人民出版社，1997.

［2］蔡昉．谦虚使人类进步——从《人类发展报告》看发展理念的变化［J］．读书，2022（11）：30－37.

［3］谌贻琴．高举伟大旗帜，牢记领袖嘱托，坚持以高质量发展统揽全局，奋力谱写多彩贵州现代化建设新篇章——在中国共产党贵州省第十三次代表大会上的报告［R/OL］．(2022－04－25)［2022－08－21］. https：//dk. guizhou. gov. cn/xwzx/jrtt/202205/t20220510_73986504. html? tdsourcetag = s_pctim_aiomsg.

［4］樊平．以科学范式理解乡村振兴战略［J］．中国农业大学学报（社会科学版），2018，35（3）：117－126.

［5］费孝通．略谈中国社会学［J］．高等教育研究，1993（4）：1－7.

［6］冯长根，沈宝祥，田鹏颖，等．关于“马克思全面自由发展人”一组笔谈［J］．自然辩证法研究，2016，32（2）：120－126.

［7］符茂正．推进新时代乡村旅游业高质量发展［J］．中国农业资源与区划，2021，42（12）：227，243.

［8］何景明，李立华．关于“乡村旅游”概念的探讨［J］．西南师范大学学报（人文社会科学版），2002，28（5）：125－128.

［9］胡鞍钢，王洪川．中国人类发展奇迹（1950—2030）［J］．清华大学学报（哲学社会科学版），2017，32（2）：148－157.

［10］陈朝伦，胡志峰，马琨，等．新冠肺炎疫情影响下的贵州旅游业高质量发展研究［J］．贵州商学院学报，2020，33（3）：1－12.

[11] 黄万华. 乡愁是一种美学 [J]. 广东社会科学, 2007 (4): 146 - 152.

[12] 黄鑫, 邹统钎, 储德平. 旅游乡村治理演变机理及模式研究——陕西袁家村1949—2019年纵向案例研究 [J]. 人文地理, 2020 (3): 93 - 103.

[13] 黄旭东. 贵州民族民间医药知识产权保护研究 [J]. 贵州社会科学, 2006 (2): 63 - 69.

[14] 贾敬敦, 吴飞鸣, 张明玉, 等. 中国乡村社区发展战略研究报告 [R]. 北京: 北京交通大学出版社, 2013.

[15] 李红波, 张小林. 乡村性研究综述与展望 [J]. 人文地理, 2015 (1): 16 - 20, 142.

[16] 刘吉昌, 聂开吉. 论贵州对中华民族精神的传承与发展——兼论贵州精神的地域特点 [J]. 贵州民族大学学报 (哲学社会科学版), 2022 (2): 22 - 37.

[17] 刘晴晴. 民宿业态发展研究——台湾经验及其借鉴 [D]. 青岛: 青岛大学, 2015.

[18] 刘晓明, 赵彩君. 论《全球风景公约》的重大意义 [J]. 中国园林, 2011 (1): 28 - 29.

[19] 龙花楼, 张杏娜. 新世纪以来乡村地理学国际研究进展及启示 [J]. 经济地理, 2012, 32 (8): 1 - 7, 35.

[20] 陆大道. 关于"关于点 - 轴"空间结构系统的形成机理分析 [J]. 地理科学, 2002, 22 (1): 1 - 6.

[21] 路幸福, 陆林. 乡村旅游发展的居民社区参与影响因素研究 [J]. 资源开发与市场, 2011, 27 (11): 1054 - 1056.

[22] 马瑛, 吴冰, 贾榕榕. 乡村旅游引导乡村振兴绩效评价研究——以太原市王吴村为例 [J]. 中国农业资源与区划, 2021, 42 (12): 124 - 131.

[23] 迈克尔·波特. 国家竞争优势 [M]. 李明轩, 邱如美, 译, 北京: 华夏出版社, 2002.

[24] 梅婷. 高等职业教育实践课程评价指标体系构建的研究 [J].

职教通讯，2011（24）：7－10.

［25］年小山．品牌时代［M］．北京：经济管理出版社，2005.

［26］聂元昆，周冰倩，杨伯儒．旅游目的地负面信息对品牌资产的影响机制研究［J］．云南财经大学学报，2022（1）：93－110.

［27］贵州省旅游局．贵州乡村旅游规划（2006－2020）［M］．贵阳：贵州人民出版社：2007.

［28］贵州省旅游局．贵州生态文化旅游创新区产业发展规划（2012－2020）［M］．北京：中国旅游出版社：2013.

［29］贵州省文化和旅游厅．贵州省乡村旅游“十四五”发展规划［A］．内部资料，2020.

［30］郭凌．重构与互动：乡村旅游发展背景下的乡村治理［J］．四川师范大学学报（社会科学版），2008，35（3）：16－22.

［31］逄锦聚．贯彻新发展理念，着力高质量发展［J］．经济学动态，2019（7）：3－6.

［32］庞玮，白凯．田园综合体的内涵与建设模式［J］．陕西师范大学学报（自然科学版），2018，46（6）：20－27.

［33］彭兆荣．人类学仪式研究述评［J］．民族研究，2002（2）：88－110.

［34］钱津．产业集群与乡村旅游发展［J］．广州大学学报（社会科学版），2007，6（4）：57－62.

［35］前瞻经济学人．2020年中国休闲农业和乡村旅游行业市场现状及发展前景分析［EB/OL］．（2020－12－01）［2021－10－21］．https：//ecoapp. qianzhan. com/detials/201201－a852b7b6. html.

［36］瞿明安，秦莹，陈玉平，等．象征人类学理论［M］．北京：人民出版社，2014.

［37］瞿明安，陈玉平．论符号学与象征人类学的渊源关系［J］．青海民族研究，2013，24（1）：11－15.

［38］沈现斌，曾家华．马克思关于人的自由全面发展思想及实践启示［J］．理论视野，2022（9）：19－24.

［39］舒立志，代后攀，田仁碧．贵州中药业发展透视［N］．贵州日

报，2004－06－29（7）.

［40］孙九霞，保继刚．从缺失到凸显：社区参与旅游发展研究脉络［J］. 旅游学刊，2006，21（7）：63－68.

［41］孙九霞，黄凯洁，王学基．基于地方实践的旅游发展与乡村振兴：逻辑与案例［J］. 旅游学刊，2020，35（3）：39－49.

［42］孙文营．科学认识新发展阶段的逻辑、方位与方略［J］. 世界社会主义研究，2022（6）：28－38.

［43］孙明月．基于家庭生命周期的游客乡村精品民宿选择动机研究——以德清莫干山地区为例［D］. 上海：上海师范大学，2016.

［44］唐献玲．基于共生理论的乡村旅游利益冲突与治理机制［J］. 社会科学家，2020（10）：41－47.

［45］汪德根，陆林，陈田，等．基于点－轴理论的旅游地系统空间结构演变研究——以呼伦贝尔－阿尔山旅游区为例［J］. 经济地理，2005（6）：904－909.

［46］汪惠萍，章锦河，王玉玲．乡村旅游的乡村性研究［J］. 中国农学通报，2011，27（29）：301－305.

［47］王德刚．乡村生态旅游开发与管理［M］. 济南：山东大学出版社，2010.

［48］王海涛，王润涛，李天祥．品牌竞争时代：开放市场下政府与企业的品牌营运［M］. 北京：中国言实出版社，1999.

［49］王宏星，崔凤君．我国乡村旅游产品体系及其研究［J］. 西藏大学学报，2005，20（1）：81－90.

［50］吴良镛．人居环境科学导论［M］. 北京：中国建筑工业出版社，2001：40

［51］吴良镛．学术前沿议人居［J］. 城市规划，2012，36（5）：9－12.

［52］吴良镛，周干峙，林群．中国建设事业的今天和明天［M］. 北京：城市出版社，1994.

［53］吴小天．国外旅游目的地品牌研究回顾与展望［J］. 旅游科学，2014，28（4）：15－27.

[54] 吴彦辉. 乡村旅游高质量发展：内涵、动力与路径 [J]. 广西大学学报（哲学社会科学版），2021，43（5）：102－107.

[55] 徐汎. 中国旅游市场概论 [M]. 北京：中国旅游出版社，2004.

[56] 徐永祥. 社区发展论 [M]. 上海：华东理工大学出版社，2001.

[57] 许晓晓. 中国乡村旅游产业集群理论概述 [J]. 经济研究导刊，2013（18）：264－265.

[58] 薛艺兵. 对仪式现象的人类学解释（上）[J]. 广西民族研究，2003（2）：26－33.

[59] 杨春柏. 乡村振兴背景下乡村旅游可持续发展制约研究 [J]. 农业经济，2022（1）：65－67.

[60] 杨龙. 生态旅游在贵州 [M]. 贵阳：贵州科技出版社，2002.

[61] 杨敏. 关于贵州少数民族传统医药知识产权保护的法律思考 [J]. 2006，26（5）：34－38.

[62] 杨勋，国外和台湾地区的社区发展运动及对中国大陆的启示 [J]. 中国农村经济，2000（6）：73－75，80.

[63] 姚旻，郑时友，孟现睇. 贵州省乡村旅游发展水平评价与高质量发展对策——基于主成分分析法的研究 [J]. 贵阳学院学报（自然科学版），2019，14（3）：30－36.

[64] 叶茂中，顾小君. 品牌之旅 [J]. 销售与市场，1998（3）：30－33.

[65] 于法稳、黄鑫，岳会. 乡村旅游高质量发展：内涵特征、关键问题及对策建议 [J]. 中国农村经济，2020（8）：27－39.

[66] 于景元. 系统科学和系统工程的发展与应用 [J]. 科学决策，2017（12）：1－18.

[67] 余明阳，杨芳平. 品牌学教程 [M]. 上海：复旦大学出版社，2005.

[68] 俞可平. 引论：治理和善治 [G] //俞可平. 治理与善治. 北京：社会科学文献书版社，2000.

[69] 袁芜. 乡村旅游教程 [M]. 北京: 中国旅游出版社, 2020.

[70] 袁媛. 田园综合体目标导向下乡村旅游区规划建设——以思良江乡村旅游区规划（2017——2021）为例 [J]. 规划师, 2017 (12): 136-143.

[71] 张富文. 论“以人民为中心”思想的基本向度 [J]. 科学社会主义, 2017 (2): 25-29.

[72] 张廷栖, 赵苇航, 姚谦, 等. 关于保护与开发啬园旅游资源的思考——张謇旅游文化系列谈之二 [J]. 南通工学院学报, 2001 (2): 62-64.

[73] 张宪荣, 季华妹, 张萱. 符号学1——文化符号学 [M]. 北京: 北京理工大学出版社, 2013.

[74] 张文显. “三治融合”从原发创新到持续创新 [J]. 治理研究, 2020 (6): 5-8.

[75] 张小军. 谁的村落? 谁的“集体”——集体化村落发展模式反思 [J] //王景新, 彭海红, 老田等. 集体经济村庄. 开放时代, 2015 (1): 54-57.

[76] 张小军. 符合产权: 一个实质论和资本体系的视角——山西介休洪山泉的历史水权个案研究 [J]. 社会学研究, 2007 (4): 23-50, 243.

[77] 张小军. 让经济有灵魂: 文化经济学思想之旅 [M]. 北京: 清华大学出版社, 2014.

[78] 张小军. 白水社区发展基金启示: 共有基础上的个人所有制——兼论破解“经济学的哥德巴赫猜想” [J]. 开放时代, 2016 (6): 82-94.

[79] 张晓松. 山谷印记: 贵州文化论 [M]. 贵阳: 贵州教育出版社, 2000.

[80] 张晓松. 符号与仪式: 贵州山地文明图典 [M]. 贵阳: 贵州人民出版社, 2006.

[81] 张晓松, 袁芜. 推进贵州省乡村旅游高质量发展研究报告 [R]. 内部资料, 2020.

[82] 周月麟. 在现代化浪潮中寻找乡村的灵魂——建构基于“乡愁”的张家湾规划设计策略解读 [J]. 装饰, 2015 (8): 60-61.

[83] 邹统钎. 中国乡村旅游发展模式研究——成都农家乐与北京民俗村的比较与对策分析 [J]. 旅游学刊, 2005, 20 (3): 63-68.

[84] 邹统钎. 乡村旅游发展的围城效应与对策 [J]. 旅游学刊, 2006, 21 (3): 8.

[85] 郑炘, 华晓宁. 山水风景与建筑 [M]. 南京: 东南大学出版社, 2007.

[86] 郑宗成, 汪德宏, 姚承纲. 品牌知行——微观品牌管理和研究 [M]. 广州: 中山大学出版社, 2004.

[87] 朱斯琴. 治理念产生的背景及其启示 [J]. 内蒙古师范大学学报 (哲学社会科学版), 2005, 34 (1): 57-60.

[88] 朱颂瑜. 在瑞士体验民宿的乐趣 [J]. 中国乡镇企业, 2013 (5): 85-86.

[89] 左晓斯. 中国社会治理体系及其评价研究 [J]. 社会科学, 2016 (4): 55-63.

[90] 杨胜明. 蹒跚的步履 [M]. 贵阳: 贵州人民出版社, 2007.

[91] Aaker D A. Managing Brand Equity [M]. New York: Free Press, 1991.

[92] Blain C, Levy S E, Ritchie R B. Destination Branding: Insights and Pracices from Destination Management Organizations [J]. Journal of Travesl Research, 2005, 43 (5): 328-338.

[93] Cosgrove D. Social Formation and Symbolic Landscape [M]. London: Croom Helm, 1984.

[94] Cosgrove D. Prospect, perspective and the evolution of the landscape idea [J]. Transactions of the Institute of British Geographers, 1985, 10 (1): 45-62.

[95] Cosgrove D. Place, landscape and the dialectics of cultural geography [J]. Canadian Geographer, 1987, 22 (1): 66-72.

[96] Dallen J. Timothy, Victor B Teye. Tourism and the Lodging Sector [M]. New York: Oxford, 2009.

[97] Daniels S. Marxism, Culture and the Duplicity of Landscape [M]//

Peet R, Thrift N, Contributors. New Models in Geography, Vol. 2. Boston: Allen and Unwin, 1990: 177 –220.

[98] Daniels S. Fields of Vision: Landscape Imagery and National Identity in England and the United States [M]. Cambridge: Polity Press, 1993.

[99] Jackie Clarke. Farm Accomodation and the Communication Mix [J]. Tourism Management, 1996, 17 (8): 611 –616.

[100] Jackson J B. Discovering the Vernacular Landscape [M]. New Haven: Yale University Press, 1984.

[101] Lane B, Kastenhol Z E. Rural tourism: the Evolution of Practice and Research Approaches – Towards a New Generation Concept? [J]. Journal of Sustainable Tourism, 2015, 23 (8 –9): 1133 –1156.

[102] Meinig D. The beholding eye [M]. D Meinig et al. The Interpretation of Ordinary Landscapes. Oxford: Oxford University Press, 1979.

[103] Nam Hyeong Kim, Hyang Hye Kang. The Aesthetic Evaluation of Coastal Landscape [J]. KSCE Journal of Civil Engineering, 2009 (2): 65 –74.

[104] Narayan. D. Empowerment and Poverty Reduction: A Sourcebook [R]. Washington, DC. Office of Publisher, World Bank, 2002.

[105] OECD. Tourism Policy and International Tourism in OECD Countries: 1991 – 1992 [R]. Organization for Economic Co – Operation and Development. 1994.

[106] Olwig, K. R. Nature's Ideological Landscape: A Literary and Geographic Perspective on its Development and Preservation on Denmark's Jutland Heath [M]. London: Allen and Unwin, 1984.

[107] Reichel. A, Lowengart. O, Milman. A. Rural Tourism in Israel: Sevice Quality and Orientation [J]. Tourism management, 2000 (21): 451 –459.

[108] Relph, E. Place and Placelessness [M]. London: Pion, 1976.

[109] Tuan, Y. – F. Space and Space: The Perspective of Experience [M]. Minneapolis: University of Minnesota Press, 1977.

后　记

曾经认为，乡村是贫穷落后的，这一生第一件要做的事情就是逃离她，去城市。现在来到城市，自己越来越发现，贫穷落后仅仅是我们用所谓的现代经济人眼光强加给乡村的不良枷锁。乡村是富饶文明的，这里孕育着文化与生态的多样性，邻里之间的互助与发展、朴实勤劳与好客的民风，广袤的田野为孩子们提供了安全自由的奔跑空间……这在城市是极为稀缺的，乡土中国承载着每一位华夏儿女的家园基因与文化记忆，她是我们的根与魂。

上述认识的转变，要特别感谢我的导师张晓松教授！她不仅是我的硕士研究生导师，还是我事业和生活上的贵人。从 2008 年至今，她一直带领我们团队在贵州这片土地上耕耘，使我从一位曾经想逃离乡村的人变成了现在心心念念想回归乡村的人。

十余年来，在她的帮助和指导下，自己有幸和旅游界的诸多前辈、同仁、同事和同门走遍贵州 9 个市州 88 个县级行政区，看着身居大山的乡亲们靠发展乡村旅游实现脱贫致富后所露出的幸福笑颜，我的灵魂在颤动，作为一位从黔西北山区走出来农村娃，也要力所能及地做些什么。

2020 年，我们承担了贵州省文化和旅游厅“推进贵州省乡村旅游高质量发展研究”课题和《贵州省乡村旅游“十四五”发展规划》的编制工作，受疫情的影响，全球旅游业遭受到前所未有的重创，但在全省调研的过程中，我们却欣喜地发现，最先恢复的却是乡村旅游。课题研究和规划编制工作结束后，我们开始着手本书的写作。因能力和水平有限，书中难免有错误不当之处，敬请读者见谅和批评指正！

感谢我的工作单位贵州师范大学国际旅游文化学院的大力支持和关爱！感谢贵州文化与自然遗产保护研究中心出版基金的资助！感谢经济科学出版社编辑们在本书出版中所做的工作！

袁尧

2022年9月